国家林业和草原局普通高等教育“十四五”规划教材

社会保障法理论与实务

吕惠琴　主编

中国林業出版社
China Forestry Publishing House

内容简介

本书是一本为法学、劳动关系、人力资源与社会保障等专业的大学本科和研究生撰写的教材，由华南农业大学副教授吕惠琴主编，聚集了国内十多位从事社会保障法教学和研究的学者为撰稿人，四易其稿，历时两年，阅览国内外相关文献，结合相关章节的国内案例，在反复研究讨论的基础上集体完成。

本书适合本科和研究生选作专业教材，也适合劳动关系领域、社会保障领域，包括人力资源与社会保障部门、工会、企业以及非政府组织的专业人员作为专业文献阅读。

图书在版编目（CIP）数据

社会保障法理论与实务 / 吕惠琴主编. —北京：中国林业出版社，2023. 3

国家林业和草原局普通高等教育“十四五”规划教材

ISBN 978-7-5219-2163-2

Ⅰ. ①社… Ⅱ. ①吕… Ⅲ. ①社会保障法-中国-高等学校-教材 Ⅳ. ①D922. 5

中国国家版本馆 CIP 数据核字（2023）第 046217 号

策划编辑：丰　帆
责任编辑：丰　帆
责任校对：苏　梅
封面设计：曹　来

出版发行：中国林业出版社
（100009，北京市西城区刘海胡同 7 号，电话 83223120）
电子邮箱：cfphzbs@ 163. com
网址：www. forestry. gov. cn/lycb. html
印刷：北京中科印刷有限公司
版次：2023 年 3 月第 1 版
印次：2023 年 3 月第 1 次
开本：787mm×1092mm　1/16
印张：14. 75
字数：341 千字
定价：49. 00 元

编写人员名单

主　　编： 吕惠琴

副 主 编： 李俊杰　张妤婕　焦　娟

编写人员：（按姓氏拼音排序）

陈铭聪　中山大学

陈靖远　中国人民大学

焦　娟　广东技术师范大学

李俊杰　西南政法大学

刘　辉　华南农业大学

吕惠琴　华南农业大学

王景奇　华南农业大学

袁少杰　辽宁师范大学

张妤婕　西北政法大学

赵盛和　广东外语外贸大学

左　菁　西南政法大学

编者简介

吕惠琴　女，西南政法大学法学博士，华南农业大学公共管理学院副教授，硕士生导师，广东固法律师事务所律师（兼职）、中国社会法学研究会理事、广东社会保障与社会政策研究中心研究员，主要研究方向为劳动法、劳动保障法。主持国家社会科学基金项目1项、教育部人文社会科学基金项目1项，其他省部级项目多项。出版专著《劳动法领域权利配置的优化》，主编教材《当代劳动法理论与实务》，在《民商法论丛》《国家行政学院学报》《暨南学报》（哲学社会科学版）等CSSCI期刊、其他期刊发表论文20余篇，代表性论文有《法律父爱主义视阈下的劳动权保护路径》《农民工工伤事故及其影响因素——基于珠三角地区的调查》。

左菁　女，西南政法大学法学博士，西南政法大学经济法学院副教授，硕士生导师，中国社会法学会研究会理事、中国农村经济法制创新研究中心研究员、重庆市民政法治研究基地主任、重庆市养老服务协会理事、中国老龄法学研究会特邀专家、重庆市人大办公厅立法项目深度参与专家。主持、参研国家社会科学基金、省部级、校级科研项目10余项。出版专著《中德农村社会保障制度比较研究》（德语）《中国农村社会保障法律制度创新研究》（入选新闻总署第二届"三个一百"原创图书出版工程）。在《法制日报》《河北法学》《经济法论坛》等国内、国外核心期刊和报刊上发表文章多篇，其中代表性文章有《中国新型农村合作医疗制度设计的实证分析——基于贵州、内蒙古、陕西试点（旗）县的调研》《中国农村养老保险制度的反思与重构》。

张妤婕　女，西南政法大学经济法学博士，西北政法大学经济法学院讲师，硕士生导师，中国社会法学会研究会理事，主要研究方向为劳动法、社会保障法。出版专著《医疗救助法律制度研究》一书，荣获2019年法律出版社首届"青年法学学术著作出版基金奖—金獬豸奖"，陕西省教育厅哲社著作类奖项二等奖；编写教材《劳动与社会保障法入门笔记》，获"第六届中国法学教育研究成果奖"二等奖。代表性论文有《社会救助法律制度的社会价值控制分析》《论我国困境儿童临时救助制度的完善——以毕节儿童自杀事件为例》等。

李俊杰　男，中国人民大学和德国明斯特大学联合培养法学博士，西南政法大学经济法学院讲师，硕士生导师，中国社会法学研究会理事，主要研究方向为社会法。

陈靖远　女，中国人民大学法学博士，清华大学法学博士后，中国人民大学法学院讲师，中国社会法学研究会理事，主要研究方向为社会法。曾在《法学家》《政法论坛》《法学》等核心期刊发表多篇论文，代表性论文主要有《事实优先原则的理论展开与司法适用——劳动法理论中的一个经典问题》《企业"停工风险"分担的劳动法理与机制——以国家、企业、劳动者共担风险为视角》《自主性劳动者标准工时适用除外及其限制》等。

陈铭聪　男，苏州大学法学博士，山东大学法学院博士后，复旦大学国际关系与公共事务学院博士后，中山大学南方学院副教授，主要研究方向为宪法学与行政法学。曾在

《中国法学》等核心期刊发表多篇论文。

焦娟 女，南京大学法律硕士，广东技术师范大学法学与知识产权学院讲师，广东省法学会社会法学研究会秘书长，主要研究方向为劳动法、社会保障法。主持广州市哲学社会科学规划项目，广东省总工会课题多项，在核心期刊发表《平台新型从业者劳动权益保障的立法建议》等论文多篇。

袁少杰 男，清华大学法学博士，公共管理学博士后，德国明斯特大学、台湾政治大学访问学者。现任辽宁师范大学法学院讲师、硕士生导师，主要研究方向为社会法、宪法与行政法学。在《社会法评论》《深圳大学学报》(社科版)等期刊发表文章多篇，其中代表性文章有《老龄化之因应与长期照护保险法制之展望》《从长期照护保险法到长期照护服务法：体系性联结之视点》。

赵盛和 男，西南政法大学法学博士。曾从事民商事审判工作10余载，现任广东外语外贸大学法学院讲师，华南国际知识产权研究院研究员。主要研究方向为民事诉讼法、劳动法。出版专著《诉讼上抵销制度研究》，主持、参编实务著作10余部。在《国家检察官学院学报》《湖南社会科学》《社会科学家》等刊物上发表论文30余篇。其中代表性文章有《"包工头"与其招用人员之间法律关系的界定》《工伤认定职权划分模式问题研究—兼论司法权对行政权的制约与尊重》。

王景奇 男，吉林大学法学硕士，华南农业大学马克思主义学院副教授，主要研究方向为中国近现代史。在《华南师范大学学报》(社科版)《华南农业大学学报》(社科版)等刊物上发表《我国劳资合作法律理念的萌芽和发展》《完善新型农村合作医疗对广东建设农村小康社会的意义》等论文多篇。

刘辉 女，华南师范大学教育学博士，华南农业大学公共管理学院副教授，硕士生导师，主要研究方向为教育学。主持省部级项目多项，在《高教探索》《当代教育科学》等刊物上发表教育研究方面的论文多篇。

前　言

本教材的编撰至今已有近三年的时间了。长期以来，因理论研究的不足、法制化进程的缓慢以及课程设置所限，社会保障法通常与劳动法编撰在同一本教材里面，并且因只占非常小的篇幅而基本成为劳动法的附庸。随着《中华人民共和国社会保险法》的出台、《社会救助法》立法进程的加快，社会保障法理论研究的推进，社会保障法与劳动法分离成为独立的学科和课程已成为一种必然的趋势；而国内社会保障法教材非常匮乏，即便是仅有的几本社会保障法教材，要么是内容太庞杂让学生望而生畏，要么过于单薄或者法的元素不够强。基于此，如何编撰一本突出法的理论性且能通过案例体现实务性的教材就成为设想。为了实现这个设想，在整个教材编撰的过程中，本书主要采取了以下做法：第一，编写初始，先编撰了社会保障法的理论基础作为样章。该章参考了汉斯·察赫的《福利社会的欧洲设计——察赫社会法文集》《福利资本主义的三个世界》《福利国家的矛盾》《社会法治国基础问题与权利救济》等经典著作。第二，选取了国内从事社会保障法教学和研究的中青年学者作为本教材的编撰团队。这些学者来自中国人民大学、西南政法大学、西北政法大学、广东外语外贸大学等高校，除具有名校博士学位，在学术上也是勤勉精进，从而保证本教材的学术水准和质量。第三，在编撰每一章节时，编者会尽力查阅每一章节所涉及的国内外学术期刊上的最新学术前沿、相关学术专著和已经出版的教材，将最新的、成熟的学术观点和学术理论编撰到相应的章节中，以体现教材的前瞻性、理论性和创新性。第四，在案例的选择和编排上，本教材尽量突出典型性、实务性、时效性，以达到引导学生通过分析和讨论案例进一步学习和理解相关理论的目的。

法核心的要素是权利、义务、法律关系、法律责任、权利救济等。就社会保障法而言，要探讨的核心概念是社会保障权、社会保险权、社会救助权、社会福利权，以及围绕这些概念而形成的法律关系及权利救济等。因此，本教材是紧紧围绕上述核心概念展开的，尽量避免了国内教材以制度内容为编撰体系面临的法理论元素不足的问题。在案例的布置方面，为了达到引导学生通过实务案例理解理论和学习热情的目的，每一章选取至少2个典型的不同类型的案例穿插其中。这些案例或来源于司法实务，或根据相关理论进行设计，或来源于相关新闻，从不同的角度展现了社会保障法实务方面的问题，方便教师引导学生学习和思考。

本教材得到了华南农业大学校级教学质量工程项目“四新示范课程”“线上线下混合式项目”的资助，也是项目成果之一。

本书共分12章，具体编写分工如下：

吕惠琴撰写第二章、第三章、第十章、第十一章第一节和第六节，吕惠琴、王景奇撰写第一章，左菁撰写第四章，李俊杰撰写第五章，陈靖远撰写第六章，焦娟撰写第七章，袁少杰撰写第八章，张妤婕撰写第九章，陈铭聪、刘辉撰写第十一章第二至五节，赵盛和撰写第十二章。

华南农业大学人文与法学院硕士研究生陈思佳和公共管理学院本科生蔡悦菲、陈嘉其、陈金莹参与了本教材书稿的文字校对工作，在此表示感谢。感谢中国林业出版社丰帆等编辑在出版过程中所付出的心血和努力！

本教材可供本科生、研究生使用，亦可为同行和实务界参考。虽然编撰者都非常认真、努力，统稿人也反复审阅，但是也难以避免其中的不妥甚至谬误之处，期待各位同行、学生的批评指正，以便于更好地修订和完善。如有建议，敬请不吝赐教！

编　者

2022 年 12 月

目　录

第一章　社会保障法的历史与发展

导入案例

罪犯是否享有社会保障权？①

因实施犯罪而被剥夺人身自由的罪犯并不必然丧失社会保障权。罪犯的待遇在一定程度上可以反映一个国家的文明程度。《经济、社会和文化权利国际公约》第 9 条规定："本公约缔约各国承认人人有权享受社会保障，包括社会保险。"

经济社会和文化权利委员会是根据联合国经社理事会决议设立的《经济、社会和文化权利国际公约》的监督机构。2013 年，公约议定书规定，任何在议定书缔约国管辖下的个人如果认为其权利受到该国侵犯，可以向前述委员会提起针对该国的个人来文。

2013 年，议定书生效伊始，西班牙公民米格尔·罗德里格斯就向委员会提交个人来文，声称西班牙侵犯了他基于《经济、社会和文化权利国际公约》享有的社会保障权。自 2003 年来文提交时，罗德里格斯因犯罪被判入狱。他是残疾人，入狱前，当地社会福利局每月向他发放 301.55 欧元的非缴费性残疾补助，以弥补低收入给他带来的生活困难。该局于 2006 年 3 月 23 日作出一项决定，把对其补助扣减为每月 147.71 欧元，理由是在计算补助金额时，应将罗德里格斯在监狱内的食宿费（政府免费提供）计入其收益或收入。

罗德里格斯认为上述扣减决定违反西班牙《宪法》和《监狱法》。《监狱法》特别规定，政府必须采取措施，确保罪犯及其家人继续享有在入狱前取得的社会保障福利待遇。于是，罗德里格斯先在西班牙国内发起法律诉讼程序。在用尽国内救济机制败诉后，他向委员会提交了个人来文。他认为，西班牙侵犯了他的社会保障权及不受歧视地以平等条件享有社会保障权的权利；社会福利局采取的扣减措施构成相比下列人群的不平等对待：其他罪犯，包括有自己经济来源的罪犯、享有其他福利的罪犯，以及既没有经济来源也没有其他福利但不支付监狱食宿费的罪犯；其他可以使用医院、收容所和社区厨房等公共服务免费就餐而社会保障福利不受损失的自由人。

委员会首先指出，在人们面临困境而没有能力充分实现《公约》权利时，社会保障权对于确保所有人的人类尊严是极为重要的。社会保障权包括不受歧视地领取和保持现金或实物形式的社会福利的权利。

---

①于亮，罪犯的社会保障权，法治日报·法治周末，https：//mp. weixin. qq. com/s? _ _ biz = MzI3MTYzODg0Mg = = &mid = 2247501522&idx = 2&sn = 19e1f6ccc38f12cb6f5d1258e8fed990&chksm = eb3c4e87dc4bc7912674cb9d45e69db4ec633e84a5cdeb47ebf84faa2c9067aec05b3538fdb9&scene = 27，2020 年 8 月 27 日，访问于 2021 年 4 月 14 日。

委员会接着指出，狱中被剥夺自由者不受歧视地享有《公约》所载的经济、社会及文化权利，剥夺自由这一行为本身所包含的限制除外。同时，领取福利的资格条件必须是合理、适度和透明的。福利的取消、减少或中止应该有所限制，必须出于合理的原因、由国家法律规定。原则上不得因受益人被剥夺自由而取消、扣减或中止非缴费性福利，除非有关措施是法律所规定、合理适度并能至少保障最低限度的福利。

但委员会否定了罗德里格斯提出的与不领取非缴费性福利、免费获得监狱食宿的其他被剥夺自由者相比受到了区别对待的观点。委员会认为，非缴费性福利不是个人缴纳保费后产生的收入，其设立的目的仅仅在于维持受益人的最低生活保障，因此只要收到其他收入或福利，就可以扣减原有的金额。此外，委员会认为，罗德里格斯将罪犯与公立医院住院病人相比也不恰当，因为住院病人的免费食宿应被视为国家所提供的健康服务的内在的、不可分割的一部分。

最终，委员会认定西班牙没有侵犯罗德里格斯的权利。可见，委员会在罪犯社会保障权问题上赋予缔约国一定的自由裁量空间。

第一节　国外社会保障法的历史变迁

一、国家开始管理社会救济事务——英国《济贫法》

工业革命之前，英国在1601年即有伊丽莎白女王的《济贫法》(*Poor Law*)，并据以成立各教区的济贫法组织(Poor Law Unions)，成为英国官方社会救济制度的基础。

18世纪末工业化之后，救济形式与给付水准随着新型社会风险而有所调整。之后，由于社会大众认为给付审核与水准过于宽松，则有了1834年的《新济贫法》(*New Poor Law*)与1852年的院外救济规制令予以限缩，并回到1601年较为严苛的审核与给付。进入20世纪，英国进行了一系列的改革，1908年以税收为给付基础的资产调查式《老年年金法》(*Old Age Pension Act*)、1911年涵盖疾病与失业的国家保险制度(National Insurance Act)与1925年建构社会保险模式的《寡妇、孤儿与老年年金法》(*Widows, Orphans and Old Age Contributory Pension Act*)等社会立法。

第二次世界大战期间，贝弗里奇爵士提出《社会保险和联合服务》(*Social Insurance and Allied Service*)(即《贝弗里奇报告》)，作为战后社会安全政策的蓝图。1946年建立的公共医疗制度(National Health Service，NHS)，正是此报告书的体现；又依据该报告书，有了1948年均等保费与均等给付的年金保险制度。但是，英国社会保险年金的给付水准，远不及德国或美国等国家，仍有极大的差距。20世纪80年代，经由撒切尔首相实施契约外的私人化改革之后，此制度的保障功能再行弱化。

英国的社会保障，因其年金制度仅以基础保障为目标，再加上私人化的后续发展，使英国老年保障并未走向高度社会化的道路。但基于《贝弗里奇报告》的公医制度，是一项极为重大的社会工程与社会改革，成为英国社会保障制度的一大特色。因此，学术界将英国的社会保障制度，尤其是公医与均等给付年金，称为贝弗里奇模式。与此相对，以社会保险为主要核心，而采取疾病保险和与所得相关联年金保险制度的德国社会保障制度，则称为俾斯麦模式①。

二、社会保险法在德国的产生及变迁

影响现今经济与生产模式的工业革命，在逐步并彻底改变人类的生产与生活方式的同时，也进而产生了一连串不同以往的社会风险。人们在从农业转为工业的生产模式后，新型机器的普遍使用，造成从事工业的劳动者在遭遇劳灾、疾病、残废、老年等风险时，其本人及家庭成员的生活陷入困境的问题。同时，随着机器化大生产的发展，农业不需要太多的劳动力，很多务农人员也开始背井离乡另谋出路，家庭的互助与保障功能逐渐式微。

工业革命虽然产生于英国，但对于工业社会所引发社会风险等社会问题，做出全面性回应的是德国。在产业工业化之后，面对当时所产生的社会问题，俾斯麦决定建立强制性的社会保险制度来予以解决。俾斯麦采取此措施，虽有劳工保护的考量，但也同时顾及经济发展而不加重雇主责任与负担，以及巩固政权的目的。1881 年 11 月 17 日德国皇帝的社会保险诏书，明确指出：为解决当时的政治纷争，将建立劳灾、疾病以及年金保险制度。此后，于 1883 年、1884 年和 1889 年，以不到 10 年的时间建立了健康保险、劳灾保险与年金保险。德国分别于 1927 年和 1995 年建立失业保险与长期照护保险制度，以涵盖失业以及平均寿命延长所产生的长期照护需求等社会风险。通过社会保险制度，劳工的社会风险并不转化为雇主的责任风险与经营风险，而由劳工与雇主借由保费的缴纳共同承担。由于保费实质上具有特定薪资的性质，因而社会保险实际上是劳工彼此的社会团结与共同承担。

此后，德国以社会保险法为核心的社会保障法逐步建立并完善。1911 年德国进行了帝国保险条例的法典化改革，代表以社会保险法为核心的社会保障法已经进入成熟阶段。从 1975 年起陆续制定的社会保障法，已经于 2005 年完成。德国的社会保险制度经过 140 多年的发展，已经成为经济社会体制的重要成分，且是德国市场经济的必要成分。德国拉伦茨(Larenz)教授在 1989 年曾表示："在今日，个人的经济保障已经很少依赖个人努力或个人的自我预护，而多仰赖团体(国家或社会保险)给付，私法规范的意义也因此远落后于社会保障法②。"

由德国所创设的社会保险，其后为欧陆各国所继受。德国于 1880 年创立社会保险后，随即传至法国与奥地利等邻国。北欧国家在福利国家分类上，被分为斯堪的纳维亚模式、俾斯麦模式、贝弗里奇模式，但社会保险依然是北欧国家社会保障制度的重要组成部分。社会保险制度也流传至英、美、拉丁美洲、亚洲等国家和地区，同时也为联合国《世界人权宣言》、联合国经社文公约与国际劳工组织公约特别是其 102 号的社会安全最低基准公约以及 121、128、130 等公约所承认，成为现代文明的重要成分。

三、美国的社会保障法

1776 年独立战争之前北美 13 州均以农业生产为主，此后大致沿用英国《济贫法》与

①②台湾社会法与社会政策学会，2020. 社会法，元照出版有限公司.

1795年英格兰的Speechhamland济贫制度。即使在20世纪之后，美国社会救助制度仍深受其影响。然而，美国在济贫制度发展过程中基于个人主义思想，政策主张中贯穿了防止救助者过度依赖并促使其自立生活的思维。在此思维下，因失能或死亡等事故导致生活来源中断的社会问题，主要通过慈善事业与雇主责任满足人们的福利需求。

美国对社会保险的消极态度，在经济大萧条时期深受考验。当时众多私人保险公司倒闭，人们因所得中断的经济不安全更加恶化。为解决此等问题，罗斯福总统于1934年提出《社会保障法》(*Social Security Act*)，并于1935年通过。此法案虽以社会安全为名，实质上是以社会保险，尤其联邦政府执掌的老年保险，遗属保险和失能保险(Old Age, Survivor and Disability Insurance，简称OASDI)为主要内容。为解决其他人口医疗保障不足的问题，克林顿总统即以推行健康保险为其施政目标，但未实现。奥巴马总统上任后，继续推动该政策，并于2014年开始实施《疾患保护与可负担的健保法》(*Patient Protection and Affordable Care Act*)，使经济弱势者也能负担健康保险费用，以获得一定水准的医疗服务。

以自由经济为标杆的美国，也建立了德国模式的社会保险制度。以年金保险为核心的社会保险与社会安全制度，是美国退休者颐养天年的最大屏障。依据美国社会安全总署所揭示，社会安全制度并不以充分准备金为必要。由此可以看出，即使强调自由经济的美国，也高度重视以社会保险为核心的社会安全制度。从美国逐次扩建健康保险的发展观之，美国的社会保险制度不但未消退，反见其成长。美国的法律制度与法律文化，在1935年以后才开始社会化，并进入社会保障法解决社会安全风险的法律时期。

四、亚洲国家的社会保障法

亚洲的社会保障制度，主要以最早工业化的日本予以讨论。从1867年明治维新工业化开始，到第二次世界大战结束前，日本已经逐步建立诸多社会保险与社会救助制度以保障因各种社会风险导致的社会问题。其中，最值得注意的是1922年的《健康保险法》与1941年的《劳动者年金保险法》。但后者因第二次世界大战，并未有效推行。

第二次世界大战后，日本继续推动原来的疾病与年金保险，包括1947年的失业保险，1958年修订的《国民健康保险法》，1959年的国民年金保险。日本于2000年实施长期照护保险之后，成为继德国后拥有完整五大社会保险，即劳灾、疾病、年金、失业与长期照护保险的国家。之后，韩国于2008年实施长期照护保险，也成为另一个拥有五大保险的国家。

日本所实施的国民健康保险以及国民年金将其社会保险扩及全体国民，因而日本的社会安全制度远远超越德国、美国所实施的原则上以受雇劳动者为保护对象的社会保险制度。

五、第二次世界大战之后西方社会保障法的发展

第二次世界大战以后，福利国家的危机导致西方很多国家对社会保障法的理念、保障范围和法律风险进行了反思，并采取了一系列改革措施。1979年担任英国首相的玛格丽

特·撒切尔(Margaret Thatcher)夫人开始了英国社会福利制度的改革，把重心从国家责任转向个人责任，谋求将独创精神、激励和财富创造而不是再分配和平等作为政府的首要任务。在英国的“撒切尔革命”之后，法国、荷兰、芬兰、意大利等国也进行了社会保障制度的改革，措施主要包括削减公共福利开支、推迟退休年龄、纠正社会福利全民普遍享受的做法，更多地集中在需要救助的人身上，推行公共福利事业的“私有化”和“市场化”。

第二节　中国社会保障法的变迁与发展

一、中华民国时期社会保障法的萌芽

19世纪上半叶，欧洲各种社会思潮风起云涌，法国空想社会主义、德国讲坛社会主义是其中代表。讲坛社会主义主张国家干预经济和社会生活，主张“国家社会主义”①。与此同时，马克思、恩格斯所倡导的科学社会主义和国际工人运动极大推动了欧洲工业社会的社会变革浪潮。受上述社会思潮的影响，20世纪20年代，中国法学界开始探索社会法，其中，胡长清、黄佑昌、陈季蕃、吴传颐等学者均有相关文献著述传世至今。但是，他们所探讨的社会法包含了当时尚未流传至中国的“社会保障法”内涵②。

1943年，为安定盐工生活，国民政府社会部研订了《川北区各盐场保险暂行办法》。此项办法已具有社会保险的雏形，对我国正式办理强制性社会保险的推动很有贡献。四川盐工保险也是中国最早的社会保险实践。1947年《中华民国宪法》将社会安全列为基本国策之一，并以社会保险为社会安全的主要基础。

1947年《中华民国宪法》第155条规定：“国家为谋社会福利，应实施社会保险制度。人民之老弱残废，无力生活，及受非常灾害者，国家应予以适当扶助与救济。”第156条概括规定：“国家为奠定民族生存发展之基础，应保护母性，并实施妇女儿童福利政策。”第157条规定：“国家为增进民族健康，应普遍推行卫生保健事业及公医制度。”上述规定是中国社会保障制度的萌芽。但是上述规定一直处于“政策”层面，未实施。

二、新中国社会保障法的萌芽与发展

从1949年到1978年改革开放前，中国所实施的是计划经济尤其是公社制度，因而，社会风险造成的社会问题也主要是在公社或工厂中解决。1978年改革开放以后，国家以“社会主义市场经济”为经济与社会发展的指导原则。随着市场经济的发展，也开始出现各种社会风险问题。为保障下岗工人利益，国家1993年制定了《国有企业

---

①讲坛社会主义是德国新历史学派的社会政策论者所鼓吹的社会改良思想是为缓和劳资矛盾和抵制马克思主义传播的需要而产生的资产阶级改良主义之一种思想。认为国家是超阶级的组织，能调和敌对阶级关系，主张在不废除资本主义制度的范围内，利用国家权力，通过社会政策、社会立法等等解决劳动问题、社会问题，逐步实行“社会主义”。这种思想的发起者于1872年组成“社会政策学会”，他们中的许多人利用其教授地位在大学讲坛上宣传自己的主张。当德国新自由主义者奥本海姆称他们为“讲坛社会主义者”(讽刺其仅在讲坛上说说而已)时，他们欣然接受了这一称号。具体请参见：何盛明，1990. 财经大辞典，中国财政经济出版社.

②蔡晓荣，2018. 民国时期社会法理论溯源，清华法学(3).

职工下岗保险规定》，1999 年制定了《失业保险制度》。为了强化社会保险政策，2010 年 10 月 28 日制定《社会保险法》，并于 2011 年 7 月 1 日实施。该《社会保险法》的立法与实施，是我国社会保险政策与法制发展的重大里程碑。据此法律，社会保险共分为养老、医疗、工伤、失业与生育 5 类。中国也因工业化及市场经济的引入，而出现欧美国家及日本所面对的同样社会问题。因此，中国也采取了以社会保险为核心的社会保障制度。

(一)新中国社会保障制度的萌芽(1950—1969)

中华人民共和国成立后，劳动部与中华全国总工会，根据 1949 年 9 月中国人民政治协商会议制定的《共同纲领》中第 32 条“逐步实行劳动保险制度”的规定起草了《劳动保险条例(草案)》。政务院于 1951 年 2 月 26 日公布了《中华人民共和国劳动保险条例》。该条例是中华人民共和国第一部带有社会保险性质的法规。虽然《劳动保险条例》具备相应的立法要素，但是，与制度运行相配套的行政执法与司法救济并未触及，并未成为真正意义上的“法律”。《劳动保险条例》是针对企业工作人员各类社会保障的制度建构，至于国家机关工作人员，国家并未以法律、法规形式颁布过相应的法律规范，但对于各种有关“国家干部”的生活保障待遇，在中华人民共和国成立后至改革开放之前，政策规定是明确的。例如，退休退职待遇、遗属待遇等皆有规定，而且平均保障水准高于企业职工保障标准。20 世纪 70 年代之前，我国对于农村建构了宅基地、农村五保、合作医疗等社会保障制度，还专门制定实施了城乡救济、军人优抚等相关制度①。但该时期的社会保障水准比较低。

(二)社会保障制度的停滞(1970—1979)

进入 20 世纪 70 年代，劳动保险实质上已经停办，相关职工福利被摊入企业成本。形式上，每个企业自行负担职工的吃喝拉撒、生老病死。事实上，这个时期政企不分，国营企业的企业利润要上缴，亏损了则由财政补贴。企业停产、转产的，由政府经济主管部门决定；即使企业不存在了，职工不仅不丢饭馆，其生活保障也不受影响。这种“大锅饭”式的生活保障事实上是以牺牲经济效率为代价，最终损害了国家、集体、个人三方的利益。这种生活保障模式深受苏联高度集中的计划管理体制的影响，长远而言难以为继。这种生活保障模式，没有风险分担，不仅企业没有风险意识，劳动者也没有风险意识。在“安全温暖”的政府保障怀抱中，诸如滥吃“劳保”、滥用“公费医疗”的现象非常普遍，浪费了国家财政资源，增加了社会运作成本②。这种由企业负担全部的生、老、病、死等一系列职工福利的企业福利运作模式，与企业自身的营利属性相违背，并在当时高度集中的计划管理体制下，最终导致所有的风险均由政府“买单”。

(三)社会保障制度的发展(1980—1997)

1984 年 10 月 20 日，中共中央十二届三中全会通过了《关于经济体制改革的决定》，确立了国营企业与政府脱钩的总方向。“隔断了同政府连接的脐带后，企业相应产生了对政府的经营责任”。20 世纪 80 年代后半期，为了确保企业的市场主体地位，使企业成为独立行使民事权利、承担民事义务的经营主体，我国采取了各种形式，包括企业生产经营

①②郑尚元，2019. 社会保障法，高等教育出版社.

承包责任制、企业租赁经营责任制、企业股份制等不一而足。到90年代中后期，我国市县以下的国营企业大部分实现市场化，民营企业则成为真正的市场主体。央企与省属国有企业虽然完成了资本社会化或股份制改造，但政企关系仍不清晰。在企业资本改造的同时，企业劳动制度改革也随之跟进。1986年7月12日《国营企业职工待业保险暂行规定》，之所以用“待业”而未涉及企业员工“失业”待遇问题，与我国的国家性质与当时的政治因素考量有着不可分割的关系。

20世纪90年代初期开始，我国对国有企业进行改革，以提高国有企业的活力。但与此同时，国有企业的工人生活的不确定性、工作无保障(下岗、内退、失业)、地位受损现象大幅度增加。为避免工人因工作无保障与地位受损等因素导致其生活无着落而采取极端行动，国家相关部门领导多次强调要在保障制度变革过程中受损群体的生活，希望通过一系列积极制度建设来保证工人的基本生活。但事实上，由于相应的社会保障制度不足，导致类似离退休人员不能按时或足额领取退休金，再加上企业破产、兼并或合资过程中未能妥善安置职工，用人单位存在违反法律法规而侵犯劳动者权益等问题，直接形成了一系列职工集体上访、静坐、怠工或停工等突发事件。

(四)社会保障法律制度的改革与完善(1998至今)

在1998年国务院机构改革成立劳动与社会保障部之前，无论是官方还是学界，很少使用“社会保障”概念。1998年国务院机构改革成立“劳动和社会保障部”之后，在逐步完善社会保险制度的同时，也在逐步发展其他社会保障事务，有些业务极具中国特色，甚至形成了中国语境，如“低保”一词的使用，实质上是最低生活救助。1999年9月28日发布的《城市居民最低生活保障条例》乃“低保”出现的制度依赖。此外，我国住房和城乡建设部所承担的城市住房保障和农村危房改造，都属于该部门对于中国特色的住房福利制度的具体实施，也是社会保障制度的有机组成部分。

30多年来，我国社会保障部门颁布了一定数量的法律、法规和规章。但是，绝大多数社会保障方面的法律法规操作性差，法律属性弱。相比较而言，《工伤保险条例》因具有权利救济程序，操作性明显比较强。而其他诸多社会保障方面的法律、法规很少被法官、律师、当事人适用。主要原因在于，法律规范欠缺法理与逻辑、条文过于粗糙，多数情形不符合假定条件、行为模式、法律后果的三要素构成①。例如，条文中规定若干“应当”“必须”，但当事人不承担义务时，未规定相应的法律责任，而没有法律责任和法律后果的法律条文则没有强制力。另外，这些法律规范缺少相应的司法救济程序。公民无法根据相应的法律规定，在社会保障权益受损时寻求司法救济。

党的二十大报告指出应健全覆盖全民、统筹城乡、公平统一、安全规范、可持续的多层次社会保障体系。完善基本养老保险全国统筹制度，发展多层次、多支柱养老保险体系。实施渐进式延迟法定退休年龄。扩大社会保险覆盖面，健全基本养老、基本医疗保险筹资和待遇调整机制，推动基本医疗保险、失业保险、工伤保险省级统筹。促进多层次医疗保障有序衔接，完善大病保险和医疗救助制度，落实异地就医结算，建立长期护理保险制度，积极发展商业医疗保险。加快完善全国统一的社会保险公共服务平台。健全社保基

①郑尚元，2019. 社会保障法，高等教育出版社.

金保值增值和安全监管体系。健全分层分类的社会救助体系。坚持男女平等基本国策，保障妇女儿童合法权益。完善残疾人社会保障制度和关爱服务体系，促进残疾人事业全面发展。我国的社会保障法也将围绕党的二十大报告逐步予以完善。

第三节　社会保障法的风险与挑战

一、社会保障法实施过程中面临的风险

第二次世界大战以来，福利国家已经成为发达资本主义民主国家的主要和平原则。这一原则主要由以下两个方面组成：首先，风险是市场社会的典型特征，公民将遭受风险之苦并由此产生特定需要，而国家有义务为他们提供援助和支持(不管是用钱还是用物)，并且这种援助是作为公民的合法权利而提供的。其次，福利国家建立在正式承认工会作用的基础上，包括集体谈判和公共政策制定等方面的作用。福利国家这些结构性要素被认为具有限制和减少阶级冲突、平衡不对称的劳资权力，并因而超越毁灭性阶级斗争和阶级矛盾的作用。因此，在战后时期，福利国家作为社会矛盾的政治解决方式受到广泛的赞誉①。很多福利国家通过颁布一系列社会保障法来解决社会矛盾。

但是到20世纪70年代中期，福利国家通过社会保障法律制度来解决社会矛盾的方式受到怀疑、批判，被认为是新的矛盾和政治分类的源泉。剧烈的经济衰退使新自由主义和货币主义的经济思想得到强有力的复兴。这种对社会保障法的批判认为，与其说社会保障法有效调和了市场社会所产生的冲突，不如说它实际上加剧了冲突，而且还阻碍了社会和平和进步力量(即市场力量)。其原因包括：其一，社会保障法强加于资本之上的规制和税收负担抑制了资本投资的动力。由于社会保障法把社会保障税和一系列规则强加于它们之上，从而进一步降低了它们的利润率。即通过产业关系、集体谈判和其他法律，工会已经获得了众多的权利，并因此形成了强大的工会权力，这些权力已经大到足以使越来越多的工业生产者无利可图，或迫使他们到国外寻求投资机会。其二，社会保障法所认可的要求、权利抑制了工人工作的动力，或者至少不能迫使他们像完全市场经济条件下那样努力而有效率地工作。这导致经济不断衰退，期望不断上升；经济产生“超负荷要求”(即通货膨胀)，政治要求负荷化。广泛的社会保障法律制度使得工人更容易避免某些不合意的工作，至少某些时候对工人而言是如此②。

20世纪70年代中期以后，剧烈的经济衰退使新自由主义和货币主义的经济思想和政治得到全面复兴。而西方的福利国家全面陷入“滞胀”，即经济停滞与通货膨胀并存，凯恩斯主义失灵，福利国家的社会保障法律制度运行也面临着严重的实施危机。

(一)社会保障支出庞大易使法律实施危机重重

西方发达国家的社会保障开支已经占到政府财政总支出的1/3~1/2，占到国内生产总值的1/4~1/3，成为不堪重负的沉重包袱。英国是当年福利国家的发源地，但是

①②〔德〕克劳斯·奥菲，2006. 福利国家的矛盾，郭忠华，译，吉林人民出版社.

③林闽刚，2007. 社会保障国际比较，科学出版社.

20 世纪 70 年代中期以后经济缺乏活力、停滞不前，国际竞争力减退，凯恩斯主义主导下连续的赤字财政不仅收效甚微，反而使英国政府债台高筑、社会矛盾尖锐、劳动运动不断。据有关学者概括，英国福利国家遇到了财政负担沉重等问题。1951—1982 年，社会福利支出增长 2.7 倍，而国内生产总值只增长近 1 倍；同期，社会福利支出占国内生产总值的比重从 14.4%跃升为 29.4%。社会福利支出成为导致经常性财政赤字的最重要因素③。

(二)社会保障费的刚性支出削弱了企业及其产品的国际竞争力

一方面高福利依靠高税收支撑，沉重的社会保障税费提高了劳动费用，减弱了企业及其产品的国际竞争力。整个 20 世纪 70 年代，雇主承担的社会保障费用增长幅度为 399%①。欧洲各发达国家的税收总额普遍接近国内生产总值的 1/2(瑞典等国则超过了 1/2)，企业为职工支付的保险金总额比例也接近 50%。这导致企业成本上升，从而在国际市场的竞争力下降。另一方面，社会保障法律制度下的高福利和税收负担，挤占了企业的生产资金，减少了可用于投资的资金储备，从而抑制了资本投资的动力。这导致高利率、低投资，使固定投资增长缓慢，这就严重削弱了经济进一步发展的物质基础，影响了本国企业的发展。

(三)保障范围和措施易使人产生依赖性

社会保障措施助长了一些人对国家的依赖思想，导致人们的工作积极性和创新精神减弱。因为广泛的社会保障规定使得工人更容易避免某些不合意的工作。对于许多工人而言，覆盖大部分劳动人口的失业保险和法律权利为雇佣工人的物质利益提供了强有力的制度保障，工人对经济结构、技术、职业以及其他的变化缺乏准备，不容易调节和适应，并因而局部破坏了劳动力后备军机制②。这造成新的社会不公平——不勤奋工作的人对勤奋工作者的一种剥削。

(四)社会保障法实施增加了行政管理成本

福利国家为了管理日益复杂的福利工作，从中央到地方组建了一整套臃肿的官僚机构，组织了一支庞大的专业队伍。这支队伍中包括各种受理申请、建立档案、处理日常事务的行政管理人员。维持这支队伍的费用有时甚至超过向国民提供福利津贴的支出，例如，意大利罗马市政府救济机构就把其预算费用的 60%花在了行政管理方面。

(五)社会保障法实施加剧了通货膨胀

从微观上看，扣缴高额的社会保障税费，使雇员的实际工资收入减少，雇员要求增加工资；工资的增加导致扣缴更多的社会保障税费，雇员又要求增加工资，如此循环往复，也就引起或推动了通货膨胀。

(六)社会保障法律制度存在压制性

为了证明自己在获得社会保障法律制度所规定的条件方面达标，当事人不仅需要证明其“需要”，而且还必须证明他/她应该得到，即表明当事人符合经济、政治、文化准则和

①童星，2007. 社会转型与社会保障，中国劳动社会保障出版社.

②[德]克劳斯·奥菲，2006. 福利国家的矛盾，郭忠华，译，吉林人民出版社.

社会规范。因为需要的人越多，相应的要求也就受到越严格的界定。例如，只有失业者愿意从事职业机关提供给他们的任何其他工作(通常比原来从事的职业更低等)时，他们才有权享受失业救济。

有学者提出，劳动力市场的核心问题是供给问题即如何在合适的地点雇用合适的劳动者，因此，从更大范围来看，企业有理由把社会保障法看作是问题本身，如当劳工越来越依靠社会保障法时，工人和投资者的动力、期望和动机都受到了影响，改变并侵蚀了经济增长的动力。社会保障法使得劳资双方和适应社会保障法的群体不再适应变化中的市场，而是过于依赖国家的资助①。

二、社会保障法所面临的挑战

(一)人口老龄化对社会保障法的挑战

随着人口老龄化的发展，人口出生率的持续降低，居家养老、社区养老、机构养老相结合将成为未来社会的养老方式。在西方和我国都陆续存在一些因为无人照顾或者照顾不到位而“自杀”的案例。尤其是对于高龄失能老人而言，工业化、城市化、少子化、双职工化等带来的老年人照护亟须通过社会化服务来解决。对此，德国 1994 年、日本 1997 年分别颁布了《长期照护保险法》和《照护保险法》，旨在解决高龄失能老人的晚年照护问题②。

我国是世界上人口最多的国家，也是世界上老年人口最多的国家。由于我国政府推行的计划生育政策、经济的发展，导致我国老龄化的速度更快。有学者预测，我国 65 岁及 65 岁以上的人口比重由 7%上升到 17%所需的时间只要 40 年(2000—2040 年)，比西方发达国家快 1 倍以上③。有学者预测，如果以中国的老年人口为 1，则中国、印度、美国到 2025 年将为 1：0. 51：0. 24。即到 2025 年中国的老年人数将为印度的 2 倍、美国的 4 倍。

我国老龄人口的高龄化趋势明显。人口学通说认为，60~69 岁为低龄老年人口，70~79 岁为中龄老年人口，80 岁及 80 岁以上为高龄老年人口。我国高龄老年人口以每年 5. 4%的速度增长。高龄老年人口中丧偶和患病的概率远高于低龄老年人口和中龄老年人口，且他们的生活自理能力急剧下降，需要社会给予更多的关心和照料。

人口老龄化趋势一方面导致养老金的支出不堪重负。因为人口寿命的延长意味着更多的人在法定退休年龄后的生命余岁延长了。法定退休年龄后的生命余岁延长，意味着老年人领取养老金的平均年限增加，因而领取的养老金总量也在不断增长。另一方面人口老龄化趋势导致养老金的费基相对萎缩。支撑现有退休人员养老金给付的是现有在职人员所缴纳的养老保险费(税)，因此这部分养老保险费(税)又被称为养老金的“费基”。人口老龄化隐含着生育率的下降即“少子化”，由此导致缴纳养老保险费(税)的人员减少，因而养老金的费基相对缩小；随着教育的发展和国民受教育年限的增长，就业人口推迟了进入劳动力市场的时间，这就缩短了劳动者的缴费期，引起养老金的费基相对缩小；健全的失业

①[德]克劳斯·奥菲，2006. 福利国家的矛盾，郭忠华，译，吉林人民出版社.

②郑尚元，2019. 社会保障法，高等教育出版社.

③王先益，1990. 中国人口老龄化问题研究综述，人口学刊(5).

保险制度又使失业人口并不急于重新再就业，也使养老金的费基相对缩小。与养老相关的其他保障和服务捉襟见肘。老年人口除了在经济上需要必要的资金支持以维系生活以外，年老往往体弱多病，对医疗保健服务就有了比青少年、中壮年人更多的需求；年老往往独居且生活自理能力差，更需要日常的生活服务与照料。所有这些都对养老以外的相关保障和服务提出了更高的要求。

我国党的二十大报告指出，推动我国建立长期护理保险制度。实际上，我国有些地方在二十大之前已经开始了长期照护保险试点工作，并且有些地方已经有了一定程度的实践积累。该类社会保险如同医疗(健康)保险一样，法律关系异常复杂，在法律关系结构中添加了主体：养老服务机构。并且高龄老人与养老服务机构、照护保险机构之间必然也因相应的法律关系，而产生相应的争议纠纷。

(二)灵活就业人员、无职业人员及公务员等主体对社会保险法律制度的挑战

非正式工作最早是由 Audrey Freedman 在 1985 年提出的，用来特指那些附条件的和短暂的(conditional and transitory)雇佣安排。非正式工作包括非常广泛的形式，包括部分时间工作(part-time work)、自雇(self-employment)、临时雇佣(temporary employment)、外包(contracting out)、雇员租赁(employee leasing)。事实上，任何不同于通常形式的永久、全日制工资和薪酬的工作都被认为是非正式工作。

进入 21 世纪以后，传统劳动关系比例逐年降低，在不同国家，劳动关系的弹性化也有所差异。近年来，随着共享经济的发展，弹性工作越加明显。弹性工作中包含许多短时工作。

而我国的社会保险法尤其是职业灾害保险主要是针对传统的劳动关系设计的。实际上，随着灵活就业人员数量的增加，自雇职业者的增加，导致灵活就业人员的职业灾害权益无法通过社会保险法律体系得到相应保障。因此，实现他们与标准劳动关系的同等保障，地方已经对此做了一些探索。

同时，我国对于国家机关、事业单位等仍然实行双轨制的社会保险体系，如《工伤保险条例》第二条规定“应当依照本条例参加工伤保险的用人单位不包括国家机关和参照公务员法管理的事业单位、社会团体”；第六十五条规定“公务员和参公单位工作人员遭受事故伤害或者患职业病的，由所在单位支付费用”。这种双轨制运行的社会保险体系造成了一定的社会不公正。实现不同群体之间社会保险体系的并轨是目前我国努力的方向。有些地方已经对此作出了探索和改革。河南省郑州市人社局、财政局联合发出通知，决定将机关和参照《公务员法》管理的事业单位、社会团体的工作人员，全部纳入工伤保险制度范围，以保障因工作遭受事故伤害或患职业病的机关工作人员获得医疗救治、经济补偿的劳动权益。

广东省人力资源和社会保障厅、财政厅 2020 年颁布了《广东省灵活就业人员服务管理办法(试行)》对灵活就业人员参加社会保险做了相应的规定。其中第二条规定：本办法所称灵活就业人员主要包括：①个体经营者；②非全日制从业人员；③新就业形态人员(包括依托电子商务、网络约车、网络送餐、快递物流等新业态平台实现就业，但未与新业态平台相关企业建立劳动关系的从业人员)。这些灵活就业人员既可以参加企业职工基本养老保险，也可以参加工伤保险。

(三)社会发展对社会保障法律制度的挑战

社会保障制度以保障产业工人对抗工伤、疾病及老年风险为主要社会保障法律制度模式。随着社会的发展，社会保障制度开始将“边缘人群”(家庭手工业者)、其他类似需要保障的人群(如小作坊从业者)等纳入社会保障体系。同时，随着社会的发展，开始有了更多的自由从业者或者完全独立从业者，他们也迫切需要被纳入社会保障法律制度体系框架下，进而孕育出“全民保障”的理念。

与此相类似，必须通过社会保障来化解的“社会风险”也在进一步发展。譬如那些并非由工伤导致的伤残问题也同样需要社会保险解决。与工伤风险伴生的是职业病风险。扩张得更厉害的是生育风险：怀孕、生育、流产等。

同样在发展的还有社会保障待遇，它们得到了细化与完善。社会保险不仅要补偿损失，还要预防损害发生，这种思想在一些国家被普遍接受。工伤保险中很早引入了工伤防护内容，疾病和伤残保险中也越来越多地加入了疾病以及身体能力下降等的早期诊断与预防措施。失业保险和劳动介绍、劳动促进等关系密切化也同属这一发展趋势。对于伤残问题，一种越来越扩大的观点认为，不仅要有治疗和收入替代保障，还要有康复措施，应让受害者尽可能地重返正常的劳动生活①。

与之相适应的是社会保障法思想和保障范围的不断扩张。最初，社会保障法的保障对象主要是位于社会“贫困线”以下的群体。但是，20 世纪 30 年代以来，保障可靠生活的思想被替代。到了 20 世纪六七十年代以后，社会富裕和新的社会潮流又提出应以福利待遇促进机会平等和共享富裕的思想。党的二十大报告指出，中国式现代化是全体人民共同富裕的现代化。因此，我国社会保障法的保障理念和保障范围也将经历了从社会保险—社会保障—社会促进的发展和进阶过程。

(四)减贫治理对社会保障法的挑战

社会保障法制度承担着社会“安全网”和“稳定器”作用。但是，目前中国基本公共服务的城乡供给仍存在不平衡不充分问题。以养老保险为例，中国的养老保险分为城镇职工基本养老保险和城乡居民养老保险两类。目前，城乡居民基本养老金月均标准与城镇职工基本养老金差距较大。随着农村老龄人口的不断增加和劳动能力的逐步丧失，现有的养老金水平难以保障基本生活；如果失去子女的帮助，缺乏其他收入来源情况下，老年人将重新成为绝对贫困人口。从这个意义上讲，社会保障制度的基础作用就是减贫，尤其是在保障最脆弱群体、低收入群体摆脱贫困方面发挥了基础性、兜底性作用。因此，在对易返贫的脆弱性群体加强监测的同时，建立健全能够切实保障最脆弱群体基本生活的社会保障法律体系至关重要。

三、社会保障法的发展趋势

(一)社会保障法主体的多元化

国家作为社会保障主体的地位逐渐减弱，原来由国家承担的职责重新回归了市场和社会，将原来由国家负责的社会保障项目的管理职责交给了市场上的各种营利或非营利组织，由公民自己选择管理和服务机构。也就是说，国家已经不再垄断对福利的供给，社会

①[德]汉斯·察赫，2014. 福利社会的欧洲设计——察赫社会法文集，刘冬梅，杨一帆，译，北京大学出版社.

保障法主体呈现多元化趋势。如社会保障法的主体包括国家、单位、家庭和个人。社会需要更多的主体参与到社会保障以及其他社会政策和事务之中，有利于缓解国家的经济压力，也有利于社会福利供给的长久平衡，多方负担也形成对国家权力的有效制约。

（二）社会保障法的价值实现机制从补偿走向预防

社会保险不仅要补偿损失，还要预防损害发生。2002年后，德国失业保险制度开始向预防失业与促进就业功能并重的方向转变。1984年，日本政府制定《雇用保险法》替代《失业保险法》，该法律有主动预防失业，并抑制雇主解雇员工的规范作用。德国、美国很多国家通过浮动费率控制工伤发生率和失业发生率。在失业方面，失业保险采取的浮动费率机制有利于控制企业的裁员行为。我国在工伤保险也实行了浮动费率，并且逐步实现工伤预防—补偿—康复一体化。

（三）社会保障法律制度的扩张

较早的社会保障法主要保障的是因工伤、疾病、失业及老年风险的产业工人。但是，从一开始，只保障产业工人而不包括依赖其生活的人的社会保障法制度就被认为是不够充分的，由此，产生了对受保障群体死亡时遗属的保障，对收入替代待遇下家计负担的考虑及家庭成员的医疗保障。社会保障法中的社会保险法部分又将制度扩张到所有雇佣劳动者，例如“边缘人群”（如家庭手工业者）与其他类似需要保障的人群（如小作坊从业者），自由农民、越来越多的自由从业者，并最终发展为“全民保障”的社会保障法。

同时发展的还有社会保障待遇。例如，工伤保险待遇从经济补偿开始扩张到工伤康复，即工伤康复不仅要有治疗和收入替代保障，还要有康复方面的措施，以让受害者能尽可能地重返正常的劳动生活。

社会保障法从扩张进路上是社会保险法—社会保障法—社会促进法。社会保险法主要是针对特定风险情况如疾病、生育、失业、残疾等情况提供保障，通过完全或者部分地对处于该风险中并因社会保险而得到保护的个人的缴费筹措资金，为未来将可能发生风险的群体提供一种集体保障。但是社会保险与缴费往往具有一定的对应关系。而缴费义务的前提是应缴费的人需要具备缴费能力。这就决定了社会保险只能防止不穷的人变穷，不能将穷人从贫困中解脱出来。虽然有些国家也发展出来一些制度，令负担不起缴费而不能参加社会保险的人能与那些能够缴费的人具有同等待遇，如为不能负担社会保险费的残疾人代缴保险费。不过这种方式从制度上而言，有其局限性。因为，为所有不能缴费者替代缴费，将使社会保险法的理念变得没有意义①。

（四）促进社会保障均等化

绝对贫困消除后，相对贫困问题成为贫困治理的主要矛盾。从国际经验看，在贫困发生率降至3%及以下之后，普惠性、利贫性的社会保障措施将成为贫困治理的主要手段。因此，需要加强社会保障制度设计，构建全面覆盖、充分保障、均等保障的社会保障体系。首先，要实现社会保障对弱势群体和低收入群体的全覆盖，特别是将农民工群体和易地扶贫搬迁群体全部纳入，使社会保障网不留空白、不存漏洞。其次，要提升农村社会保障的保障水平。较大幅度提高脱贫地区城乡居民基本养老金标准，能够为农村弱势群体提

---

①［德］汉斯·察赫，2014. 福利社会的欧洲设计——察赫社会法文集，刘冬梅，杨一帆，译，北京大学出版社.

供充分的生计保障。最后，围绕城乡基本公共服务均等化的核心目标，逐步统筹城乡社会保障体系，弥补农村基本公共服务短板，在经济和财力可持续增长基础上，逐步提高社会保障中中央财政的统筹支付能力，完善普惠型城乡统筹的社会保障体系。

（五）推进发展型社会保障法律制度体系建设

社会保障法律制度体系在实现全面覆盖、充分保障和均等保障基础上，还要根据未来经济社会发展需要和相对贫困群体的实际需要不断调整优化。以提升人力资本为目标的社会保障措施将对降低社会不平等、支持跨越中等收入陷阱具有重要作用，故而应该将不断提升脆弱群体的发展能力作为社会保障的重要目标，加强低收入人群的人力资本开发，加强教育、医疗、培训等投入支持力度，将社会保障逐步从生存型向发展型转变，实现相对贫困群体的可持续发展。

第一，社会保障体系的完善需要与经济社会发展阶段相适应，考虑经济增速放缓、人口增速放缓、人口结构出现拐点、老龄化提速等趋势，分阶段制定并完善社会保障体系，逐步提升社会保障水平。第二，根据脆弱群体、低收入群体的人群分布特征和不同人群的实际社会保障需要，制定并完善符合不同群体需求特点的多层次社会保障体系。第三，统筹设计社会保险、社会救助、社会福利的保障人群和作用机制，加强社会保障制度间的衔接。继续提高社会保险的覆盖范围，探索参与式社会保险投入和受益机制，发挥社会保险的风险分摊功能；基于城乡统筹的社会救助标准，完善社会救助保基本、兜底线的功能；基于贫困人口生活质量改善和人力资本的提升，逐步提高社会福利水平①。

案例讨论

张某甲与敖某等股权转让合同纠纷案②

张某甲于2009年10月被评定为精神残疾二级，长期由亲戚照料起居，仅依靠国家低保生活。2019年5月，张某甲的低保待遇突然被取消。经向相关部门了解，是其堂兄张某乙为逃避债务，与某制衣公司的发起人敖某协商，于2016年1月通过签订股权转让合同的形式，将负债累累的某制衣公司全部股权转让给张某甲，使其成为该公司100%控股自然人股东，因此导致张某甲丧失了享受国家低保资格。如要恢复张某甲的低保待遇，须撤销其股东身份，但张某乙已不知所踪，公司原股东敖某也不配合办理股权变更手续。张某甲的监护人作为其法定代理人遂诉至法院，请求确认股权转让合同无效，撤销张某甲的股东身份。2020年11月，另案判决确认张某甲为限制民事行为能力人。

思考题：1. 该案中张某甲签订的股权转让合同法律效力如何？

2. 该案中张某乙侵犯了张某甲的什么权利？

①陈志钢，毕洁颖，朱海波，构建同乡村振兴有效衔接的社会保障体系，光明网，https：//theory. gmw. cn/2021-03/02/content_ 34655103. htm，访问于2021年4月15日。

②汕头残联，依法保护残疾人社会保障：https：//mp. weixin. qq. com/s? _ _ biz = MzA5MTYyMDQ2NA = = &mid = 2649031218&idx = 3&sn = 6f86dbc3c0c5daf4b1541ae273ab3f83&chksm = 8868372dbf1fbe3bcbc7387bbeb4ecbf9d3899ea9a003329463745feffede0ac478bd1d8a7ea&scene = 27。

第二章　社会保障法基本理论

导入案例

社保资金被侵吞索要无门，安监局：不了解情况①

2011年，为解决煤矿关闭后部分无社保职工的养老问题，河北省人社厅下发文件明确，为弥补历史遗留问题，退休人员可以一次性补缴15年的保险金，退休后可以享受养老保险。

随后，唐山开平区的部分煤矿工人从开平区安监局陆续得到消息，一次性缴纳4万多元就可以在退休年龄享受养老保险，到退休年龄领取社保之前，还能拿到每个月200多元的“生活费”。不过与传统缴纳养老保险不同，开平区煤矿的工人们都要通过中间人向开平区安监局缴纳，有时名额还会受到限制，工人们还得托关系。

2014年，好不容易托人、找关系缴纳养老保险的工人们发现自己的养老金发放断断续续，到了2016年彻底停掉了。养老保险发放怎么还能断断续续的？原来，这些把钱交给安监局的工人们没有拿到任何社保部门开具的证明，得到所谓“社保金”的渠道，也只是开一张银行卡，之后从孙某的个人账户给他们打款。2017年孙某和一名财会人员被捕，正面临着检察机关的公诉。工人们疑惑的是，在安监局里办的业务，盖的也是安监局的公章，钱到底去哪儿了？开平区安监局副局长马某表示，自己是最近调过来的，之前的副局长已经被抓，等待法庭的判决，自己并不了解情况。

第一节　社会保障法的概念和基本原则

“大道之行，天下为公。选贤与能，讲信修睦。故不独亲其亲，不独子其子，使老有所终，壮有所用，幼有所长。鳏寡孤独废疾者，皆有所养。男有用，女有归……是谓大同。”人人有工作，人人有饭吃，灾难疾苦，大家共同担当，个人无冻饿的担忧，社会无贫苦的现象，才是“大同”之治。但是，怎样实现这一社会理想？将社会保障作为解救社会贫困的方略，基本已成为世界各国一致采取的通行做法②。

一、社会保障法的概念

“社会保障”(social security)一词首次正式出现在美国1935年的《社会保障法》中。该法涉及老年、盲人、受供养且残疾的儿童、母婴福利、公共健康、失业补偿等项目内容，规定

---

①人民日报社，工人社保资金被侵吞索要无门 安监局：不了解情况，人民日报2018年5月21日，https：//baijiahao. baidu. com/s？id=1601027807688407908&wfr=spider&for=pc，访问于2021年5月2日。

②桂裕，1981. 保险法论，三民书局股份有限公司.

使得一部分的弱者得到了基本的生活保障，标志着肇始于19世纪的社会保障范围开始扩张。随后，该词再一次正式出现在新西兰1938年的《社会保障法》中，该法引入了一个全新的观念：每个公民都有权达到合理的生活水准，即当社会成员面临无法自保的经济问题时，社会有责任确保其成员免受伤害。该法将现行的和新兴的福利统一纳入其中，包括老年、医疗与药物、生育、失业、残疾、寡妇与孤儿、家庭、矿工、暂时疾病和其他一些紧急情况的现金津贴项目，建立了新西兰全面的社会福利政策。美国、新西兰两国的社会保障概念从“工作的福利”开始拓展到工作之外，对后来世界各国的政策与立法影响深远。

在正式的国际文件中，1941年美、英两国领导人签署的《大西洋宪章》(*The Atltantic Charter*)的第五章提及“促进所有国家的劳动水平、经济进步和社会保障”。这里的“社会保障”一词语义模糊，其价值在于“这样一个简单而又引人注意的词表达了全世界人民的一种最深切最广泛的愿望”。随后，国际劳工组织在1944年的《社会保障建议书(第68号)》中宽泛地界定了社会保障的内容：重新就业津贴、失业补偿、伤残、老龄与遗属保险、疾病保险以及社会救助。1955年的《社会保障(最低标准)公约(第102号)》规定了医疗服务、疾病津贴、失业津贴、老龄津贴、工伤津贴、家庭津贴、残疾津贴、遗属津贴等9个社会保障项目，这也是目前为止唯一对社会保障全部九个分支都制定了最低标准的国际公约。虽然，经过美国、新西兰等国立法文本和三次国际文件的使用，“社会保障”一词开始广泛地流行。然而，直到今天，这一概念仍然没有统一的含义。在各国以及国际组织的立法中，立法者根据各自现实的需要，赋予这个概念不同的含义。其边界模糊难以界定，表现多样充满争议。

社会保障一词源于英文的social security，这是公认的事实。按照英国经济学家贝弗里奇对“摆脱贫困之路”(The Way to Freedom from Want)的设想，制订“社会保障计划(Plan for Social Security)”是要找到消除贫困的方法。《世界人权宣言》在序言中明确指出，普通民众最高愿望之一是“摆脱贫困”(Freedom from Want)；第22条表明了每个社会成员都享受社会保障权(the Right to Social Security)；第25条详细地规定了“人人有权享受为维持本人和家属的健康和福利所需的生活水准，包括食物、衣着、住房、医疗和必要的社会服务(Social Service)；在遭到失业、疾病、残废、守寡、衰老或在其他不能控制的情况下丧失谋生能力时，有权享受保障；母亲和儿童有权享受特别照顾和协助，无论婚生或非婚生的一切儿童，都应享受同样的社会保护(social protection)”。由此，可以推定社会保障概念的本质属性应当是“运用社会的力量，帮助社会成员摆脱贫困”，基本方法是社会互助，包括通过国家、社会和私人组织、家庭内部的互助，根本目的是通过使其摆脱贫困、保证其生活安全，保障其生存权和发展权，从而实现社会公平与正义。

在我国的文献中也曾有“社会安全”和“社会保障”两种表达。1986年4月公布的《中华人民共和国国民经济和社会发展第七个五年计划》，文件第51章提及国家要“进一步加强劳动保护，逐步建立和健全适应形势需要的社会保障制度”。中国政府在2004年发布的《中国的社会保障状况和政策》白皮书中进一步指出：中国的社会保障体系包括社会保险、社会福利、优抚安置、社会救助和住房保障等；社会保险是社会保障体系的核心部分，包括养老保险、失业保险、医疗保险、工伤保险和生育保险。至此，社会保障概念的内涵与外延在中国的社会政策、立法与学术研究领域基本得到确立。

社会保障法可以分为广义的社会保障法与狭义的社会保障法。所谓广义的社会保障法是指所有调整社会保障关系的规范性法律文件；而狭义上的社会保障法则仅指形式上与社会保障内容相关的规范性法律文件。

二、社会保障法的基本原则

任何法律部门，都有其基本原则，只不过存在形式不尽相同。有的法律部门，基本原则被集中规定在本法律部门的基本法中，如民法、婚姻法等；有的法律部门，基本原则在法律中没有集中规定，需要通过理论抽象，如刑法、行政法、经济法等。我国社会保障法的基本原则，目前尚无集中的立法规定，因此，科学地确定其内容是社会保障法学研究的重要任务之一。

社会保障法的基本原则是指集中体现社会保障法的本质和基本精神，主导整个社会法体系，为社会保障法调整社会保障领域的社会关系所应遵循的基本准则。社会保障法的基本原则应具有以下主要特征：

(1)全面的涵盖性

一方面，社会保障法基本原则应当是能够涵盖社会保障法所调整的各种社会保障关系以及与其密切联系的其他各种社会关系的原则。另一方面，社会保障法基本原则应当是能够涵盖到各项社会保障法律制度的原则，只为某项社会保障法律制度所遵循的原则不应作为社会保障法基本原则。

(2)高度的权威性

主要表现在：各项社会保障法律制度和社会保障法规的内容，都不得与社会保障法基本原则相抵触；社会保障法与其他部门法律相区别，不同类型的社会保障法之间相区别，均以社会保障法基本原则为基本标志，社会保障法的发展方向和基本任务，均为社会保障法基本原则所左右；各种社会保障法主体及其在社会保障领域的行为，都要受到社会保障法基本原则的约束；各种社会保障问题的处理，都应以社会保障法基本原则为基本依据。

(3)相当强的稳定性

社会保障法基本原则的内容一经确定，一般不因社会保障法具体内容的个别或局部变动而更改。即使在改革时期，只要社会保障关系未发生根本变化，社会保障法基本原则也不会发生变化。

(一)底线公平原则

主要是对于社会风险发生时，提供维持低度生活水准之给付，以维持基本生活或者支付医疗所需，使其社会风险发生不致成为社会的负担。《国际劳工组织建议书(1944)》以及国际劳工组织第 102 号、128 号和 130 号公约都强调了应当保证社会成员满足最低限度的生活收入与卫生标准。

在社会保障领域，底线是为保证每个人基本生活而提出的原则要求，它要求社会保障项目能够覆盖全体社会成员特别是弱势群体，所有社会保障项目要能够覆盖到民众基本生活的各个方面，社会保障待遇要能够满足人们的基本生活需要。要想促进社会公平就必须要公平地对待每一个群体或个体，尤其要能够让弱者享受社会发展的成果。要想实现社会公平就必须在承认“贵贱有等，长幼有差，贫富轻重皆有称”①的社会事实基础

①荀况，1996. 荀子·富国，杨惊，注，耿芸，标校，上海古籍出版社.

上，强调解决人们基本生活需要的社会保障项目应该是有差别的供给，这就要在众多社会保障项目中确定哪些是基本的项目，并分清楚各基本项目建设的先后顺序。从社会保障待遇上看，底线公平注重基本待遇的供给，以便提升受助对象的安全感；从社会保障水平上看，基本生活要随着整个社会的发展程度、人们的收入水平以及人们的生活消费水平进行动态调整，以避免社会保障待遇过低而无法解决民众的基本生活；从责任上看，底线公平更加强调政府在社会保障制度建设、项目覆盖、待遇明确及水平设置等方面应该承担的责任①。也就是说，所有涉及保障民众基本生活的项目虽然可以发挥市场、社会组织与机构、家庭和个人的作用，但最终的责任应该落脚到政府身上，政府必须帮助“无力支付强制性保险的人”以及其他所有“受苦的人、困境中的人和处于劣势地位的人”②。

（二）社会连带原则

社会保障法制度建构的主要目的，是以集体的力量保障个人的经济安全。仅仅靠单纯的慈悲心及社会道德观念不足以建立起完善的社会保障制度。为了促成社会保障制度目的的实现，必须由全体国民共同承担社会的风险，即通过制度的共同作用使得身体健康者帮助生病者，有工作者帮助因年老、年幼、环境或其他各种原因无法工作者。通过社会保障法所提供的社会给付，无论是通过社会保险还是通过税收，都将影响人们对财产的处分自由甚至干预其经济生活。就实际而言，个人通过努力所获得的财产或权利，根植于社会共同环境中，并非个人单独努力所得。即个人依附于社会而得以生存与发展，个人对于社会具有连带关系。因此，国家对个人自由干预限制，并据此合理化社会上强者帮助弱者，主要是基于社会连带责任思想。

1. 基本含义

社会连带责任根植于人的群居性。尽管个人具有独立性，然而求生与对社会安全的需求却是人类所共同的。既然人依赖群居生活，每个人都必须相互服务才能满足其需求且须努力以期与他人能有更多的交换，以此不仅有博爱的利他动机，也包含当自身遇到生活上的困难时，得以获得救济的利己动机在内。

在社会连带原则的考虑下，社会与个人唇齿相依，一人有危难，社会全体都必然受到影响，只有集众人的力量来共同解决。社会连带为人类社会的基本事实，社会规范须以社会连带原则为基础，尤其是现代国家的社会法制，修正了过去以个人主义为中心的精神，进而认为个人的所得绝大部分来自他人的贡献。因此，强调互助与所得重新分配的精神，以体现人类共同需求与相互分工的真正意涵。同时借着一定的重新分配机制，使自己得以帮助他人，以彰显自己对社会的重要性与关怀，肯定自我丰富生命的价值。社会保障法必须避免仅针对不同需求或族群设计相异的法制，否则除可能有损个人对社会的连带感，也可能会因不同的设计造成阶层化的负面影响，进而削弱该原则的意义。

2. 社会连带原则在社会保障法中的适用

社会保障法中最能体现社会连带原则色彩的制度莫过于社会保险制度。通过保险机制

①高和荣，2018. 底线公平对西方社会保障公平理论的超越，社会科学辑刊(5).

②〔匈〕雅诺什・科尔奈，〔美〕翁笙和，2003. 转轨中的福利、选择和一致性，罗淑锦，译，中信出版社.

的运作，保险费的收取与社会保险给付的受领，分摊并弥补因为社会风险所造成的危险与损失。同时借由共同经济的经营及社会风险的规避等社会性要求，提供社会多数人的生存保障，实现社会连带原则所强调的互助目标与社会正义。确保社会保险目的实现的主要手段，是透过强制缴纳社会保险费与个人风险分离。如果采取自由纳保制度，则常常使得身体健康、收入较高等风险较低的个人不愿意投保，只有风险较高者愿意投保的“逆选择”问题产生而削弱社会连带效果难以实现社会资源正义分配目的。

在社会保险制度下，其所呈现与社会连带原则间的关系，表现在以下 3 个方面：其一，为被保险人与保险事故发生者之间的互助，被保险人与保险事故发生时所请领给付的财源，主要来自本身与其他被保险人及雇主所缴纳的保险费。将保险费，通过健康与患病、就业与失业等发挥所得移转的效果。其二，高所得被保险人与低所得被保险人之间的互助。社会保险等保险给付与保险费之间不一定成等比例的关联性，即高所得者虽然缴纳较高金额的保险费，未必于日后保险事故发生时获得与保费相当的给付水准。借着此等垂直式分配效果，对于具有不同所得水准的对象，透过所得转移的方式，促使高所得者帮助低所得者承担部分保险财务责任，使低所得者亦得以获得相当低保障。而他日若高所得者一旦成为低所得者也能相同地获得适当的协助。其三，工作人口与儿童、青少年与老年等人口之间世代的互助。由于社会保险等老年年金制度为工作人口与老年人口间的团结组织，因此，这两个群体间互助功能较为明显。未成年人口与工作人口间的互助则依赖家庭津贴给付或其他兼具家庭功能等社会保险给付制度发挥互助功能。这一世代间重新分配效果的给付机制，对于人口日益老龄化国家而言显得格外重要，因其兼具家庭及人口政策的效用，有助于加强经济安全保障及维持制度稳定的世代正义。

（三）平等原则

1. 基本概念

平等是一个具有多种不同含义的多面向概念。就社会保障法而言，在形式正义的要求下，除必须尊重个人的自由发展空间外，也要考量形式或机会平等。就历史发展而言，对社会平等的追求是社会运动中的最主要诉求，相同者应相同处理，不同者应为合理的差别处理，否则就应该有合理原因。形式平等要求社会保障形式上应一视同仁地适用于所有人；此外，在尊重个人自由的前提下，社会保障法的出发点应以个人自由的确保为前提，不能无视个人努力而一味地平等分配并追求结果均分，否则将会抑制个人创业与努力的意愿，而对经济、社会带来不良的影响。

但过于悬殊的不平等可能会成为社会不安定的因素，为避免因不平等危及个人的尊严，所以强调实质正义，使社会保障法能促使国家提供社会给付以确保实质平等。当然，过度的平等或结果平等不仅不合理也反人性，因此实质平等仍应有界限，因为涉及社会资源的妥当分配，故应审查社会保障法的必要性，并注意与一般国民间的不平等关系，以避免恣意的流弊，同时还须考量如何契合当前社会发展的实际情况以达实质平等要求，即分配正义。

2. 社会保障法的体现

社会保障法应平等地一体适用于所有人，其所强调的平等是社会资源应如何分配始符合实质平等的意义，其思考包括社会资源为何要分配？应如何分配？何时或何等条件下据以分配？应分配给何种身份的对象等问题。从表面来看，平等的观念是指个人一旦符合要件就能平等的取得服务或资源，不过就涉及社会资源分配的社会保障法而言，第一种方式是平分，就是对于不足的资源，所有符合资格的个人分配相同的资源，这种方式强调结果的分配。另一类平等的思考则是强调分配的程序而非实际的结果，主要是考虑到资源的有限性，若分配无法持续，甚至分配成本过高等情形时，则会转为强调分配资源的过程。其中对于分配程序的建立除了依据申请顺序外，也可能采取随机选取的方式，然而无论采取何种手段，基本上是强调机会的平等。

（四）强制性原则

在私法领域，涉及的是私人之间的关系，以私法自治为基本原则，在不违反法律和公序良俗的基础上，私人之间可以任意创设契约的内容，契约一经签订，即对于契约当事人具有法律约束力，当然权利人可以放弃权利。但是，在社会保障法律体系中，既包括国家与个人之间、国家与雇主之间的法律关系，也包括劳动者与雇主之间，以及个人、雇主与社会行政机关之间的法律关系等。在这些关系中，既有个人之间的关系，也有个人与国家之间的关系。社会保障法的实施是完全建立在立法强制的基础上，禁止当事人之间自由设立权利义务关系。如社会保险，凡是依照法律规定必须投保的劳动者和企业都必须参加保险，当事人没有任意选择的权利，也不得任意退出保险。同时，保险给付内容和保险金额也必须按照法律规定执行，保险人与被保险人之间无自由协商的空间。社会保障法正是通过立法强制，对涉及的各种关系进行调整和规范，以使其符合大众的利益，实现社会保障制度追求的目标。

三、社会保障法的功能与任务

（一）维护人格尊严

人格尊严是一个极为抽象的概念与价值。人格尊严大致上可以将其视为个人在共同生活的社会中要求其自我价值被尊重的权利，每个人作为共同体的成员所存在的自我价值必须受到承认，即每个人是权利的主体而绝非单纯客体，任何人类生命的存在本身即是价值。

进一步而言，人格尊严所要保护的是人作为人的地位关系以及其融合社会共同生活结构中的权利，纵使事实上存在许许多多的差异，人格尊严保障目的为达到人人真正的平等。国家不仅应该维护生存物质的分配正义，更应该达到使人民的生存具有尊严的实质正义。

（二）保障个人自由

自由的欲望是人类所具有的普遍特性。历史的发展也显示，只有当人的能力不受压制束缚时，才有可能创造有助于最多数人的高度文明。因此，法律制度皆以个人自由作为核心价值而建立。社会保障法，也是通过提供个人生存所需要的物质条件，保障个人自由以维持个人的主体性。

任何自由都可能被个人或团体所滥用。因此，为了维护社会整体利益，自由必须受到某些限制，以避免个人或团体成为自由滥用的潜在受害者。因为人并非是孤立地生活在社会中，个人为融入社会生活，必须遵守社会共同规范，此规范内容标示着个人自由的适当范围与国家为维护大多数利益而要求个人作最低限度牺牲的分界。社会保障法制在立足点上也以个人对于自由的支配为出发点，国家为确保个人自由，通过干预手段防止个人滥用自由而妨碍他人，其目的在于保护个人得以实现自由的积极机会。个人必须透过自然天赋积极地为自己的生活努力，社会保障法并非单方向地提供社会给付，首先有赖国民对于自我社会责任的履行。个人在请求国家提供社会给付前，应努力以独立个人的地位依自己能力解决个人生存的问题，同时也须避免降低或抑制个人此等社会义务的意识，在个人努力仍无法获得生存所需时，国家始有介入的必要。国家为维护整体社会利益必须为特定分配或限制个人自由时，应遵循“比例”原则。

（三）降低社会矛盾和冲突

社会矛盾和冲突相当一部分源于贫困和经济利益的纷争。贫困产生的原因纷繁复杂，有可能是竞争失败所致，有可能是因疾病、工伤等丧失劳动力所致，有可能是家庭出现不幸所致等。而经济利益的纷争更多源于劳动者与雇主之间的矛盾和冲突，单纯通过劳动法难以化解。这些冲突将打断日趋复杂的资本密集型工业生产过程，从而大大增加经济成本。赋予过多的劳动者权利反而会恶化或激化劳资双方之间的矛盾和冲突。而社会保障法通过分散风险的方法有效地化解了这些矛盾和冲突。它使工人阶级的某些需要从阶级斗争和劳资纠纷的舞台上消失；提供某些更多、更有效地满足工人需要的手段；消除某些重要的问题和冲突，使生产更规范、更具有可预测性。因此，社会保障法通过消除劳动力商品化给劳动者带来的部分风险，使雇佣劳动形式变得具有可接受性，并部分消除了社会冲突的苗头和原因①。社会保障法通过赋予因各种原因陷入困境的个体以社会保障权，可以有效降低因贫困而产生的社会矛盾和冲突。

第二节　社会保障法的理论基础与思想源泉

社会保障法律制度的生成与扩展受到一定理论的支持。这些理论基础和思想源泉为社会保障左右和影响着社会保障法。社会保障法的理论基础离不开正义思想的发展。这里离不开正义的 3 种分类：分配正义、交换正义和法律正义。与社会保障制度紧密相关的主要是分配正义。空想社会主义、功利主义哲学、实证主义哲学等也成为社会保障法的重要理论基础和思想源泉。

一、分配正义思想

（一）分配正义思想的定义

为实现正义，罗尔斯从两个面向建构正义理论，一为形式正义（formal justice），一为实质正义（substantive justice）②。在形式正义和实质正义理论下建构了正义第一原则和正义第二原则。其中正义第二原则是指在以自由为前提下，如果出现社会或经济上的不平等，则不平等必须满足两种情况：①在不平等的条件下所存在的职务与职位，必须在机会公平

①［德］克劳斯·奥菲，2006. 福利国家的矛盾，郭忠华，译，吉林人民出版社.

②赵敦华，1988. 劳斯的正义论解说，远流出版社.

的状况下，对所有人开放，而使所有人皆能受益，也称为“机会均等原则”(the principle of equality of opportunity)。②关于积极的不平等待遇，可以保障社会处境最不利的人(the least advantaged)或弱势族群的最大利益，其又称为“差别原则”(the different principle)。对于差别原则的适用，在层面上又有不同要求。第一，机会上的不平等，必须使得社会地位较不利者获得更多的机会。罗尔斯并不否认机会的不平等，相反地，其甚至认为机会上的不平等设计是妥当的。不过不平等的设计必须让社会弱势者能获得较多的机会。第二，当正当储存值原则(the just savings principle)要求过高时，必须平衡并减轻承受重担者的义务。就正当储存值原则而言，罗尔斯认为正义的问题除在当代出现，也出现在代际之间。正当储存值原则是指每个世代除应维持已经建立起的正义机制外，更须在当代累积适当的资产，而该项资产的累积便是正当储存值。如果累积的过程持续，除使每一代的人皆能因而受益外，亦能借此延续社会正义。不过，为了避免极端功利主义者，该储存值不应过高，否则除有害当代人们的生活态度或扩大贫富差距外，也将干扰经济发展的效率。比如在社会保障制度的设计，应避免对目前有权请求者给付过当，以避免下一代人过度负债而对其生存发展产生负面影响①。

（二）分配正义思想在社会保障法中的体现

实现社会公平是建立社会保障制度的基本价值。社会公平源于人们对平等的追求。在现实社会中，绝对的平等纯属理想。一方面，每个人明显存在智力和体力的差异；另一方面，个人的社会及出身背景和机遇不同，使得弱势群体享有成功的概率相对较低。平等经常被认为是一种理想，重要的并不是能否达到完全的平等，而是追求平等的过程。罗尔斯在其《正义论》中，明确提出社会正义是人类追求的目标，而平等和公平是达到该目标的工具。罗尔斯认为，社会正义的问题就是社会中分配公正的问题。他也认为，个人是社会的一部分，社会的基本结构对于个人具有非常大的影响。因此，合理的社会结构是每个人实现自我极为重要的条件。朗斯曼在《相对劣势与社会正义》一书中进一步指出，分配社会福利的三个基本标准应当是需求、功绩和对共同福利的贡献。在一个正义的社会，必然有财富的不断移转，从最富有的移转到最贫穷的人，除非在最贫穷以上的人能够根据上述的原则来证明他们拥有较多财富的权利，在缺乏这些特殊条件时，其财富的转移逐渐向中间平均数回归。

在追求正义和公平的目标中，依据社会保障制度对国民收入进行分配和再分配，即从高收入者转移到低收入者，从健康者转移到疾病者和残疾者，从家庭负担轻者转移到家庭负担重者等，这种转移的理论基础之一就是建立在社会公平之上。因此，社会保障法就是以追求社会公平为其价值目标，其通过各种立法以保障人民的社会安全和经济安全，谋求人类对美好生活期待的实现，既保障人们在各种意外风险出现时的基本生活，又能保障社会大众共同分享社会发展的成果。

二、社会保障法的其他理论基础与思想源泉

（一）空想社会主义

空想社会主义思潮历经16世纪的产生和17、18世纪的发展，最终在19世纪发育成熟。

①谢荣堂，2008. 社会法治国基础问题与权利救济，元照出版有限公司.

本着“和谐社会”理想，空想社会主义者主张劳动权覆盖的普遍性，强调社会保障的充分性，即孤儿、老人、病人都应该得到一样地照顾和福利，提出接受教育是人们的权利。“在理想社会里，人人劳动、劳动产品按劳分配或按需分配、每个人的生活都有保障。”空想社会主义者欧文致力于改善工人工作条件、提高工人福利，呼吁议会通过这方面的立法草案，并出版小册子《论工业体系的影响》。以追求“和谐社会”为理想的空想社会主义者已经认识到，贫困必须从社会控制、社会调整、社会规范的整体目标层面上去对待和处理。

（二）功利主义哲学

“在源于斯密的自由主义福利思想中，没有改革、干预和矫正市场失败的渴望，而在源于边沁的福利思想中，这种渴望无处不在。”功利主义法学派代表边沁提出某种集体形式的福利观念，即终极的善就是“最大多数人的最大幸福”。这一观点成为政府福利政策的依据。“既可以建构比《国富论》远为自由放任的经济理论，也可以建构允许国家权力扩张的福利理论。”功利主义思想因其强调将国家权力渗透到福利供给而得以接受。功利主义哲学对于社会保障法的贡献在于，它在实质上否认了斯密关于政府无为而治的观点，从政治、法律和经济等角度为国家干预提供了合理性，也就是承认国家对福利调控的作用。

（三）实证主义哲学

法国孔德等学者的实证主义哲学，以及英国斯宾塞的有机体的生物学法学理论是最初的社会学法学理论的起源。耶林等学者将其发展。他们提倡社会是一个整体，强调社会整体利益。主张个人利益与社会利益是有机连接在一起的。因此，应该出于对社会利益的协调和保护出发，增进社会共同福祉，维护社会安全，对于社会阶层中的弱势群体予以特别关注，给予特别保护，促进社会的均衡发展，并以社会利益为本位采取一系列公共干预措施、社会促进措施及社会保障措施①。

第三节　社会保障法的定位

社会保障法有着特定的、独立的调整对象，在法律体系中是一个独立的法律部门，与民法、刑法、行政法、经济法等处于同一层次，社会保障法不隶属于任何其他法律部门。

一、社会保障法与劳动法的关系

社会保障法与劳动法是非常临近的法律门类，具有某些近似的特征，在某些领域具有一定的关联性。黄越钦教授曾将二者的关系划分为并存关系、取代关系、优先关系、互补关系、竞合关系和过渡关系等。社会保障法与劳动法调整的领域原本都是旨在解决进入工业社会以来出现的社会问题，都是体现了对弱者的保护，公权力对私域的介入，体现了公法与私法的相融合。社会保障法最初定位于应对劳动者的生存风险，仅适用于劳动者，是在劳动法基础上发展起来的。“社会保障法原系仅对于劳动者及其家属之经济安全保障规范，而属劳动法之一部分②。”最初各国早期的社会保障

①董保华，等，2001．社会法原论，中国政法大学出版社．

②郝凤鸣，2003．社会法之性质及其于法体系中之定位，中正法学集刊(10)．

法基本上是为了解决劳工问题。19世纪末德国俾斯麦政府时期颁布的世界上最早的社会保障法，就是劳工保险法，我国改革开放早期的社会保障立法也是劳工保险法。当今，社会保障法与劳动法依然联系密切。社会保险法中有关职工医疗保险、养老保险、工伤保险、失业保险等仍然在某种程度上需要以证明劳动者与雇主之间存在劳动关系为前提。不过，随着社会保障法的劳动者主体范围日益超越劳动法上劳动者的范围，社会保障法与劳动法开始渐行渐远，逐步相互分离为两个独立的法律部门，两者之间的区别主要分为以下几个方面。

（一）保护利益不同

利益是基于一定生产基础上获得社会内容和特性的需要。利益是人们需要的社会转化，反映和体现着人与人之间的关系，在任何利益背后，都隐藏着特定的社会关系。所谓社会利益，就是社会全体成员的共同利益，在现代社会，社会利益是公民对社会文明状态的一种愿望与需要。其代表社会大众的普遍需求和社会的共同价值取向。社会保障法是为了谋求国民生活普遍获得安全保障，免于生活资源匮乏而濒临危困。劳动法保护的是劳动关系中的劳动者的共同利益。

（二）调整对象不同

社会保障法调整的是一般公民因社会保险、社会救助、社会福利、优抚安置等发生的社会关系。而劳动法则调整对象集中于劳动关系。从调整对象的范围来看，社会保障法调整对象的范围要广于劳动法调整对象的范围。社会保障关系的建立大多不是依当事人的意愿，而是依法强制建立的。而劳动法所调整的劳动关系则依赖当事人的意愿。

（三）立法宗旨不同

社会保障法以对人的生存权保障为宗旨。其目的主要是为了保障社会全体成员在遭受各种意外和风险时的基本生活，促进社会安全。因此，社会保障法律制度被公认为是社会的安全网或社会稳定器。而劳动法则是通过调整劳动关系，以对劳动者的劳动权保障为宗旨，因此，劳动法是以劳动者进入劳动力市场，能独立自主支配自己的劳动力为前提条件。

（四）调整模式不同

劳动法调整模式主要由三个层次构成。第一层次是宏观层次，涉及全部劳动关系。国家根据劳动关系具有隶属关系和人身关系的特点，制定适用于全部用人单位和全体劳动者的劳动基准法。劳动基准法在立法上以强制性规范为主要特点。劳动法通过倾斜立法的方式保障劳动者的权利。第二层次是中观层次，涉及集体劳动关系。因为个体劳动者与雇主协商难以实现对双方关系失衡的矫正。因此，集体合同是在劳动基准法的基础上，对该用人单位全体劳动者的整体内容进行约定。集体合同的法律效力低于劳动基准法，而高于劳动合同，因集体合同产生的争议，适用调解和仲裁程序，当事人在法定范围内，可以处置自己的权益。第三层次是微观层次，涉及个别劳动关系。劳动合同是在劳动基准法和集体合同的基础上，对劳动者个别劳动关系进行约定。劳动合同的效力低于集体合同。通过劳动合同的签订、履行、终止以及变更、解除，调节劳动力的供求关系，既能使劳动者有一定的择业和流动自由，又能制约劳动者在合同期履行劳动义务和完成应尽之责，从而使劳动力有相对的稳定性和合理的流动性①。

社会保障法从调整模式上则更强调国家的作用。社会保障包括三个方面的内容，即社会救济、社会保险、社会福利，这三方面也构成三个层次。社会救济是社会保障中的最低层次，是由代表国家的有关部门(如民政部门)向因意外条件或自然灾害等原因造成的生活困难给予物质帮助的一种形式。社会保险是指国家通过立法确立的，以保险形式实行的，对于因丧失劳动能力或劳动机会而不能劳动或暂时中断劳动的劳动者提供一定的物质帮助或相应的补偿，使其至少能维护基本生活的一种社会保障制度。社会保险也是社会保障中的中间层次。社会福利是国家、地方或社会团体举办的以全体成员为对象的福利事业，如教育、文化、体育、卫生设施、环境保护等。这是社会保障中的最高层次。与社会保障的其他方面相比，社会福利是普遍保障制度；社会救济是依据经济情况调查而实行的保障制度；社会保险是针对暂时丧失劳动能力或丧失劳动机会的劳动者实施的保障制度。

二、社会保障法与经济法的关系

社会保障法与经济法均是体现了国家的干预。在调整方法上均表现为一定的强制性。但是社会保障法以社会公平为价值追求，作为对国民收入进行分配和再分配的一种方式，是国民收入的一种转移，即从高收入者转移到低收入者，从健康者转移到疾病者和残疾者，从家庭负担轻者转移到家庭负担重者，以保障公民的社会安全和经济安全②。其与经济法在干预范围、干预宗旨等方面仍然具有一定的区别。

(一)干预的范围

社会保障法对应的国家干预，是对劳资关系领域和社会分配领域的干预。经济法对应的国家干预，则是对国民经济各个领域的全面干预，凡是受到市场调节的领域，只要存在市场缺陷，都有必要由国家干预来弥补。

(二)干预的宗旨

社会保障法对应的国家干预，以保障基本人权的社会安全和社会公平为重要宗旨，在其目标体系中，社会政策目标优位于经济政策目标，公平优先兼顾效率。经济法对应的国家干预，则以保障市场供求总量和结构均衡经济稳定和持续增长、有效和有秩序竞争经济与社会和生态协调为主要宗旨，在其目标体系中，经济政策目标优位于社会政策目标，效率优先兼顾公平③。

第四节　社会保障权

一、社会保障权的含义

社会保障权是法律规定的社会权利的重要组成部分，是公民享有的在失业、患病、年

①董保华，2015. “社会法”与“法社会”，上海人民出版社.

②林嘉，2002. 论社会保障法的社会法本质——兼论劳动法与社会保障法的关系，法学家(1).

③王全兴，管斌，2003. 经济法与社会法关系初探，现代法学(2).

老等不利状态下由国家、社会提供社会救助的物质权利。主要表现为社会保险权及从国家、社会获得物质帮助的权利，是从自由权为中心的自由市场经济发展到以社会权为重心的现代市场经济的产物和表现。

社会保障权是由国家救济政策发展而来，古代的中国和外国都曾有过救荒政策和实践。以粮食形态建立的实物形式的后备，是中国原始保障制度的最初形式。真正将社会保障提高到公民的基本权利的高度并予以确认的是德国的《魏玛宪法》，它第一次规定了公民的经济权利，并特别规定了公民获得物质帮助的权利。该法第 162 条规定："关于工作条件之国际法规，其足使世界全体劳动阶级的最低限度之社会权利者，联邦应赞助之。"这一规定意味着把公民获得物质帮助权上升为一种宪法权利，标志着宪法意义上的社会保障权开始形成。当今世界上绝大多数国家的宪法、法律都规定了公民的社会保障权。

二、社会保障权的由来

(一) 从消极权利到积极权利的发展

英国现代政治哲学家赛亚・柏林受贡斯当思想的影响在《自由四论》中将基本权利分为两种：一种叫积极自由，另一种叫消极自由。后来，人们在宪法学中引入了柏林的二分法理论，提出了消极权利(negative right)和积极权利(positive right)的分类①。消极权利观认为个人的权利是在没有他人强制、依市民社会中自由的法则获得的，个人不需要社会、国家或集体的帮助即可享有财产权、自由权，等等。对于这些权利，国家只能消极地"不作为"。消极权利观适应了自由资本主义市场经济发展而获得了生命。消极权利观为防止国家侵犯个人权利，将国家描绘成"必要的恶"，一个巨大的"利维坦"。从而将国家从私人领域完全排除出去，只剩下自治的私人空间以及与之相应的纯粹私人性权利。消极权利观是自由放任的市场经济的反映，在促进社会经济繁荣的同时，也带来了贫富的两极分化，导致实质的不平等、社会不公正问题②。

过分强调国家的消极无为，产生了大量的社会问题，如贫富悬殊、环境恶化等，导致劳工运动、消费者保护运动、女权运动风云迭起。西方提出"公益政治"的口号，强调没有绝对的个人自由，个人在行使权利时应考虑到社会公益③。随着社会的发展，西方很多国家开始意识到完全的消极自由所带来的种种弊端，开始通过国家干预对于社会中的弱势群体的人权予以保护。积极权利是指弱势主体通过国家的积极行为来实现其利益的一种权利。"就是个人要求国家积极行为的权利，这类权利主要是指各种社会福利权利或各种受益权利，如社会救济权、社会保险权等等。对于这些权利，国家不得消极地不作为，而必须积极地作为，它有不可推卸的实施义务④。"从积极自由的角度出发，国家不能再像自由资本主义时期一样，放任自由自治的私人权利在竞争的市场上互相冲撞，而是应该从实现

①林来梵，2015. 宪法学讲义，法律出版社.

②董保华，2001. 社会法原论，中国政法大学出版社.

③周弘，2006. 福利国家向何处去，社会科学文献出版社.

④俞可平，2015. 社群主义，东方出版社.

个人利益与社会利益相协调的角度有所作为，为社会弱者提供必要的保护①。

（二）从第一代人权到第二代人权的变化

社会保障权是人权发展到新阶段的新要求。首先进入人权法视野的是自由权利，包括人身自由、言论自由和行动自由；其次是政治权利，主要是政治参与和选举权利；最后是社会权利，即建立制度化的社会政策，向弱势团体提供医疗、失业、住房、教育和救济的保障。《世界人权宣言》第22条规定“每个人，作为社会的一员，有权享受社会保障，并有权享受他的个人尊严和人格的自由发展所必需的经济、社会和文化各种权利的实现，这种实现是通过国家努力和国际合作并依照各国的组织和资源情况。”第25条规定“人人有权享受为维持他本人和家属的健康和福利所需的生活水准，包括食物、衣着、住房、医疗和必要的社会服务；在遭到失业、疾病、残废、守寡、衰老或其他不能控制的情况下丧失谋生能力时，有权享受保障。”《经济、社会和文化权利公约》第9条规定：“本公约缔约各国承认人人有权享受社会保障，包括社会保险。”

（三）风险社会的产生

社会保障权是人类在社会化大生产和市场经济的必然要求。社会保障权的演进是以工业化和城市化为基础的。在自给自足的自然经济条件下，家庭、家族和宗族是最基本的社会保障单位，国家一般只是在大灾之前赈济灾民，并没有建立一种经常性的社会保障制度，更不可能形成社会保障权的法律架构。机器工业的崛起和社会化大生产在创造较多社会财富的同时，也带来了各种社会风险的急剧增加。由于劳动生产方式的变化，劳动者的伤残、职业病等时有发生，患病后靠本人工资无力医治，失去主力劳动力后的家庭生活也更加难以维持。另一方面也破坏了传统农业社会的家庭或家族保障体系。依靠土地生存的农民背井离乡到城市谋生，尽管家庭对老、弱、病、残等特殊群体的保障作用仍长期存在，但其保障功能已经逐渐弱化，不能再满足人们社会生活各方面对社会保障的需要。因此，市场经济和社会化程度的极大提高客观上要求建立社会保障机制。

与工业生产变化带来的工伤风险类似，每个人无时无刻不处在疾病的威胁之下。而新的技术发展为这种从个人风险向社会风险的转变注入了必然性。作为社会结构变迁的一部分，越来越多的人口阶层绝对依赖工作收入。因此，疾病不仅危及身体健康，还进一步对生存构成威胁。因为疾病不仅意味着丧失工作收入，还越来越导致失去生存基础。“疾病”这个社会问题还因为科学技术的发展而扩大了外延，在经济领域持续刺激付薪工作的增长，并由此产生的副作用包括糟糕的劳动、食物和居住条件致使大量产业工人致病②。

而同时，由于人们的寿命要长于其在工作线上的时间。因此，被淘汰下来的人失去生活来源，生存受到威胁，就成为社会问题。因此晚年生活保障制度被视为一个自由人生的理想。尽管一直有要求个人以储蓄方式为自己的养老承担责任的呼声，但是，仅能勉强糊口的产业工人基本存不下钱。

---

①董保华，等，2001. 社会法原论，中国政法大学出版社.

②〔德〕汉斯·察赫，2014. 福利社会的欧洲设计——察赫社会法文集，刘冬梅，杨一帆，译，北京大学出版社.

三、社会保障权的本质

(一)权利属性

从本质上看，社会保障权是生存权的补充性(或曰手段性)权利。所谓生存权，狭义上是人为了像人那样生活的权利。生存权即公民的相当生活水准权。所谓像人那样生活，就是说人不能像奴隶和牲畜那样生活，是保全作为人的尊严而生活的权利①。《世界人权宣言》称“人人有权享受为维持他本人和家属的健康和福利所需的生活水准，包括食物、衣着、住房、医疗和必要的社会服务”。《世界人权宣言》规定了生存权之后，紧接着规定公民在遭到失业、疾病、残废、守寡、衰老或其他不能控制的情况下丧失谋生能力时，有权享受保障。如果说生存者是通过“劳动—财产—维持生存”的定式完成了生存权的自我实现的话，那么另一种定式“物质请求—国家帮助—维持生存”就是某些特殊主体生存权实现的方式②。

(二)权利主体

一般认为，具备社会保障这种资格的人是社会弱势人群或特定条件下的劳动者。被普遍列举的情形包括年老、疾病、残疾和失业者，另有其他情形如产妇、母亲、儿童、未成年人、守寡者、受灾者。此前的54宪法、75宪法和78宪法更将社会保障的权利主体限定为劳动者。即劳动者能劳动时依靠劳动保障生活，不能劳动时依靠物质帮助保障生活，而非劳动者或非因丧失劳动能力而陷入困顿的公民便不在保障之列。结合《中华人民共和国宪法(2004)》的修正，以及各层次立法对社会保障的发展，可以认为，我国公民享有社会保障的条件绝不限于劳动者丧失劳动能力，而应包括可能导致公民生活陷入困境的各种客观情形，自然也包括遭遇突发事件的打击在内。

(三)权利客体

可以通过物质交换而得到。具体而言，其客体至少有：①物，包括货币、衣食、房屋等；②服务，如医疗、保健和看护；③机会，如受教育的机会。国家为受保障者提供物质服务和机会的数量和质量需要遵循一定标准，这一标准因各国社会经济发展程度有所差异，主要有最低生活标准、平均生活标准、原有生活标准。但基于社会保障权的补充性特征，决不应高于社会平均生活标准或受益者的原有生活标准，以免导致对社会效率的损害。

(四)权利的实现和国家的给付义务

社会保障权包括三个不同层次的权项。社会救助权是最低层次，指公民因遭遇自然灾害或意外伤害而生活困难时有从国家获得救助的权利。社会保险权是中间层次，指的是本来拥有劳动能力的公民因劳动能力的损失或劳动机会的缺乏而临时或永久地不能劳动，而致生活困难时有获得补贴的权利。社会福利权是最高层次，指公民在基本生存权获得保障的基础上，有随着社会经济发展而享受各种福利设施、福利补贴和福利服务的

①〔日〕三浦隆，2002. 实践宪法学，李力，白云海，译，中国人民公安大学出版社.

②韩德培，1995. 人权的理论与实践，武汉大学出版社.

权利①。

社会保障权作为一种积极的社会权，国家对其实现应负最主要义务②。有研究者认为，社会保障权可以分为给付性权利和非给付性权利，国家相应地承担给付性义务和非给付性义务③。毋宁将其区分为作为义务和不作为义务，不作为义务指国家不应妨碍个人合法获取并利用各种资源满足其自身生活，作为义务则指国家应积极采取各种措施确保社会保障权的实现。显然，从社会保障权角度而言，国家的作为义务居于支配地位。

案例讨论

王某申请刑事被害人司法救助案

基本案情

2014 年 11 月 4 日晚，王某家着火。火灾导致王某被烧伤，其丈夫王某死亡，七间房屋被烧毁。经山西省和顺县公安局消防大队认定，起火原因排除电路故障，排除遗留火种，不排除人为放火。犯罪嫌疑人刘某因涉嫌放火罪被逮捕。2017 年 5 月 24 日，山西省晋中市中级人民法院经审理后，认为检察机关指控的刘某犯放火罪事实不清、证据不足，遂判决被告人刘某无罪，同时驳回附带民事诉讼原告人王某等人的诉讼请求。王某及其家庭，因被人放火导致七间房屋毁坏，丈夫王某死亡，王某本人被烧成重伤一级，治疗三年，生活仍不能自理，依靠其女王某全程陪护，家中唯一的经济来源是其子王某务工所得，但王某因无固定工作，收入微薄，居无定所，且已负债累累，无力承受家庭重负。因刑事案件无法侦破，王某无法通过诉讼获得赔偿，造成生活极度困难。

裁判结果

山西省晋中市中级人民法院经审查认为，救助申请人王某受到犯罪侵害致严重残疾，现因刑事案件无法侦破，无法通过诉讼获得赔偿，生活面临急迫困难，符合《最高人民法院关于加强和规范人民法院国家司法救助工作的意见》规定的应予救助情形，遂决定给予王某司法救助金 50 000 元。

①林鸿潮，2008. 论公民的社会保障权与突发事件中的国家救助，行政法学研究(1).

②吕铁贞，2007. 社会保障权宪法确认之比较研究，比较法研究(1).

③董溯战，冯斌，2007. 论社会保障基本权，河北法学(10).

第三章　社会保险法通则

导入案例

2022 年 6 月 17 日，李某某到天津港保税区劳动保障监察举报投诉窗口进行投诉，反映天津某公司未依法为其办理社会保险登记，并提供了《试用期合同》、工资条、工资转账截图、打卡记录截图等证据材料。

经核实，投诉人李某某于 2022 年 3 月入职天津某公司，并于 2022 年 6 月离职。被投诉单位天津某公司为我市注册的市场主体，用工地点位于天津市滨海新区天津港保税区。执法人员分别向天津某公司和投诉人李某某进行调查询问，天津某公司承认与李某某存在劳动关系，双方签订了书面劳动合同，未为其办理社会保险登记等事实①。请问：该用人单位在哪些地方存在违法行为？

第一节　基本原则和社会保险权

社会保险，简单来讲，就是指国家通过立法举办并资助实施的，采用风险集中管理技术，以被保险人及其利益关系人缴费为主形成的共同基金对被保险人因年老、疾病、死亡、失业、伤残、生育等社会风险所导致的损失，依照法律规定的条件及方式对被保险人及受其扶养的家庭成员予以经济补偿，从而确保其基本收入安全的社会经济制度②。

一、社会保险法的基本原则

《中华人民共和国社会保险法》第三条提出："社会保险制度坚持广覆盖、保基本、多层次、可持续的方针，社会保险水平应当与经济社会发展水平相适应。"这说明我国社保制度的发展方向是适度普惠型。基于此，我国社会保险法有 3 个基本原则。

(一) 普遍性原则

普遍性原则是指社会保险制度的覆盖范围应当包含所有的社会成员。国家在设计社会保险制度时，应当考虑社会成员的普遍利益，尽量将可能多的成员纳入社会保险范围。为了实现社会保险制度普遍性原则，各国一般均规定社会保险为强制性保险，制度覆盖范围的主体均有参加社会保险的义务。我国的基本养老保险、基本医疗保险、工伤保险、失业保险和生育保险均为强制保险，用人单位和职工有参加社会保险的义务。

---

①天津市人力资源和社会保障局，天津市人力资源和社会保障 2022 年度行政执法指导案例，载于天津市人力资源与社会保障局网站，https：//hrss. tj. gov. cn/ztzl/ztzl1/xxxcgcxjpfzsx/rswbpf/202302/t20230201_ 6093508. html，2023 年 2 月 1 日，访问于 2023 年 3 月 12 日。

②李志明，2013. 论社会保险权的客体，山东社会科学(10).

（二）基本生活保障原则

基本生活保障原则是指社会保险的保障目标和水平是满足社会成员在风险事故发生期间的基本生活需求。社会保险的保障水平首先受到该国社会、经济、文化等社会因素的影响。经济发展水平越高，社会保险的保障水平可能越高。其次，社会保险保障水平与一国的社会保障制度的结构和目标相关。社会保险给付的前提是投保人的缴费，其保障水平高于社会救助标准，应当满足被保险人的基本生活需要。

（三）互助原则

社会保险制度建立的目的是以集体力量保障个人的经济安全。具有同质风险的社会主体组成一个保险团体，参加保险的个人依据一定的标准缴付保险费用，当该团体中的个人发生该风险事故时，由集体分摊风险。保险团体的组成必须具备一定条件，团体内的每个成员面临相同的风险；该风险无法通过个人力量化解，即成员有共同对抗风险的需求。基于此风险建立保险制度，是全体成员共同帮助其中面临风险的个体。保险团体可能以职业为要素组成，也可能由全体国民组成。

二、社会保险权的属性和类型

现代社会的社会保险权是指参保人或其家属依法参加社会保险，在遭遇社会风险时享有获得社会保险待遇或保险服务的权利的总称。有学者认为从社会保险的内容和形式出发，社会保险权是指公民在登记参保并缴纳社会保险费后，遭遇年老、疾病、失业、伤残、生育等社会风险而暂时或永久失去劳动能力或劳动机会、部分或全部丧失生活自理能力时，在符合法定要件的情况下有获得保险给付以补偿他们因社会风险而造成的收入中断、减少甚至丧失或支出增加，进而维持有尊严的基本生活水平的权利①。

（一）社会保险权的属性

社会保险权具有社会保障权的一般属性，如属于基本人权，具有社会权属性，属于积极权利的范畴，需要国家通过积极作为来保障公民的社会保险权。但同时，社会保险权又具有不同于社会救助权、社会福利权等权利的特殊属性。

1. 社会保险权在社会保障权谱系中处于核心地位

社会保障权由社会救助权、社会保险权和社会福利权构成一个权利谱系。社会救助权是使国民免于生存危机的权利，其功能在于维护社会成员的最低生活需要和社会安全。社会保险权是一项基本人权，其功能在于保障社会成员的基本生活水平，进而保证社会成员有尊严地生存并为其人格的自由发展创造平等必要的条件。与社会救助权相比较，社会保险权的功能不仅在于维系被保险人的生存，而且在于使被保险人有尊严地生活，因此，一般情况下，社会保险的给付应高于社会救助来满足最低生活需求或维持最低生活水准，否则不仅将混淆两种制度的功能，还可能引发道德危机②。社会福利权是公民为提升生活质量而要求社会或国家提供一定的设施服务和措施的权利。我国目前社会福利权的主体限于部分社会成员即弱势群体，覆盖全体社会成员的社会福利权尚未实现法定化。

---

①李志明，2011. 构建科学合理的社会保险权利救济机制，行政管理改革(3).

②〔英〕内维尔・哈里斯，2006. 社会保障法，李西霞，李凌，译，北京大学出版社.

2. 社会保险权具有权利义务相关性

社会救助权是一种生存权保障，如果获得社会救助也需支付一定的对价，那就必然导致一部分社会成员的生存面临威胁，社会救助制度的价值和功能就无法实现。而社会保险权的取得需以履行社会保险义务为前提，福利的提供者和接受者是一种互惠或交换关系，在这种关系下双方相互负有契约性义务即一方提供福利，另一方通过缴费来购买福利。坚持权利义务相关联原则是社会保险制度有别于社会救助与社会福利制度的重要标志，该原则使得享受社会保险待遇必须以参保及缴费为前提。但是，享受社会保险待遇的多少与缴费的多少并不存在等价关系，与商业保险相比较，社会保险含有社会扶助的性质，其给付虽与保费有一定联系，但更应顾及社会平衡因素①。

3. 社会保险权是一种综合性复合性权利

其一，社会保险权是由若干子权利组成的一个权利束，国际劳工组织 1952 年通过的《社会保障最低标准公约》规定，会员国对于医疗津贴、疾病津贴、失业津贴、老龄津贴、生育津贴和遗属津贴可考虑通过保险手段兑现。我国社会保险权利的内容包括养老保险权、医疗保险权、工伤保险权、失业保险权和生育保险权。其二，社会保险权包含了被保险人作为公法中的行政相对人所享有的参保权，享受社会保险待遇和社会保险公共服务等受益权，对社会保险事务的监督权和知情权。其三，社会保险权包含参与涉及社会保险的重大决策等程序性权利。美国早在 1964 年《社会保障法案》中就将保障领受者的听证权利规定为每个州的福利计划中最为基本和首要的要求②。

（二）社会保险权的类型

1. 以社会保险权的调整对象与范围为标准的分类

按照这种传统类型模式，社会保险权可以细分为养老保险权、医疗保险权、工伤保险权、失业保险权和生育保险权 5 种。但是我国在采纳 5 类社会保险权的形式下，将社会保险权的享有与保护的主线定位于职工、劳动关系等身份关系，并通过对公务员、参照公务员管理的人群予以特殊保护，从而将不具有劳动关系的公民排除在社会保险权范围之外，减损了社会保险权的人权保障功能，误解了社会保险权的国家保护性、全民性、普遍性的价值哲学③。

这种类型化模式在中国占据主导地位有其历史渊源与优越性。

第一，此种类型化模式符合我国立法的沿革与现状。一方面，基于国情与社会发展情况的考虑，我国自新中国成立以来一直采取的是这种类型化的模式，并将其分别制定立法，最终形成今天各项社会保险权“林立”和“并行”的现状；另一方面，我国的这种类型化模式也与比较法上的立法例不谋而合。有学者指出：“从世界各国的立法史来看，大多是在时间上有先后地制定出工伤、失业、医疗、养老和疾病保险法，以及社会救助、社会优抚、社会福利等法律，而不是制定出一部完整的社会保险法④。”

---

①柯木兴，2002. 社会保险，三民书局有限公司.

②胡敏杰，2007. 美国社会保障行政中的听证制度，行政法学研究(2).

③林嘉，2002. 社会保障法的理念、实践与创新，中国人民大学出版社.

④黎建飞，2009. 社会保险立法的时机、模式与难点，中国法学(6).

第二，此种类型化模式与国际社会的做法保持了趋同性。随着经济发展与社会变革的全球化，加之各国社会生活具有本质上的相似性，作为私法公法化典型代表的社会保险已经冲破了国家的地域藩篱，实现了国际范围内的趋同性与相似性，从而使得一方面各国的社会保险立法具有相当程度的趋同性，另一方面又在客观上促使有关的国际组织制定相应的国际公约，强化社会保险权与社会保险立法的全球性与趋同性。如《德国社会保障法典》除了将第四卷设为"社会保险法总章"之外，又在第五至第七卷分别规定了"法定医疗保险法""法定养老保险法""法定工伤事故保险法"。又如，法国法律所承认的社会保险权的主要内容包括失业保险、疾病和医疗保险、工伤保险、老年人福利等方面。再如，日本法律中所指的社会保险是公民在遭遇疾病、伤害、生育、死亡、年老、残疾、失业等情况造成经济损失和生活困难时，给予相应补偿的制度①。

2. 以社会保险权所指向利益的作用或功能为标准的分类

根据社会保险权所指向利益的作用或功能，可将社会保险权区分为利益请求权、利益领受权、利益处分权与利益救济权 4 类。

其一，社会保险利益请求权，强调的是特殊困难公民向有关社会保险机构请求给予社会保险的权利，典型的如提出给予失业保险、养老保险的登记等。其二，社会保险利益领受权，强调的是特殊困难公民接受、领取社会保险利益的权利。这一权利为公权利，体现的是个人对政府的权利，区别于个人对个人得以主张的私权利。典型的如领取各类保险金的权利。当然，如同任何权利的实现都需要一定的条件或对价一样，公民社会保险利益领受权的行使也需要符合一定的条件，而这些具体条件往往由行政机关予以审定或确定。其三，社会保险利益处分权，强调的是公民决定是否接受社会保险利益和自主支配所得社会保险利益的权利。从本质而论，社会保险权是一种财产权，因而权利人原则上可以在法律法规与公序良俗允许的范围内处分权利。其四，社会保险利益救济权，强调的是当特殊困难公民的社会保险权不能实现时，可以请求有权机关确认并保护其利益。联邦立法规定的最终确权机关为法院②。如果说上述将社会保险权按调整对象与范围的分类属于一种实体方面的分类的话，那么这种类型化模式则偏向于程序方面的考量；如果说上一分类倾向于从横向展开，使民众一目了然地知悉社会保险权的范围与体系的话，那么这一分类则倾向于从权利请求、权利获得再到权利救济的纵向分类。

3. 以国家在权利保护中的干预力度为标准的分类

根据国家在社会保险权实现与保障过程中的干预力度为标准，可将社会保险权区分为积极的社会保险权与消极的社会保险权。这一类型化模式彰显了国家对于公民的基本人权的保护力度之强弱。

积极的社会保险权是以消极的社会保险权为前提的，不同的历史时期分别居于主导地位。现在，积极的社会保险权已成为宪政国家与民主国家的趋势与主流。一些国家的宪法力主积极的社会保险权。如日本 1946 年《宪法》第 25 条规定：凡国民均享有健康和文化的最低限度生活的权利。法国 1946 年第四共和国宪法中规定：对全体人民，尤其对于孩童、母亲及老年劳动者，国家应保障其健康、物质上享用、休息及闲暇。凡因年龄、身体或精

①②杨狄，2015. 关于我国社会保险权类型化问题的研究，中国政法大学学报(4).

神状态、经济状况不能劳动者，有向国家获得适当生活保障的权利。我国宪法同样承认了积极的社会保险权，第45条第1款规定中华人民共和国公民在年老、疾病或者丧失劳动能力的情况下，有从国家和社会获得物质帮助的权利。国家发展为公民享受这些权利所需要的社会保险、社会救济和医疗卫生事业。可见，国家负有积极提供各项社会保险措施的义务，特殊困难的公民享有向国家请求给予社会保险的权利①。

三、社会保险与商业保险的比较：法律的视角

(一)法律制度形成起源

保险源自中世纪海上贸易的发展。工业革命之前海上贸易相对于其他社会生产、经营方式而言，风险(危险)概率明显增大，船舶沉没与货物灭失随时可能出现；同时，海上还存在着人为性危险，海盗神出鬼没，杀人越货时常发生。为了规避这些风险，通过事先订立契约的形式约定赔偿标准，产生了海上保险业务并通过立法确认。海上保险业务的发展带动了陆地上保险业务的发展。随着工业革命、机器大生产的普遍盛行，财富在以几何级倍数增加的同时，也导致各种风险的不断增加。很多在工业生产中的一线工人，常面临各种因矿难、机器故障等不可抗力、意外事件带来的职业灾害。同时，一旦身体出现疾病，也导致生活无以为继，陷入困境②。19世纪以来工业化的结果是一般低收入劳工常因疾病、意外、谋生能力的丧失而产生了经济保护的需求。而商业保险业务并无拓展到该领域业务的需要，为了维护社会稳定，在德国诞生了具有历史意义的社会保险制度。

(二)法律制度功能上的差异

商业保险法起源于海上贸易，逐渐扩展至社会经济生活的方方面面。商业保险法通过规范当事人之间的保险交易，来保障被保险人的人身和财产合法权益。从广义上而言，商业保险法的功能在于维系金融制度的运转，其经济性政策导向非常明显，更加注重经济秩序的维护。而社会保险法律制度是以保障当事人的生存为目标的，其社会政策性目标非常显著，更加注重社会稳定秩序的维护。因此，社会保险法属于社会政策法。

(三)法律主体不同

商业保险中的保险人，须经保险监督管理机构批准，工商登记注册，需要法定注册资本金，并以营利为目的。从法律地位角度而言，保险人为私法人，属于私法主体之一。而社会保险的保险人成立源于法律制度的规定或源于行政当局的决定，无须经历工商登记注册，法律地位为公法人。

(四)法律关系不同

商业保险法律关系的构建，基于当事人之间契约关系而建立。尽管有时投保人与受益人会不一致，但是，权利义务关系的基础是契约关系。因此，该类保险关系仅仅是双边关系即契约关系。因双方当事人之间通过相应法律行为而形成的保险关系，无任何政府公力介入与干预。而社会保险法律关系源于法律的直接规定，参加保险的当事人或受益人无须

①杨狄，2015. 关于我国社会保险权类型化问题的研究，中国政法大学学报(4).

②郑尚元，扈春海，2018. 社会保险法总论，清华大学出版社.

与保险人订立契约。

四、社会保险法与社会救助法的比较

（一）救济功能的相似性

《社会救助法》以实现被救助主体的人格尊严、安全及生存等权利为基点，救助是第一位的，并在救助过程中彰显出一定的保险功能。民众以权利或其让渡的其他利益向国家投保，在此意义上，可称为主体的“权利保险”；《社会保险法》则以克服主体在养老、工伤及失业等方面的风险为基点，推崇保险功能，特别强调国家与社会作为投保人和保险人的责任和义务，在落实社会保险过程中彰显了一定的（间接性的）救济目标。故此，一方面，两法通过完成其“赋予职权”①，使弱势主体享有社会保障的权利，而施加给政府以提供社会保障公共服务的义务，调整着社会群体的利益。社会救助通过保障弱势群体的基本生活需要，解决因市场化而产生的代内财富不均等问题；社会保险则是以向单位和劳动者个人收费的方式建立社会保障基金，实行“代际互助”，具有世代间再分配的效果②。另一方面，两法在救济功能的发挥上相互促进。社会保险的有效实施是社会救助持续运行的保障。没有社会保险，劳动者面临的诸多风险将难以得到有效化解，必然逐渐沦为贫困，无力自保转而需要社会救助的帮助，长此以往，社会救助必将不堪重负。同时，社会救助的良好运行又将促进社会保险的发展。例如，对于没有失业保险的有劳动能力者而言，失业救助可以帮助其自食其力，获得稳定的生活来源，增加其加入社会保险的缴费能力，进而促进社会保险的发展。

（二）救济功能的差异性与互补性

两法之所以可以相互协调与组合，关键还在于两法救济功能的差异性和互补性。我国社会保障体系的构建以满足社会成员的基本生活需求为起点，社会救助的目标是保障社会成员的最低生活，因而其采用的是“选择性”的“须经家庭经济调查”的手段；而社会保险的目标是保障社会成员的基本发展，故其采用的是“投入—返还”式的“与就业关联”的手段③。在这样一种制度下，《社会救助法》和《社会保险法》有着次序分明、紧密联系的角色定位。

首先，救济对象的差异。《社会救助法》调整那些无法自食其力的生活在贫困线下的弱势群体，即无助者；而《社会保险法》虽提出“广覆盖、保基本”的方针，但其救济对象仍是以劳动者为中心，保障的是有劳动能力并且可以自食其力的社会成员，即自助者。因此，要想全面地防范转型时期社会可能发生的各类风险，关键就在于实现两法在各自的救济领域所发挥的救济功能的有机组合④。

其次，责任主体的不同。社会救助主要以政府为责任主体，实施社会救助是政府的义务；而《社会保险法》上的责任是由劳动者、用人单位、政府共同承担，体现的是一种互助共济的特点。面对相关的社会风险，仅依靠政府单方的社会救助必然会导致政府财政不堪

①［德］尼可拉斯·卢曼，2009．社会的法律，郑依倩，译，人民出版社．

②庄汉，2012．社会保险法的价值取向与制度反思，社会保障研究（2）．

③唐钧，1998．中国城市居民贫困线研究，上海社会科学院出版社．

④蒋悟真，尹迪，2014．社会救助法与社会保险法的衔接与调适，法学（4）．

重负，若配合社会保险法多方救济功能的发挥则可以有效弥补社会救助法单方救济功能的不足，减轻政府实施救助的财政负担，提升社会救助的效果①。

最后，保障类型和水平的区别。《社会救助法》是为了解决当下社会问题而设计的，主要针对被救助者的现实困境；而《社会保险法》是为了预测和解决未来社会问题而设计的，通过社会成员缴纳一定数量的保险金以应对未来的风险。所以，社会保险是预防型的，保障水平有高有低；而社会救助则是应急型的，以最低生活水平为标准②。在社会保障领域，要兼顾可能发生的当下及未来的风险，综合预防与应急救济。

第二节　社会保险法的历史

一、西方社会保险法律制度的历史

现代社会保险法最初产生于德国。19 世纪中叶，随着工业革命的发展、城市化进程的加快，人类社会进入了一个波及生活所有领域的变革时代。疾病、伤残、年老等各种各样的问题波及越来越多的人群，最终形成了社会矛盾，对国家提出了挑战。国家不能再靠临时制定防范措施来解决这种社会矛盾和动荡，而需要通过提供一种新型的"公共产品"来缓和当时已经形成普遍性社会问题的"社会风险"，社会保险作为一个重要的防范机制得到认可和采用。但是国家是否以及如何提供这样一种公共产品，就涉及国家如何干预的问题。

（一）社会思潮对社会保险法历史变迁的影响

1. 国家干预与自由主义的较量

当时欧洲正盛行自由主义价值理念。自由主义和个人主义思想成为国家通过干预的形式提供社会保险的主要阻力。德国首相俾斯麦为了缓和社会矛盾和社会冲突，通过国家政府颁布了一系列的社会保险法，如 1883 年的《工人疾病保险法》、1884 年的《工伤事故保险法》、1889 年的《老年和残疾保险法》，形成了现代意义上的社会保险法。德国社会保险法能在德国和奥地利得以施行，源于两个基本的认识。社会群体的所有成员所面临的共同的风险靠单独的个体或者商业性保险无法得到完全的预防和解决。通过公法的强制力可以解决这些问题。但是同样也受到自由主义思想和力量的攻击，他们主要质疑点在于如何解决"搭便车"的问题，意思自治、个人的意愿是神圣不可侵犯的，这种采取全国集权的方式来强制实施社会保险会滋生官僚主义作风等。这种担忧、质疑和讨论导致英国、法国的社会保险法实施时间大大推后。由于社会保险法的理念与 19 世纪形成的法律理念和法律传统相冲突，导致建立在契约至上的私法关系向公民与国家之间的公法关系转化的十分艰难③。

2. 对社会保险法的质疑

当时对社会保险法的质疑来自以下几点：第一，社会保险法的实施可能会占用太多的

①蒋悟真，2013. 我国社会救助立法理念及其维度—兼评"社会救助法（征求意见稿）"的完善，法学家（6）.
②王卫平，郭强，2009. 社会救助学，群言出版社.
③〔德〕汉斯·察赫，2014. 福利社会的欧洲设计——察赫社会法文集，刘冬梅，杨一帆，译，北京大学出版社.

国家资源和国家行动力，以至于没有更多的资源和空间给其他社会政策。第二，虽然社会风险问题过去和现在都大量存在，仅仅通过社会保险模式并不能将其全部解决。第三，社会保险法律制度的扩张会导致其产生的一系列福利社会问题被忽视。而且社会保险待遇完全集中于货币支付，导致服务与实物福利待遇尤其是个人化的服务被忽略①。

（二）社会风险与社会保险法

1. 工伤风险与工伤保险法

随着技术进步、技术革新，机器的普遍使用，工业伤害在所有国家不再被视为是个人可以计算、承担或预防的不幸事件，而是被视为包含在新技术结构变化中的“社会风险”。起初，很多国家试图通过传统法律手段来解决，如通过民事法律中的无过错责任、加强劳动保护方面的法律、改变举证责任规则等。1869 年奥地利《铁路赔偿责任法》、1871 年《德意志帝国赔偿责任法》、1877 年《瑞士工厂法》、1881 年和 1887 年瑞士有关工厂企业赔偿责任的法律，这些法律不仅改变了民法中的举证责任条款，使其有利于受害工人，而且对蒸汽动力这种新的危险源规定了伤害责任，促使企业为避免新工业带来的风险而参加保险。工人不再需要经过严格的过错责任举证即可获得损害赔偿。1898 年法国成立了一个全国性的工伤保险机构，该保险是非强制性的，而且几乎只有经济规模很大的工厂才会采用，并且遵循的仍然是传统的损害赔偿责任。但主要由企业承担责任来解决工伤风险问题的尝试很快显示其不足。德国和奥地利很快以工伤保险法来处理工伤风险问题，瑞士则用 1918 年生效的医疗和工伤保险法替代了工厂赔偿责任法。

2. 疾病风险与医疗保险法

随着社会结构的变迁，越来越多的人口阶层绝对依赖于工作收入。在这种情况下，疾病不仅危及身体健康，还进一步对生存构成威胁。因为疾病意味着丧失工作收入，并越来越经常导致失去生存基础。而且随着科学技术的发展，社会的发展在经济领域持续刺激付薪工作的增长，由此而产生的副作用是糟糕的劳动、食物和居住条件导致大量产业工人致病。与此同时，家庭对因家人生病导致的收入的丧失和锐减、治疗疾病的开支和护理需求等方面的应付能力也持续受到损害。

德国、奥地利、瑞士这 3 个国家开始将医疗保险和工伤保险开始分离，以在不同的风险领域、受保人群适用不同的社会保险解决工资损失、治疗护理需要的财政保障。而在英国，最初是把疾病作为贫困问题置于“济贫法”框架内予以解决。通过“互助会”这种自愿参加保险的形式，来覆盖约一半的劳动人口消除其疾病风险。其主要通过与一个独立的医生联合会的合作提供医疗服务。当时，因疾病失去收入的穷人要么按照济贫法得到恶劣的治疗，要么指望慈善团体的帮助。包括维多利亚时代的清教徒传统也是一种不可低估的力量。但其与独立医生联合会和互助会一道，后来成为医疗保险制度的最大反对力量。1911 年“国家保险法案”最终形成，是“强制保险和自愿社会保险”的混合。

3. 老龄风险与养老保险法

医疗进步和所有因技术结构变化而在改善工人阶级生活条件的同时，却加大了贫困基层人口“老龄化”风险的问题。由于人们的寿命长于其在工业经济领域能从事劳动的时间。

①［德］汉斯·察赫，2014. 福利社会的欧洲设计——察赫社会法文集，刘冬梅，杨一帆，译，北京大学出版社.

从工作线上被淘汰下来的老年人就因此失去了生活来源，生存受到威胁，从而成为一个社会问题。

虽然有人呼吁个人通过储蓄方式为自己养老承担责任，但是，对于部分产业工人而言，当时的薪水所得仅能勉强糊口，根本无法通过储蓄来为未来的养老予以积累资金。因此，如何解决无收入的老年人的窘困问题就显得十分迫切！1908 年英国开始实施“老年金法案”，养老金待遇一部分由国家财政承担，另一部分来自贫民救济金。德国通过强制性雇主雇员各承担一半缴费义务和国家监督及补贴，将个人保障权和集体储蓄的必要性结合起来建立养老保障法律制度。

4. 失业风险与失业保险法

英国一开始是通过劳动中介机制的作用把这种风险消除在萌芽作为首要任务。奥地利、德国实施的失业保险都可以追溯到劳动中介，即通过劳动中介来消除劳动者的失业风险。而且失业保险法的实施也与劳动介绍中介是互补的。就是说劳动者不能单纯地依靠失业保险的保险待遇来应付失业期间的风险。

在 20 世纪世界经济危机中，英国、奥地利、德国实施的失业保险制度都因劳动介绍无法再予以实行导致失业保险也无法持续而陷入停顿。经济危机导致失业保险在德国、奥地利失去作用。而这一事实和极其严重的经济衰退导致法国和瑞士经历了很长时间才开始用社会保险方法解决失业问题①。

二、中国社会保险法律制度的历史

（一）新中国成立初期劳工保险制度的形成及评价

中央人民政府政务院于 1951 年 2 月 26 日公布《中华人民共和国劳动保险条例》（以下简称《劳动保险条例》）。该条例共七章三十二条，是新中国第一部社会保险领域的行政法规，也是对后世影响深远的社会保险类法律制度。该条例尽管仅适用“劳工”，但内涵合理，设计理性。1953 年 1 月 26 日，劳动部印发《中华人民共和国劳动保险条例实施细则修正案》（以下简称《劳动保险条例实施细则修正案》），对于劳动保险制度的实施与制度落地起到了极大的推动作用。该实施细则修正案共 18 章 79 条。与《劳动保险条例》相比，修订后的条例和实施细则草案把实施范围扩大到工厂、厂矿和交通事业的基本建设单位、国营建筑公司，同时提高了部分劳动保险项目的待遇水平。

《劳动保险条例》是以政务院行政法规的形式出现的，《劳动保险条例实施细则修正案》是以部门规章的形式出现的，属于法律制度的范畴。可以说，我国形成了初步的社会保险法律制度。但是，劳工保险制度却缺少真正意义上的法律救济程序。因为在劳动保险制度中虽包含了一定程度的申诉制度，但是，劳动者并无真正意义上的法律救济程序。即当事人既无仲裁救济，也无行政复议和行政诉讼可言，当然更无真正意义上的社会法上之诉讼②。

①有关社会风险与社会保险法的关系内容请参考〔德〕汉斯·察赫，2014. 福利社会的欧洲设计——察赫社会法文集，刘冬梅，杨一帆，译，北京大学出版社.

②郑尚元，2013. 我国社会保险制度历史回眸与法制形成之展望，当代法学(2).

不过后面我国发生了“文化大革命”，1969 年 2 月，财政部发出《关于国营企业财务工作中几项制度的改革意见(草案)》，该草案规定，“国营企业一律停止提取劳动保险金”，同时规定企业的各项劳动保险支出一概由企业自己负担“改在营业外列支”①。可以说，虽然此时劳动保险制度仍然存在，但在现实中已经形同虚设了。

(二)市场经济初期的社会保险法律制度

1978 年我国开始进行改革开放，为发展市场经济，对国有企业也着手进行市场化改革。1984 年 10 月 20 日，《中共中央关于经济体制改革的决定》发布标志着经济体制改革的全面展开，由此引发企业制度的剧烈变迁。1986 年《国营企业实行劳动合同制暂行规定》颁布，以促进劳动者的合理流动，促进劳动力管理的社会化，职工逐渐成为市场人和社会人。“随着企业改革的深化，企业成为自主经营、自负盈亏的经济组织，‘企业自保’就会造成新老企业间社会保障负担的畸轻畸重，亏损企业无法保证职工的基本社会保障待遇②。”

因此，企业推向市场化后，相关劳动者的养老、医疗、失业等问题就成为突出的问题亟待解决。解决公民年老、失业、生育、疾病等失去或者暂时失去经济收入时的生活保障问题就成为国家社会保险法律制度努力的方向。1978 年，国务院颁布了《关于安置老弱病残干部的暂行办法》《关于工人退休、退职的暂行办法》。我国 1982 年通过的《中华人民共和国宪法》第 44 条、45 条对社会保险制度做了原则性的规定。1986 年的《国民经济和社会发展第七个五年计划》，第一次明确提出了“社会保障”的概念，规定其体系包括社会保险、社会福利、社会救助和社会优抚等制度③。

单项社会保险法律制度陆续颁布。企业市场化改革进程中，企业用人自主权扩大，改革者意识到职工有可能“失业”，尽管当时社会环境还不允许“失业”的提法。可以说，中国新时期恢复的劳动保险制度是从失业保险制度构建起步的④。

1. 先颁布了系列失业保险法律制度

第一，1986 年《国营企业职工待业保险暂行规定》的出台。《国营企业职工待业保险暂行规定》第 1 条规定“为适应制度改革的需要，促进劳动力合理流动，保障国营企业(以下简称企业)职工在待业期间的基本生活需要，特制定本规定。”计划经济体制下，职工吃企业“大锅饭”和企业吃国家财政的“大锅饭”现象使职工几乎不存在职业风险，改革之后最大的风险莫过于“失业”。因此，社会保险制度的构建起步于失业保险领域。

第二，1993 年《国有企业职工待业保险规定》颁布。社会主义市场经济体制确立，政府直接经营企业退出历史舞台，“国营”亦被“国有”所替代。该规定仅为国有企业而设；虽然摆脱了“暂行”，但未包括其他所有制企业职工。该规定仍在用“待业”词语，仍未接受“失业”概念。

第三，1998 年《失业保险条例》颁布。《失业保险条例》的出台是为了解决“下岗分流、

①侯文若，孔泾源，2002. 社会保险，中国人民大学出版社.
②宋晓梧，2001. 中国社会保障制度改革，清华大学出版社.
③张荣芳，2012. 社会保险法学，武汉大学出版社.
④郑尚元，2013. 我国社会保险制度历史回眸与法制形成之展望，当代法学(2).

减员增效”运动造成的下岗劳动者的生存问题。该条例第 2 条规定“城镇企业事业单位、城镇企业事业单位职工依照本条例的规定，缴纳失业保险费。城镇企业事业单位失业人员依照本条例的规定，享受失业保险待遇。本条所称城镇企业，是指国有企业、城镇集体企业、外商投资企业、城镇私营企业以及其他城镇企业。”但是，我国事业单位改革至今仍举步维艰，事业单位所缴纳的失业保险费用无多大用处①。

2. 颁布了系列其他社会保险法律制度

1986 年国务院颁布的《国营企业实行劳动合同制暂行规定》第五章专章规定了“退休养老期间的待遇”，对劳动合同制工人开始实行社会保险制度并筹集“养老基金”。1991 年，国务院发布《关于企业职工养老保险制度改革的决定》，提出建立多层次养老保险目标，基本养老保险实行社会统筹。1994 年颁布了《企业职工生育保险试行办法》规定了生育保险制度的具体内容。1997 年，国务院《关于建立统一企业职工基本养老保险制度的决定》，建立了现行养老保险制度的基本框架和内容。1998 年，国务院《关于建立城镇职工基本医疗保险制度的决定》是医疗保险制度的规范性文件。

（三）市场经济成熟时期的社会保险法律制度

2010 年 10 月 28 日，全国人民代表大会常务委员会通过了《中华人民共和国社会保险法》，该法于 2011 年 7 月 1 日起施行。《中华人民共和国社会保险法》包括总则、基本养老保险、基本医疗保险、工伤保险、失业保险、生育保险、社会保险费征缴、社会保险基金、社会保险经办、社会保险监督、法律责任及附则，共 12 章 98 条，对整个社会保险制度进行了框架性、原则性规制，是我国社会保险制度的基本法律依据，是中华人民共和国成立以来第一部综合性的社会保险法律。它确立了社会保险法的基本宗旨和基本原则；规定了覆盖城乡所有居民的基本养老保险制度、基本医疗保险制度以及适用于所有用人单位职工的失业保险制度、工伤保险制度和生育保险制度；明确规定了社会保险费的征缴制度、社会保险基金管理制度以及社会保险经办和社会保险监督制度；规定了相关主体违反本法的法律责任。

2012 年由全国人大常委会制定的仅适用于军人的《中华人民共和国军人保险法》包括总则、军人伤亡保险等 9 章 51 条。上述两部法律为我国社会保险制度提供了最高层级的法律规范。郑尚元老师认为，《中华人民共和国社会保险法》第一次以专门法律的形式规定“社会保险”事项。“《中华人民共和国社会保险法》的出台和颁布加快了中国社会保险立法之进程，加快社会保险依法行政之进程，加快中国社会保险纠纷司法审理之进程，亦会推动社会保险事业法制监督制度之形成②。”另外，在郑尚元老师看来，《中华人民共和国社会保险法》规定内容粗糙，法律实践性差③。例如，《中华人民共和国社会保险法》规定基本养老保险基金全国统筹、其他社会保险项目实行省级统筹，迄今仍未见明确的实现时间表；社会保险基金预算制未真正落实，目前做的是简单的地区数据汇总，从而使各级人大及其常委会无法有效监督；养老金正常调整机制还未真正建立；社会保险信息公开披露机

①③郑尚元，2013. 我国社会保险制度历史回眸与法制形成之展望，当代法学(2).
②郑尚元，2011. 社会保险法颁布的时代价值与未来期待，中国社会保障(1).

制还未得到确立，参保人的知情权和监督权无法得到保证①。

现行法律跟不上社会保险制度改革与发展的步伐。例如，《中华人民共和国社会保险法》规定的农村养老保险、城镇居民养老保险已合并，法律中的概念不存在了；城乡居民基本医疗保险在许多地方已经统一，但在《中华人民共和国社会保险法》中仍然是城乡分割，新型农村合作医疗已成为历史概念；再如，机关事业单位养老保险制度于2015年已经建立，但在《中华人民共和国社会保险法》中仍是授权国务院决定；还有工伤保险、失业保险均无积极预防功能；还有建立护理保险属于应对人口老龄化的合理举措，但法律中并无相应的规范②。

第三节　社会保险法律关系

社会保险法律关系有广义和狭义之分。广义的社会保险法律关系是指社会保险活动中各方主体之间依法形成的各种法律关系的总称，包括社会保险基础关系、社会保险行政管理关系和社会保险监督关系；狭义的社会保险法律关系仅指社会保险基础关系，即社会保险主体(保险人、投保人、被保险人等)之间依法形成的保险权利义务关系。这里所指的社会保险法律关系是狭义的。

一、社会保险法律关系的主体和内容

依据《中华人民共和国社会保险法》的规定，社会保险关系的主体有社会保险经办机构、用人单位和劳动者，其中社会保险经办机构是社会保险的保险人，用人单位是社会保险的投保人，劳动者既是投保人，又是被投保人。社会保险经办机构作为保险人，可能直接为保险受益人提供相关保险待遇，也可能委托一定的专业机构提供保险待遇，如在医疗保险和工伤保险中，保险人均委托专业医疗卫生机构提供服务，在这一情形下，社会保险关系当事人包括保险义务辅助人。传统社会保险理论认为社会保险主要是劳动关系中的劳动者才有资格参加。但是，现代社会保险制度已经突破了与就业的关联性，社会保险参保主体由劳动者向全体公民扩展。公民是我国社会保险权的权利主体。相对于1975年《宪法》和1978年《宪法》而言，1982年《宪法》对社会保险的规定具有新的特点：一方面保护对象由“劳动者”修改为“公民”，表明国家提供保护不再以是否就业或者曾经就业为前置条件；另一方面规定国家的制度性义务，即国家实行国家工作人员和企事业单位职工退休制度，发展社会保险制度。《社会保险法》在具体的制度设计上，遵循了广覆盖的原则，基本养老保险和基本医疗保险覆盖了所有职工和城乡居民，工伤保险、失业保险和生育保险覆盖了所有用人单位及其职工。这与《宪法》第45条规定的社会保险权的对象“公民”是一致的③。

社会保险法律关系，是以实现社会保险法律规范的社会给付请求权为目的，而呈现于

①②郑功成，2020. 中国社会保险法制建设：现状评估与发展思路，探索(3).

③薛小建，2010. 论社会保障权的宪法基础，比较法研究(5).

"给付义务人"与"给付权利人"两个法律主体之间的法律关系①。我国的现状是社会保险经办机构作为国家的授权组织将保险待遇给付义务转嫁于用人单位，使得劳动者与社会保险经办机构之间的公法关系转变为劳动者与用人单位之间的私法关系。处于弱势地位的劳动者，面对处于"不平等主体"地位的用人单位维权异常艰难。因此，必须以"矫正国家的失责"为原则，对《社会保险法》进行修正。例如，规定社会保险关系自劳动关系成立时建立；在劳动关系成立后，因用人单位代于办理登记、申报、缴费等义务，劳动者发生保险事故后，应由社会保险经办机构承担保险待遇支付责任等②。

(一)社会保险人

我国的社会保险人是社会保险经办机构，属于专门进行社会保险业务活动的事业单位，负责社会保险登记、个人权益记录、社会保险费征收、社会保险待遇支付等工作。社会保险经办机构的职责范围主要有：

(1)社会保险登记

社会保险关系自保险登记之日起成立，社会保险关系成立后，用人单位和劳动者应当缴纳相应的社会保险费用。由于用人单位的原因，导致劳动者未与社会保险经办机构成立社会保险关系，无法享受社会保险待遇，用人单位承担相应的补偿责任；或者社会保险关系成立后，由于用人单位未按时依法缴纳社会保险费，导致劳动者不能享受相应社会保险待遇，用人单位应当补偿劳动者的损失。

(2)社会保险费的征收

2018 年 7 月，中共中央办公厅、国务院办公厅印发《国税地税征管体制改革方案》，明确从 2019 年 1 月 1 日起，将基本养老保险费、基本医疗保险费、失业保险费、工伤保险费、生育保险费等各项社会保险费交由税务部门统一征收。

(3)建档及个人权益记录

社会保险经办机构应当及时为用人单位建立档案，完整、准确的记录参加社会保险的人员、缴费等社会保险数据，妥善保管登记、申报的原始凭证和支付结算的会计凭证。

(4)信息公开

社会保险经办机构应当定期向社会公布参加社会保险情况及社会保险基金的收入、支出、结余和收益情况；定期向社会监督委员会汇报社会保险收支、管理和投资运行情况。

(5)社会保险基金的管理

社会保险经办机构应当依法对社会保险基金进行分类管理；在保证基金安全的前提下，按照国务院规定投资运营实施保值增值；定期向社会公布参加社会保险情况以及社会保险基金的投入、支出、结余和收益情况，接受有关政府部门、社会主体的监督。

(6)社会保险待遇支付

社会保险经办机构应当按时足额支付社会保险待遇。

(二)投保人

保险人的相对人为投保人。在社会保险关系中，用人单位和个人为投保人。《社会保

①钟秉正，2012. 社会保险法论，三民书局有限公司.

②毛景，2015. 社会保险权的性质——以基本权为视角，中国劳动关系学院学报(4).

险法》第 4 条第 1 款规定，中华人民共和国境内的用人单位和个人依法缴纳社会保险费，有权查询缴费记录、个人权益记录，要求社会保险经办机构提供社会保险咨询等相关服务。投保人的主要义务如下：

(1)按规定参加社会保险

《社会保险法》第 57、58 条规定，用人单位应当自成立之日起 30 日内凭营业执照、登记证书或单位印章，向当地社会保险经办机构申请办理社会保险登记；用人单位应当自用工之日起 30 日内为职工向社会保险经办机构办理社会保险登记。

(2)按期、足额缴纳社会保险费

缴费单位必须按月向社会保险经办机构申报应缴纳的社会保险费数额，经社会保险经办机构核定后，在规定的期限内缴纳社会保险费。缴费单位不按规定申报应缴纳的社会保险费数额的，由社会保险经办机构暂按该单位上月缴纳数额的 110%确定应缴数额；没有上月缴纳数额的，由社会保险经办机构暂按该单位的经营状况、职工人数等有关情况确定应缴数额。缴费单位未按规定缴纳和代扣代缴社会保险费的，由劳动保障行政部门或者税务机关责令限期缴纳；逾期仍不缴纳的，除补缴欠缴数额外，从欠缴之日起，按日加收 2‰的滞纳金①。

(三)被保险人

被保险人是直接对社会保险标的具有保险利益的主体。作为被保险人，其主要有以下权利。

(1)请求权

请求用人单位履行保险登记、缴费义务的权利。《社会保险法》第 58 条规定，用人单位自用工之日起为职工向社会保险经办机构申请办理社会保险登记；第 60 条规定，用人单位应当自行申报、按时足额缴纳社会保险费，非因不可抗力等法定事由不得缓缴、减免。用人单位未依法履行保险登记和缴费义务，给劳动者造成损失的，应当依法承担损害赔偿责任。

(2)知情权

了解社会保险费缴纳情况的权利。劳动者有权了解用人单位为劳动者缴纳社会保险费的情况。用人单位有义务将代扣被保险人应缴的部分社会保险费，按月将缴纳社会保险费的明细情况告知劳动者本人。有权知晓社会保险待遇等个人保险权益记录。《社会保险法》第 60 条、61 条规定，用人单位和社会保险经办机构有义务告知劳动者有关社会保险费缴纳记录。《社会保险法》第 4 条规定，个人有权查询缴费记录、个人权益记录；第 74 条规定，个人可以免费向社会保险经办机构查询、核对其缴费记录。

(3)监督权

被保险人的监督权主要表现在下列方面：监督本单位的缴费行为；对社会保险人实施的保险行为进行监督，包括投诉、举报，选派代表参加社会保险监督委员会实施监督。

(4)享受社会保险待遇的权利

发生法定保险事项后，被保险人有权依法请求保险人支付保险待遇。

①参见《社会保险费征缴暂行条例》第 10 条、第 13 条。

（四）受益人和社会保险辅助机构

受益人又称保险待遇受领人。受益人一般限于法定范围内的被保险人亲属，主要包括被保险人的配偶、未成年子女和父母。社会保险辅助机构是指社会保险给付中，通过专业机构提供相关服务的机构。如医疗保险和工伤保险待遇给付需要通过专业医疗服务机构提供。

二、社会保险法律关系的客体

社会保险法律关系的客体乃是指社会保险权的诉求对象，同时也是建立社会保险法律关系所要实现的保障内涵。具体来说，社会保险法律关系的客体是由保险人根据社会保险法律规定，提供给作为权利人的被保险人及其他受益人的各种社会保险给付。对于社会保险给付，理论界存有多种分类方式：按照保险项目将其划分为年金保险给付、健康保险给付、失业保险给付、职业伤害保险给付以及长期护理保险给付 5 种类型；按照给付内容可以区分为"现金给付""服务给付""物质给付"3 种类型。

1. 现金给付

现金给付是指在社会保险事故发生时，保险人直接将货币金钱发放给被保险人或其他受益人，以弥补其因风险事故而导致的经济损失，形成对权利人一定程度的收入替代。具体而言，以现金给付形式出现的社会保险给付的情形主要有以下几种：养老金、残疾津贴、遗属津贴、疾病津贴、失业津贴、职业伤害津贴、生育津贴等①。

2. 服务给付与物质给付

社会保险给付中的实物给付又分为物质给付或服务给付两大类。其中，社会保险给付中的服务给付泛指所有以"人力"方式给予被保险人的照护或帮助，例如，医学诊疗、康复服务、生育医疗服务、居家照护等。物质给付则是保险给付的提供者以"客观实在物"方式给予被保险人的给付，如药剂的给予、病床的分配、残疾人功能补偿及辅助器具的提供、老年人生活辅助器具的配备等以有形物为内容的社会保险给付②。然而，在某些社会保险项目中，服务给付与物质给付两者之间并不容易区分，如健康保险所提供的住院措施可能包含着住处的提供以及医疗行为等不同类别的社会保险给付③。

三、当事人之间的法律关系属性

（一）保险人与被保险人之间的法律关系属性

保险人与被保险人之间的法律关系是社会保险法律关系中的基础法律关系。针对该法律关系，主要学说如下。

1. 行政契约说

该认识在台湾地区学术界和实务界具有普遍性。该学说认为社会保险是强制保险，保险人与被保险人之间的内容也须依照法律规定确定，发生争议也需要依照行政争议处理程序解决，因此，保险人与被保险人之间的法律关系是行政契约，带有公法性质的法律关系。

---

①李志明，2012. 论社会保险权的内容，山东社会科学(6).

②钟秉正，2005. 社会保险法论，三民书局有限公司.

③李志明，2013. 论社会保险权的客体，山东社会科学(10).

2. 公法上的债的关系说

依照该学说，保险人与被保险人之间的法律关系不须保险人的核定，在符合法定条件时即存在，双方关系的内容由法律规定。但是这种学说，只是针对无须申报，符合法律规定要件即可成立的社会保险关系。只有我国台湾的全民健康保险法律关系适用。而大陆的所有社会保险法律关系均需要申报，即事先办理投保关系才能成立。因此，该说目前并不适用大陆目前的社会保险法律关系。

3. 行政处分说

该学说认为，由于被保险人有投保的义务，保险内容等完全取决于法律的规定，被保险人的申请或同意仅仅具有次要的意义，因此保险关系的法律性质，更接近行政处分。保险关系有待保险人确认核定具体内容以后发生，保险费是行政处分所课予的义务，而非基于保险之行政契约所产生的对价。行政处分说立足于传统理论，注重保险人的作用，但忽视被保险人的地位有失片面，同社会保险权思想及行政法发展出的给付行政理念亦有一定的差距。

（二）保险人与被保险人之间法律关系属性

社会保险的保险人在各国多为公法主体，其与被保险人之间的法律关系主要系基于法律规定而建立，而并非保险人单方即可决定此种关系的全部内容。虽然其中仍包含一定的合意成分，不过双方的合意内容和空间有限。

保险人与被保险人之间法律关系的性质判定，有学者提出应当摆脱公法关系与私法关系的束缚。即保险人与被保险人之间的法律关系具有较强的公法属性，但又并非纯粹的公法关系，而是在其中渗入了不可忽略的私法因素。在社会保险关系的建立、社会保险费的征收与缴纳、社会保险待遇的给付等反映双方法律关系的主要环节方面还是渗透了不少私法因素。如投保人的缴费与保险人的保险待遇之间有一定的对价性，但是该对价并不充分。这表现为社会保险待遇的高低并不总是与缴费的多少关联。高收入者负担较高的社会保险费却可能较少享受社会保险待遇，相反，低收入者负担较低的社会保险费却可能享受较高的社会保险待遇。因为社会保险注重社会衡平，社会保险的目的是为所有被保险人提供基本生活保障，如过于注重个人权益性，即低收入者缴费较少，所获保险待遇给付也较少，以致不能维持基本生活，社会保险的目的就会落空。这意味着财富由高收入者向低收入者的转移，是贯彻社会衡平产生的收入再分配效应。

但是，社会保险待遇并非完全与被保险人的缴费无关，二者之间也保持着一定的关联。一般来说，在养老保险和失业保险中，被保险人的收入越高，缴费越多，获得的社会保险待遇越多。因此，保险人与被保险人之间的法律关系是一种超越公法关系与私法关系的新型法律关系。总体而言，既非单纯的公法关系，亦非单纯的私法关系，而是介于两者之间。因为社会权的保障既不同于自由权，也不同于传统的私权，保险人是因应以公权力保障私人基本生活的需要而设，因此其行为的正当性评价也应以此目标的实现为准①。

①有关当事人之间的法律关系部分的内容请参见郑尚元，扈春海，2018. 社会保险法总论，清华大学出版社.

案例讨论

2018年7月1日，烟台市A公司招用王某在其公司从事副经理的工作，双方签订了书面劳动合同，约定合同期限为两年，试用期为2个月，工资8000元/月，双方约定公司为职工缴纳的社会保险费含在工资中，由职工自己缴纳社会保险费。王某每月向当地的人寿保险机构缴纳了1000元养老保险。2020年6月30日合同期满，未续订劳动合同，也未为王某缴纳社会保险，一直到2021年7月1日A公司才开始给王某缴纳养老、医疗、失业、工伤、生育等社会保险。2022年2月1日，王某辞职后要求公司补缴其2018年7月至2020年6月的社会保险费。A公司认为已于2020年7月开始给王某办理和缴纳社会保险，之前的已超过追诉时效而拒绝王某的要求。王某随后向劳动保障行政部门投诉①。

问题：1. 追缴社会保险费是否适用劳动监察时效？

2. 用人单位与职工在合同中约定，为职工缴纳的社会保险费含在工资中，由职工自己缴纳社会保险费是否合法？

①烟台市人力资源和社会保障局，以案释法：案例二：社会保险案例分析，http://rshj.yantai.gov.cn/art/2018/10/16/art_23399_1971019.html，访问于2022年6月23日。

第四章　养老保险法

导入案例

池某于1956年6月25日出生，自1995年3月1日起在新沂市化肥厂工作。2001年，新沂市化肥厂破产，江苏某化工股份有限公司成立，池某在该公司工作至今。江苏某化工股份有限公司一直未为池某缴纳养老保险，也没有和池某解除或终止劳动关系。池某于2016年8月31日仲裁后提起诉讼，以该公司未依法缴纳养老保险为由要求解除劳动合同，并要求该化工股份有限公司支付经济补偿金和赔偿金。江苏某化工股份有限公司以池某已达到法定退休年龄，双方劳动关系已终止，应当进行退休方面的处理为由进行抗辩①。

思考题：1. 江苏某化工股份有限公司的抗辩理由是否成立？

2. 池某的请求能否得到支持？

第一节　养老保险法概述

一、养老保险的概念和特征

（一）养老保险的概念

养老保险是指国家通过法律明确规定，劳动者达到法定退休年龄或者满足退休条件的其他社会人员退出劳动岗位后可以领取提供基本生活保障养老金的社会保险制度。德国、日本以及我国台湾地区均以该保险项目的保障手段——“年金”称呼之，并伴以其他老年保障制度；而我国以“养老”命名该保险项目，尤其强调其作为老年保障的功能②。养老保险是我国五大社会保险之一，为老年人的基本生活需要提供稳定的经济来源，保障公民在年老后可以从国家和社会获得物质帮助，在保障老年生活、提高劳动积极性和生产力、维持社会稳定等方面发挥重要作用。

据第七次全国人口普查结果显示，全国人口中60岁及以上的老年人口总量为2.64亿人，已占到总人口的18.7%，与2010年第六次全国人口普查相比，老年人口比重升高了5.44个百分点③，这对养老体系建设提出了新的挑战。依据《中华人民共和国社会保险法》及配套相关规定，我国设有职工基本养老保险、机关事业单位工作人员养老保险和城乡居

---

①徐州市中级人民法院发布2016年度劳动争议十个典型案例之二：池某诉江苏某某化工股份有限公司养老保险待遇纠纷案，载深圳律师网 https：//szlx. pkulaw. com/pfnl/a6bdb3332ec0adc4e3bb6109ea338a1b610c6dc661df9f50bdfb. html？ way=textRightFblx，2017年4月28日，访问于2023年3月8日。

②郑尚元，2019. 社会保障法，高等教育出版社.

③国家统计局，第七次全国人口普查公报（第五号），http：//www. stats. gov. cn/ztjc/zdtjgz/zgrkpc/dqcrkpc/ggl/202105/t20210519_ 1817698. html，2021年5月19日，访问于2021年12月15日。

民养老保险3种类型，共同构成了全方位、多层次的养老保险体系。在多层次养老保险体系中，基本养老保险制度是核心制度，指的是国家根据法律法规的规定，强制建立和实施的一种社会保险制度。在基本养老保险制度下，用人单位劳动者必须依法缴纳养老保险费，在劳动者达到国家规定的退休年龄或基于其他原因而退出劳动岗位后，社会保险经办机构依法向其支付养老金等，从而保障其基本生活。补充养老保险，在其他国家和地区也被称为私人养老保险，是指由用人单位依据法律和政策的规定，在自身经济实力允许的范围内为本单位劳动者所建立的一种辅助的养老保险，居于多层次的养老保险体系中的第二层次，是对基本养老保险的一种必要补充。个人储蓄养老保险，是劳动者个人在基本养老保险和补充养老保险的基础上，为了进一步提高自己的养老保障水平而自愿参加的一种养老保险，是一种个人储蓄性养老保险，属于多层次的养老保险体系中的第三层次。

（二）养老保险的特征

1. 普遍性

不同于其他保险事故，老年这一保险事故发生的确定性更大，是每个公民都无法回避的阶段①。伴随着社会老龄化进程的不断加快，公民养老问题成为国家建设发展不可忽略、必须解决的重点工作，养老保险是养老服务建设中的重要一环。养老保险作为公民年老后的重要保障，为了更好地保障老年人的利益、扩大养老保险参保人员，尽可能多地将公民纳入养老保险范畴，争取实现全民参保是养老保险制度建设和实施的首要目标。因此，普遍性是养老保险的基本特征之一。

2. 可预见性

养老保险的覆盖范围、缴费比例、待遇给付等内容并非无中生有，其可预见性表现为两个方面：一方面，老年人群体的数量和比例可以通过人口普查等方式加以估算，大致明确养老保险基金的社会统筹储备；另一方面，养老保险金的领取年限和人数都可以预测，从而测算出养老保险金的未来支出，确定养老保险待遇。从公民的角度来看，参保人员也可以一定程度地预见自己年老后能够享受的养老保险待遇。可以看出，养老保险的具体实施具有一定的可预见性。

3. 附条件性

养老保险虽然是基本的社会保险之一，但其福利待遇领取仍然要满足相应的条件。根据《中华人民共和国社会保险法》的规定，参加基本养老保险的个人，领取养老保险金需达到法定退休年龄或满足提前退休条件，累计缴纳养老保险年限满十五年，即享受养老保险待遇至少满足两个条件：一是达到退休年龄条件；二是需累积缴费满十五年。养老保险的运营安全关乎国计民生，虽面向全体国民，但其待遇的享受也必须有明确条件，保证养老保险账户的持续、有效运行。因此，养老保险具有附条件性，公民享受基本养老保险待遇需要满足法定条件。

4. 代际性

养老保险的代际性是指享受养老保险待遇人群的养老基金是由后代人支付的养老保险税费满足的。不同于普通保险中被保险人所受利益和投保人投保的关系，在养老保险中，

---

①郑尚元，2019. 社会保障法，高等教育出版社.

获得养老保险金的人与实际缴纳养老保险的人不属于同代人，通常是由处于工作劳动期的公民按薪资比例缴纳养老保险费用，纳入社会统筹账户，再分配给退出劳动关系的老年人，实现后人给前人养老的目的，推动养老保险制度有效运行。养老保险的代际性是养老保险区别于其他社会保险、商业保险的重要特征。

二、养老保险法律制度模式

(一)国家统筹型养老保险法律制度

国家统筹型养老保险法律制度是指由国家全权统筹、安排包括养老保险基金的累积、养老金支付和发放在内的养老保险，存在福利国家型养老保险和国家统包型养老保险两种形式。

福利国家型养老保险始于英国，后为大多数福利国家采取，得到包括瑞典、澳大利亚、挪威等在内的国家适用，影响较为广泛。顾名思义，福利国家型养老保险模式是将养老保险视为社会福利，实施该养老保险制度，是为了实现最大化的社会福利。福利国家型养老保险的养老保险费(税)大部分由国家和企业承担，个人不缴纳或缴纳较低水平的养老保险费(税)，且具有全民性和国家强制性的特点，注重“惠普制”原则，只要达到退休年龄即可领取养老金，全体公民不论其工作时间、收入水平和经济情况如何，都享有按统一标准领取普遍养老金的权利，是一种待遇确定型的养老保险制度①。此种模式的待遇水平和平等性均较高，但也存在致命缺陷，即养老保险待遇支出压力较大，政府财政负担过重，进而也会加重社会的税收压力，影响经济发展的速度；待遇享受标准与工作年限和缴费水平脱钩，也极易形成养懒汉现象。

国家统包型养老保险始于苏联，以公有制和计划经济体制为基础而创立，多为社会主义国家采用，我国改革开放前也采用此种模式。与福利国家型养老保险一样，养老保险的各项事务由国家统一经营管理，养老保险待遇支出全部由国家负担，公民个人无需缴费，养老保险作为公民基本权利被确定。但国家统包型养老保险模式不同于福利国家型养老保险的全民受益，能够享受养老保险待遇的只有在职员工，养老保险层次单一，保障水平较低。随着经济的不断发展、市场经济体制的逐渐确立，苏联式国家统包型养老保险已不再是大多国家养老保险制度设计主流。

(二)传统型养老保险法律制度

传统型养老保险法律制度又称为与雇佣相关性模式或自保公助模式，以国家干预主义为基础，由德国首创，后被美国、日本等国家所采用。传统型养老保险基金管理实行“现收现付”制度，养老保险费主要由立法强制雇佣方和劳动者共同负担，必须参保，政府承担部分补贴。公民养老保险待遇请求权利与缴费义务紧密联系，即享受养老保险待遇以履行缴费义务为前提。在该种养老保险制度模式下，养老保险待遇与个人收入和缴费时间相关联，并定期自动调整。同时，国家还通过税收、利息等方面的优惠政策，鼓励企业实行补充养老保险，丰富养老保险制度的具体内容，建立多层次的养老保险制度，社会保障的公平性、互济性和效率性特征均有所体现。

---

①金双华，杨艺，2020. 不同养老保险制度模式比较及借鉴，学术交流(5).

(三)储蓄管理型养老保险法律制度

储蓄管理型养老保险法律制度是通过劳动者前期的款项储蓄，为退出劳动关系后的生活提供资金保障，类似银行定期储蓄业务，自我保障是该制度最大的特点，国家承担的义务和责任较少，主要分为新加坡模式和智利模式两种类型。储蓄管理型养老保险制度模式强调效率，但忽视公平，难以体现社会保险的保障功能①。

新加坡模式采取公积金模式，通过建立个人专门公积金账户，由劳动者在工作期间与雇佣方按一定标准和比例，共同缴纳养老保险费用，作为资金储备，劳动者在退休后全部养老金都从个人账户中领取，劳动者退休后领取养老金既可以选择一次性连本带息领取，也可以选择分期、分批领取。在该模式下，国家不再负担任何养老金的支付，而是对个人账户资金通过中央公积金管理局进行统一的管理和运营投资，是由非官方自助累积的养老保险模式，得到包括新加坡在内的东南亚、非洲等一些发展中国家的广泛借鉴。

智利模式作为另一种储蓄管理型养老保险制度，也采取个人账户的模式，但与新加坡模式不同，其个人账户的管理完全实行私有化，即将个人账户交由自负盈亏的专门私营养老保险公司，劳动者可以自由选择个人账户管理公司并决定退出，但国家对养老保险公司规定了最大化回报率，同时实行养老金最低保险制度。该模式在智利推出后，被拉美一些国家所效仿。智利模式养老保险制度基本是公民自助储蓄养老，国家既不承担养老保险的支付，也不直接对个人储蓄账户进行管理，社会保障互济性功能不显著。

三、中国养老保险法律制度发展脉络

我国的养老保险法律制度建立较早，发展过程曲折。从初创阶段，到其变革、发展，经过数十年的拓展、并轨，最终形成了包括基本养老保险、企业补充养老保险和个人储蓄型养老保险的多层次、多支柱新型养老保险体系。

(一)养老保险法律制度的探索(1949—1978年)

新中国成立初期，我国就建立了养老保险制度，开始了养老保险制度的探索和发展。在1951年，政务院颁布的首部涉及养老保险法规的《中华人民共和国劳动保险条例》中，第一次对养老保险进行了具体的制度规定。该《条例》规定企业或雇主按职工工资总额的3%缴纳劳动保险基金，由中华全国总工会委托中国人民银行代理保管，并在全国范围内调剂使用。职工在退休后，在劳动保障基金项下，根据职工在企业工龄的长短，按月支付退职养老费，养老费相当于在职工资的50%~70%，付至死亡时止。在该制度模式下，职工养老保险费全部由单位承担，实行全国统筹，个人无须缴费。

1955年，国务院颁布《国家机关工作人员退休处理暂行办法》，规定国家机关工作人员退休金标准为本人工资的50%~80%，但是这个规定导致了与企业职工退休金不是统一的标准，不同岗位的人员养老待遇差异较大。计划经济时代延续的公务人员退休制度，俗称干部退休制度，系完全依托财政拨付资金的退休养老制度②。不过，该问题在此后1958年颁布的《关于工人、职员退休处理的暂行规定》中得到化解，对养老保险制度内容作了重

①关怀，林嘉，2016. 劳动与社会保障法学，法律出版社.

②郑尚元，2021. 论我国公务人员养老保险法制之建构，行政法学研究(3).

大调整，统一企业职工和国家机关工作人员的制度标准，放宽了退休条件，新增不符合退休条件职工的退职制度，提高了退休待遇，解决了企业和机关之间退休金不一致的矛盾。“文化大革命”期间，各项法律名存实亡，法制遭到严重破坏，养老保险制度也不例外。1968 年，财政部发布《关于国营企业财务工作中几项制度的改革意见(草案)》，宣布“国营企业一律停止提取劳动保险金”“企业的退休职工、长期病号工资和其他劳保开支，改在营业外列支”，从而一改以往社会统筹的养老保险制度模式，采取企业保险的方式，形成了集体保障为主体的社会养老保障制度，养老保险费完全由用人单位承担。

直至 1978 年，全国上下不同领域得到整改，养老保险制度得以恢复，重新得到发展。第五届全国人大常委会第二次会议批准了《国务院关于安置老弱病残干部的暂行办法》和《国务院关于工人退休、退职的暂行办法》，调整了养老保险标准，实行养老金最低保证数的规定，提高了因公致残完全丧失劳动力退休职工的养老金水平。

在此阶段，形成了我国养老保险制度的初始形态，为以后养老保险制度的发展、革新提供了雏形。期间制度建设特点也较为明显。

其一，这一时期的养老保险模式具有“国家主导、单位负责”的特征，个人不需要缴纳任何费用。“国家立法规定标准，单位支付待遇，经费是财政立项实报实销，保险工作涉及的人、钱、事都由单位自己管”①，这种“国家主导、单位负责”的劳动保险模式最重要的特征是劳动保险与经济制度相分离，是一种单向度且带有浓重福利性色彩的刚性退休制度，养老金完全由国家统筹，单位负责落实国家的退休政策并且全权管理职工的退休事宜，个人不需要缴纳任何费用②。针对企业职工和企事业单位职工实行不同的养老保险标准，但养老保险费均由用人单位缴纳，个人不承担缴费义务，国家统筹管理，福利性较强。单位承担职工养老的职能，在“小而全”的单位组织中，职工的生老病死皆由单位来负责，“单位办社会”的特征逐渐凸显③。

其二，养老保险在最初设计时，是按照身份(户籍、职业、居住乃至政治身份)差异进行制度构建的。身份制度是当时社会运转的基础，养老保险等制度亦围绕其建立。干部、工人和农民作为社会管理体系中的 3 种身份在养老保险制度中体现为机关事业单位职工、企业职工和农民，不同群体间有着明显的身份差异，其就业特征、收入水平也不同④。“干部—工人”的二元档案身份是在单位组织内部形成的一种终身性的身份标志，受档案身份管理制度的影响，干部档案由人事部管理，工人档案则由劳动部管理。一般来讲，工人身份的人很难转变为干部身份。在“封闭性”的单位组织内部，不同身份的社会成员间形成区隔，在这种区隔的框架体系作用下，干部和工人在社会福利的享有上呈现出差异⑤。

(二)养老保险法律制度的革新(1979—2009 年)

随着改革开放的实施，经济基础的增强推动了上层建筑的发展，养老保险法律制度迎来了改革创新的洪流。针对养老保险法律制度基础阶段存在的问题，政府进行了不同程度的改革，实现了我国养老保险法律制度建设的又一次进步。

---

①屈祖荫，陈平，1992. 中国职工社会保险实用手册，辽宁人民出版社.

②③⑤田毅鹏，王英娜，2017. 单位退休制度研究论纲，社会科学战线(8).

④杨复卫，2020. 新中国养老保险法治建设 70 年：变革、成就与启示，现代经济探讨(2).

由于养老保险法律制度早期内容的不完善，退休老人的养老待遇水平不统一、不平衡，企业负担重，自1984年起，全国开始试点并全面推行养老保险社会统筹。各省、市或者县的劳动部门根据当年当地养老金的支出，确定社会统筹基金缴纳比例，统一向企业征收，再根据需要返还企业，由企业负责发放。1985年1月，《关于做好统筹退休基金与退休职工服务管理工作的意见》出台，统筹养老金有了明确的国家政策，推动了养老保险法律制度社会统筹的建立与完善。

1986年7月12日，国务院发布《国营企业实行劳动合同制暂行规定》(以下简称《规定》)，决定国有企业新招工人一律实行劳动合同制，并首先在劳动合同制工人中实行养老保险个人缴费制度，养老保险费用由企业和合同制工人共同承担。根据《规定》，企业以合同制工人工资总额的15%为限缴纳养老保险费用，合同制工人以本人工资的3%为限履行缴费义务，在工人退休后，按月发放退休费，直到死亡，退休金的水平由养老保险缴纳年限、实际数额、退休前工资水平等因素确定。《规定》的颁布实施开创了个人缴费的新形式，为之后养老保险制度的成熟奠定了坚实的理论和实践基础。

1991年6月，国务院颁布了《关于企业职工养老保险制度改革的决定》，正式宣告以1951年《劳动保险条例》为基础的“国家养老保险模式”的时代结束了，养老保险统筹摆脱了“企业保险”的单一制约，并且要求“逐步建立起基本养老保险与企业补充养老保险和在职职工个人储蓄性养老保险相结合的制度，改变养老保险完全由国家、企业包下来的办法”，规定“国家、企业、个人三方共同负担，职工个人也要缴纳一定的费用”，一改之前有限的缴费主体和养老保险制度内容，形成了“三支柱”养老保险体制。

1994年，国务院发布《关于深化企业职工养老保险制度改革的通知》，明确了养老保险的基本原则和内容，确认企业和个人共同负担基本养老保险费用的缴纳义务，实行“统账结合”的全新模式。虽然《关于贯彻〈国务院关于深化企业职工养老保险制度改革的通知〉的实施意见》的出台实施效果有限，各地做法不一，缴纳比例差别较大，但是社会统筹与个人账户相结合的原则是我国养老保险制度的一次重大改革，“统账结合”的运行模式延续至今。

为解决前面基本养老保险各地实施不一、管理混乱等问题，1997年，国务院发布《关于建立统一的企业职工基本养老保险制度的决定》颁布，正式向全国推广“社会统筹与个人账户相结合”的养老保险模式，统一了个人账户的规模和资金来源、企业缴费比例以及养老金计发办法，确认了基本养老保险范围。城镇各类企业、实行企业化管理的事业单位，以及职工城镇个体工商户都要参保。该决定强调了基本养老保险基金实行收支两条线管理，专款专用，严禁挤占、挪用，全部用于购买国债和存入专户。这一政策的颁布标志着我国养老保险制度的建设走上了规范化的道路。

至此，经过长期的革新、完善，我国养老保险制度发展已经取得了较大进步。建立了基本养老保险、企业补充养老保险、个人储蓄养老保险的多层次养老保险制度，建立了“统账结合”的运行模式，达到了养老保险的较高水平，但覆盖主体还不够全面，制度内容需要继续完善。

(三)养老保险法律制度的成熟阶段(2009年至今)

由于改革是以不同群体身份来实施，使得群体间的身份差异长期被固化，难以在短期内被突破乃至消除。改革开放后整个法律制度出现了新的趋势和结构性变化，养老保险待遇水平在不同群体间差异越来越大，演变为各方均不满意的结果①。2009 年 9 月 1 日，国务院发布《关于开展新型农村社会养老保险试点的指导意见》，决定 2009 年在全国选择 10%的县(市、区、旗)，开展新型农村社会养老保险试点。新型农村社会养老保险具有普遍性和社会性、互济性和福利性，凸显了政府的主体性。

2010 年《中华人民共和国社会保险法》的出台，标志着包括养老保险、医疗保险、工伤保险、生育保险、失业保险在内的社会保险系的完善，同时也标志着养老保险制度逐步走向成熟。但制度体系成熟并不代表一成不变，自《中华人民共和国社会保险法》颁布之后，随着社会经济生活的发展，养老保险制度也在逐步完善。2014 年 2 月 7 日召开的国务院常务会议决定合并新型农村社会养老保险和城镇居民社会保险，建立全国统一的城乡居民基本养老保险制度。2015 年国务院发布《关于机关事业单位工作人员养老保险制度改革的决定》，决定机关事业单位与企业等城镇从业人员统一实行社会统筹和个人账户相结合的基本养老保险制度，从制度和机制上化解“双轨制”矛盾和“碎片化”问题，同时提出机关事业单位应当建立职业年金制度，工作人员退休时，依据其职业年金积累情况和相关约定按月领取职业年金待遇。

2021 年 7 月 16 日，人力资源社会保障部、国家发展改革委、交通运输部、应急部、市场监管总局、国家医保局、最高人民法院、全国总工会共同印发《关于维护新就业形态劳动者劳动保障权益的指导意见》，其中明确提出完善基本养老保险、医疗保险相关政策，各地要放开灵活就业人员在就业地参加基本养老、基本医疗保险的户籍限制，个别超大型城市难以一步实现的，要结合本地实际，积极创造条件逐步放开。组织未参加职工基本养老、职工基本医疗保险的灵活就业人员，按规定参加城乡居民基本养老、城乡居民基本医疗保险，做到应保尽保。督促企业依法参加社会保险。

四、中国养老保险法律制度体系的基本构成

(一)基本养老保险法律制度

基本养老保险是由法律法规明确规定的，用人单位和劳动者必须参保，共同缴纳养老保险费，具有一定强制性的社会保险制度。基本养老保险是养老保险制度中最核心的，也是最重要的部分，当参保劳动者达到法定退休年龄，满足待遇支付条件后享有向社会保险管理部门提起支付基本养老金，保障其基本生活需要的请求权。基本养老保险由国家统筹进行，统一缴费比例、待遇发放标准和监督管理，在保障老年生活、维护社会稳定、促进文明建设等方面发挥重要作用，是养老保险法律制度的重要支柱。根据《中华人民共和国社会保险法》及配套规定，基本养老保险由职工基本养老保险、机关事业单位人员基本养老保险和城乡居民基本养老保险构成。

(二)补充养老保险法律制度

补充养老保险顾名思义，在养老保险法律制度体系中作为基本养老保险的补充存在，是指有条件的用人单位根据法律法规或政策规定，以自身经济实力为基础，为本单位员工

①杨复卫，2020. 新中国养老保险法治建设 70 年：变革、成就与启示，现代经济探讨(2).

建立额外的辅助养老保险，提高劳动积极性，在我国目前有职工养老保险企业年金和机关事业单位工作人员养老保险职业年金两种形式。比起基本养老保险制度，补充养老保险制度一方面不具有强制性，并不要求所有企事业、机关单位都为员工建立年金，但有条件的单位建立了补充养老保险，须按照确立的年金方案履行费用缴纳义务；另一方面，补充养老保险用于提高和改善老年人的生活质量，养老待遇水平略高于基本养老保险。值得注意的是，补充养老保险的实行以单位已参加基本养老保险为前提，建立年金并不代表用人单位可以替代其基本养老保险缴费义务。

（三）个人储蓄养老保险制度

个人储蓄养老保险是指劳动者在基本养老保险和补充养老保险之外，为进一步保障和提高个人老年生活水平而参加的养老保险类型，是多层次养老保险系统的最后一部分。个人储蓄养老保险的参保遵循自愿原则，有储蓄经济基础的老人考虑自身负担能力和意愿从而决定是否加入个人储蓄养老保险，缴纳的个人储蓄保险费用记入公民养老保险个人账户，本息归缴费个人所有。个人储蓄养老保险可以丰富养老基金筹集来源、扩大基金数额，国家对其提供政策优惠，但对储蓄数额设置了上限。在养老保险具体实践中，参加个人储蓄养老保险的比例较小、范围较窄，实现效果有限。

五、养老保险权利义务关系的特点

（一）养老保险不同主体权利义务关系的统一性与分离性

在养老保险的法律关系中，涉及的主体包括参保自然人、参保用人单位、养老保险经办机构以及政府。其中，参保用人单位和政府都是法定义务人，经办机构和参保自然人既需要承担义务又享有权利，而最终的权益实现者是参保自然人。也就是说，用人单位和政府在养老保险制度中是绝对的缴费义务人，而没有领取待遇的权利，权利与义务是相分离的；参保自然人则是权利与义务相统一的，履行缴费义务，享受领取待遇的权利。

（二）养老保险权利义务在时间上的跨越性

养老保险的实质是代际之间的互助共济。在同一时点上，履行义务的是参保缴费的在职职工，享受权利的是退休的老人；但从个体的角度看，在其整个工作生涯中，都在履行缴费义务，待其符合领取养老金待遇条件时，往往已经退出劳动力市场，缴费义务也随之结束。因此，一般而言，参保自然人的养老保险权利义务在时间上是分离的，参保者需要长期履行缴费义务，才能享受到退休后领取养老金的权利。这种权利义务在时间上的分离性必然会对参保意愿产生影响，这也是各国养老保险制度都采取强制参保的重要原因。

（三）养老保险法律关系是去劳动化的

虽然社会保险关系在早期是劳动权的衍生权利，即如果雇主不履行缴费义务，那么劳动者的社会保险权就会受到影响，但随着社会保险权作为一项基本权利被认可，包括养老保险在内的社会保险关系呈现出“去劳动化”的基本特征，即从法律关系上看，如果雇主未履行缴费义务，那么作为承担收取保费义务的征收机构应当向用人单位提出缴费要求，而不应当以损害劳动者的养老保险权益为代价①。

①鲁全，2020. 中国养老保险法制建设：法律性质、现状与未来发展，探索(3).

六、退休金、养老金及其给付请求权

(一)退休金与养老金的区别

1. 退休的概念与性质

退休是指根据国家有关规定，劳动者因年老或因工、因病致残，完全或部分丧失劳动能力而退出工作岗位。关于退休属于权利还是义务的法律性质之争，不同学者提出了不同观点。有学者认为退休属于劳动者的权利，应当考虑不同职业群体，区分退休与否的意愿，在公职领域，应推行自愿提前退休和强制到龄退休的政策；而劳动法领域，应推行较为彻底的自愿退休的政策，保障高龄劳动者的劳动权益，废除或极大地延长法定退休年龄，鼓励用人单位完善退休计划和提供退休补偿①。也有学者认为退休属于劳动者的义务，超过法定退休年龄的人员与用人单位终止劳动关系属于法律强制性规定，不因用人单位是否与公民签订劳动合同而改变其性质②。但笔者认为退休既是权利又是义务。

我国《中华人民共和国宪法》第四十四条“国家依照法律规定实行企业事业组织的职工和国家机关工作人员的退休制度。退休人员的生活受到国家和社会的保障”是对退休权的肯定，保障劳动者因年老、疾病等原因退出劳动市场，享受社会保险福利。另一方面，《中华人民共和国劳动合同法》第四十四条“有下列情形之一的，劳动合同终止：劳动者开始依法享受基本养老保险待遇的”享受养老保险待遇之后，默认劳动合同终止，意味着劳动者退出劳动市场和工作岗位。根据《国务院关于工人退休退职的暂行办法》第一条，“全民所有制企业、事业单位和党政机关、群众团体的工人，符合下列条件之一的，应该退休。男年满六十周岁，女年满五十周岁，连续工龄满十年的”，该条款使用“应该”一词表明了一定的强制性，可知退休也是参与生产的劳动者应当履行的义务。如果只强调退休的权利性，社会总资源是定量的，当一部分达到退休条件的劳动者不愿退休，同时又有新的劳动者进入就业市场，如此不利于劳动资源的有效配置。因此，劳动者达成退休条件之时，用人单位不得以其他理由阻碍劳动者办理退休手续，享受退休相关权益。同时，作为劳动者，不得以身体素质尚可、补贴家用等原因拒绝退休。退休制度，既是为了保障劳动者权益而赋予的权利，也是为了维护劳动秩序而规定的义务。

2. 退休金与养老金的区别

退休金还是养老金在外延上都存在着彼此所不能涵盖的领域和内容。就养老金而言，除城镇职工基本养老保险金可以纳入退休金的概念之外，尚包含着农村新型养老保险和城镇居民养老保险体系下的保险金，此二者在本质上不属于退休金的范畴；相反，所谓的退休金除去纳入社会保险统筹(参加基本养老保险)而获取的养老保险金，没有采取养老保险金框架体系的退休金自然需要由用人单位予以保障，可称为单位退休金③。

(二)退休给付金请求权与养老金给付请求权的区别

退休给付金请求权与养老金给付请求权并非同一概念，二者有交叉重叠的地方，也有

---

①李海明，2013. 论自愿退休及其限制，中国法学(4).

②陈新，2013. 农民工超过法定退休年龄受到事故伤害是否应当认定工伤，中国劳动(7).

③冯彦君，2017. 退休金给付请求权困境的破解，社会科学辑刊(4).

各自独立存在的内容。究其根本，乃在于退休金给付请求权只能生成于雇佣关系这个前提基础上。社会个体之人，没有被某一单位或部门所雇佣，就不能发生私人雇佣的劳动关系或公共雇佣的公务关系，就不会在组织从属性的关系中被支配和限制自由，也就无所谓“退而休”的需求和必要。雇佣关系终结，退休金给付之利益诉求才能从期待权的存在形式转化为请求权的存在形式，成为一种真切的请求权形态①。而养老金给付请求权对请求权人的身份没有特殊要求，只要履行了养老保险缴费义务的公民，满足领取养老金条件之后，即可请求给付养老金。

(三)养老金给付请求权的发生条件

《中华人民共和国社会保险法》第十六条第一款规定：“参加基本养老保险的个人，达到法定退休年龄时累计缴费满十五年的，按月领取基本养老金。”按照该法规定，养老金给付请求权的发生条件有两个：其一，达到法定退休年龄；其二，累积缴费满 15 年。

第二节　职工养老保险法

一、职工基本养老保险法律制度

案例 1：

邓某于 2005 年入职 A 机械公司从事钳工工作，A 机械公司为邓某购买了工伤保险和基本医疗保险，未购买其他险种。2009 年 2 月，双方签订了书面劳动合同，除约定工资报酬、工作岗位、工作时间等内容外，还约定“在合同期内，甲方(A 机械公司)必须按照国家和地方的规定，给予乙方(邓某)应有的劳动保险和福利待遇”，但实际履行中双方仍延续原来的做法，只为邓某办理工伤保险和基本医疗保险，其他社保险种未办理。2011 年 5 月，邓某以 A 机械公司未为其依法购买社保等为由，向 A 机械公司提出辞职，并向当地劳动争议仲裁委员会申请仲裁，要求 A 机械公司支付解除劳动关系的经济补偿金②。

思考题：如果邓某与用人单位 A 机械公司约定只缴纳工伤保险和基本医疗保险，A 公司能否以此抗辩？为什么？

案例 2：

樊某某，女，1962 年 9 月生，2007 年 1 月起入职某老年公寓从事护理工作。2012 年 9 月 15 日，樊某某年满 50 周岁达到法定退休年龄后继续在老年公寓工作，直至 2018 年 12 月。工作期间，老年公寓未为樊某某缴纳社会保险。樊某某离职后，向社保机构查询了解，证实其已超过法定退休年龄，无法补缴社会保险。樊某某申请劳动仲裁，要求老年

①冯彦君，2017. 退休金给付请求权困境的破解，社会科学辑刊(4).

②佛山中院劳动争议十九大典型案例(2012 年度)之十二：邓某与 A 机械公司劳动争议纠纷上诉案——未按规定险种为劳动者建立社保关系需支付经济补偿，载北大法宝网，https：//www. pkulaw. com/pfnl/a25051f3312b07f3121c9aa4a13884ea798b373777c99aa5bdfb. html，访问于 2023 年 3 月 8 日。

公寓支付其12年的养老保险待遇损失，后诉到法院①。

思考题：1. 因入职时离法定退休年龄不足15年，不为该劳动者购买养老保险的做法是否合法？

2. 如不合法，该老年公寓需要承担何种责任？

(一)职工基本养老保险适用范围

1. 职工

据《中华人民共和国社会保险法》第十条第一款“职工应当参加基本养老保险，由用人单位和职工共同缴纳基本养老保险费”的规定，在我国境内企事业单位从事劳力、脑力劳动的单位职工都必须参加职工基本养老保险，其性质为基本养老保险制度的强制参保人员。

2. 灵活就业人员

《中华人民共和国社会保险法》第十条第二款“无雇工的个体工商户、未在用人单位参加基本养老保险的非全日制从业人员以及其他灵活就业人员可以参加基本养老保险，由个人缴纳基本养老保险费”，即除了前文所述在企事业单位工作的职工，包括无雇主的个体工商户、未在用人单位参保的非全日制从业人员在内的灵活就业人员，均可以根据自身调教和需求，自愿选择参加职工基本养老保险，单独履行基本养老保险缴费义务。

3. 特定外国人

根据2011年人力资源和社会保障部《在中国境内就业的外国人参加社会保险暂行办法》第三条“在中国境内依法注册或者登记的企业、事业单位、社会团体、民办非企业单位、基金会、律师事务所、会计师事务所等组织依法招用的外国人，应当依法参加职工基本养老保险、职工基本医疗保险、工伤保险、失业保险和生育保险，由用人单位和本人按照规定缴纳社会保险费”，在我国境内特定单位就职的外国人，也应当按照规定参加职工基本养老保险，缴纳基本养老费。

(二)职工基本养老保险的缴费

《中华人民共和国社会保险法》明确规定，职工参加基本养老保险，由用人单位和职工共同缴纳基本养老保险费；灵活就业人员参加企业职工基本养老保险，由个人缴纳基本养老保险费。根据1997年《国务院关于建立统一的企业职工基本养老保险制度的决定》和2005年《国务院关于完善企业职工基本养老保险制度的决定》，在第一种情况下，参保人员个人缴费基数为本人上年度月平均工资收入。所称“本人上年度月平均工资收入”就是本人的缴费工资，包括职工个人的工资、奖金等收入，不包括这两项收入以外的领取的社会保险金、职工福利等。如果月平均工资收入低于全省上年度在岗职工月平均工资60%的，按60%确定缴费基数；超过全省上年度在岗职工平均工资300%以上的部分，不计入缴费基数。个人缴费部分由用人单位在发放工资时代扣代缴，缴费比例为参保人员个人缴费基数的8%。单位缴费基数一般为本单位参保人员工资总额的20%。职工个人缴纳的基本养

①南通市中级人民法院发布2019年度南通法院劳动争议典型案例之四：樊某某与某老年公寓养老保险待遇纠纷案—单位未为职工依法缴纳养老保险，被判赔偿，载南通广播电视台官方账号，https://baijiahao.baidu.com/s?id=1665135163376394682&wfr=spider&for=pc，2020年4月27日，访问于2022年3月15日。

老保险费，全部计入个人账户，用人单位缴纳的基本养老保险费，全部进入社会统筹账户。

(三)职工基本保险的账户模式

我国职工基本养老保险从建立之初，就确定了“社会统筹与个人账户相结合”制度模式。1997年《国务院关于建立统一的企业职工基本养老保险制度的决定》第一点明确指出，到20世纪末，要基本建立起适应社会主义市场经济体制要求，适用城镇各类企业职工和个体劳动者，资金来源多渠道、保障方式多层次、社会统筹与个人账户相结合、权利与义务相对应、管理服务社会化的养老保险体系。

从世界范围看，纯粹的社会统筹模式(现收现付制)和纯粹的个人账户模式(基金积累制或完全基金制)是养老保险最为典型的账户模式，纯粹的社会统筹模式以德国为代表，纯粹的个人账户模式以智利为代表。现收现付制是指以同一个时期正在工作的一代人的缴费来支付已经退休的一代人的养老金的保险财务模式。这种模式只设统筹账户，不为参保人员单独设立个人账户；资金统筹使用，互助共济；以支定收，本期征收，本期使用，不为以后使用提供储备或储备很少。该模式实际上是一种“代际赡养”模式。基金积累制则完全相反，国家为每位参保人员设置单独的个人账户，不设统筹账户。企业和个人缴费全部进入个人账户，退休待遇水平完全取决于账户基金的积累额，账户基金可以进行投资。第一种模式的优点在于，以支定收，基金没有结余或结余很少，从而避免了完全基金制下基金遭受通货膨胀而贬值的风险，也能够对基金进行有效的管理。由于现收现付制是下一代人养上一代人，因此具有代际之间的收入再分配功能，且强调资金的统一使用，能最大限度提高资金的使用效率，互助共济性强。但该模式的缺点在于，在经济不景气、老龄化、支付范围和标准不断提高的情况下，就会产生缴费比例过高，当代负担沉重，资金筹集困难等问题。相反，由于第二种模式本质为储蓄型保险，能很好地抵御老龄化的风险，但其缺点也是显而易见的，基金积累模式缺乏再分配功能和互助共济性，而且容易受到通货膨胀的影响。

我国基于“社会统筹与个人账户相结合”建立起来的账户模式，通常被称为“部分积累制”。设立该账户模式的初衷在于，集中“现收现付”和“基金积累”的优点，既具有互助共济的保险特征，避免通货膨胀的影响，又能确保一定的积累水平，抵御老龄化的风险。然而，由于政府没有承担转制过程中的“改革成本”，历史形成的“隐形债务”问题没有得到很好的解决，我国基本养老保险在运行过程中一直存在社会统筹基金不足和混账管理的问题，养老保险基金绝大部分用于当年养老金发放，个人账户长期空账运行，而且资金缺口极其巨大。换言之，养老保障制度改革后的个人账户基本上是名义上的，实际操作中整个养老保障体系仍然是现收现付制。

(四)职工基本养老保险基金

职工基本养老保险基金是职工享受养老保险待遇的重要物质基础，基金管理安全关乎国计民生，因此，法律对职工基本养老保险基金相关内容作了明确规定，旨在保障职工基本养老保险的平稳运行。

根据《中华人民共和国社会保险法》的规定，包括基本养老保险基金在内的各类社会保险基金要按照保险险种分别建账，专款专用，分账核算，执行国家统一的会计制度，基本养老保险基金逐步实行全国统筹，由养老保险基金管理机构经管相关事务。用人单位、职工个人缴纳的社会保险费用和政府给予的财政补贴转入社会保险机构在银行开设的养老保险基金专户，按照人民银行规定的同期城乡居民储蓄利率计息，同时，在保证养老保险基金安全的基础上，可以按规定进行投资运营，实现保值增值。养老保险基金管理机构应当定期向社会公布参加养老保险的情况以及养老保险基金的收入、支出、结余和收益情况。根据1997年《国务院关于建立统一的企业职工基本养老保险制度的决定》，我国养老保险基金的投资渠道受到较为严格的限制，规定“基金结余额，除预留相当于2个月的支付费用外，应全部购买国家债券和存入专户，严格禁止投入其他金融和经营性事业”，但这也在一定程度上影响了我国养老保险基金保值增值能力。基于此，2015年8月17日国务院出台《基本养老保险基金投资管理办法》，提出“养老基金投资应当坚持市场化、多元化、专业化的原则，确保资产安全，实现保值增值”，同时通过养老金投资股票、股票基金、混合基金、股票型养老金产品的比例，合计不得高于养老基金资产净值的30%、养老基金限于境内投资、参与股指期货、国债期货交易，只能以套期保值为目的等限制性规定，严格控制投资风险。

(五)职工基本养老保险待遇

职工基本养老保险待遇包括基本养老金和其他相关待遇。基本养老金是核心待遇，包括基础养老金和个人账户养老金两部分，基本养老金根据个人累计缴费年限、缴费工资、当地职工平均工资、个人账户金额、城镇人口平均预期寿命等因素确定。其他相关待遇包括当参加基本养老保险的个人，因病或者非因工死亡时，其遗属领取的丧葬补助金和抚恤金；在未达到法定退休年龄时因病或者非因工致残完全丧失劳动能力时领取的病残津贴；以及国家通过建立基本养老金正常调整机制，对退休人员提高的养老金待遇。

在基本养老保险待遇的确定上，2005年《国务院关于完善企业职工基本养老保险制度的决定》对1997年《国务院关于建立统一的企业职工基本养老保险制度的决定》的规定进行了调整。根据1997年的《国务院关于建立统一的企业职工基本养老保险制度的决定》第五条，基本养老金由基础养老金和个人账户养老金组成。退休时的基础养老金月标准为省、自治区、直辖市或地(市)上年度职工月平均工资的20%，个人账户养老金月标准为本人账户储存额除以计发月数。但2005年的《国务院关于完善企业职工基本养老保险制度的决定》第六条则改变了养老金的发放标准：基本养老金由基础养老金和个人账户养老金组成。退休时的基础养老金月标准以当地上年度在岗职工月平均工资和本人指数化月平均缴费工资的平均值为基数，缴费每满1年发给1%。个人账户养老金月标准为个人账户储存额除以计发月数，计发月数根据职工退休时城镇人口平均预期寿命、本人退休年龄、利息等因素确定。2005年的待遇标准相对于1997年确定的待遇标准，不仅考虑了当地的经济发展水平，同时还将考虑了更多的因素，包括个人缴费工资的高低、个人缴费时间的长短、本人的退休年龄早晚等，计发公式更加复杂，却也更为科学，体现了社会保险权利与义务对等的原则且和国际做法接轨。

二、企业年金法律制度

案例3：

1997年12月，江苏省南通市某百货公司召开了职工代表大会，讨论并一致通过了

"建立职工补充养老保险的暂行办法"。该办法对实行补充养老保险的原则、发放范围和对象、计发办法、决策管理等做了详细的规定，并授权基金管理理事会"根据实际情况对方案的修改调整提出建议"。从当月起百货公司出资向劳动保险管理部门缴纳补充养老保险金，职工个人并未缴费。2002 年 6 月公司改制，原国有股全部退出，转给了全体员工持有。同年 9 月，经补充养老保险基金管理理事会研究，对补充养老保险的发放提出修改意见：①内退职工，距离法定退休年龄，每少一年扣减 20%；②自己要求调离的、辞职的、不再续签劳动合同的均不享受补充养老保险；③工作严重失职，给公司造成损失的，将视情节轻重和损失大小扣发 30%~100%的补充养老保险金；所扣减的职工补充养老保险金计入企业补充养老保险基金。该修改意见经百货公司董事会批准后即付诸实施。2002 年 3 月，百货公司的职工卢某以年龄增大、身体不好、无法坚持正常上班为由，向百货公司提出书面内退申请，经公司批准后，卢某即不再上班。2005 年 7 月，卢某达到法定退休年龄，办理退休手续时，百货公司按规定向其支付了 2706.73 元的补充养老保险金。事后，卢某经向有关部门咨询，得知计入其个人账户上的补充养老保险金连利息共计 13 202.70 元。卢某认为百货公司克扣了其补充养老保险金，遂于 2005 年 11 月 22 日向南通市劳动争议仲裁委员会提出仲裁申请，该委员会于同年 11 月 24 日作出书面答复不予受理。为此，卢某于 2005 年 12 月 7 日向法院提起诉讼①。

思考题：1. 企业缴纳的补充养老保险计入职工个人账户是否归个人所有？

2. 企业扣减职工补充养老保险的依据是否有效？

(一)企业年金法律制度适用范围

企业年金法律制度属于补充养老保险范畴，是在基本养老保险基础之上，依照企业自身经济实力自愿建立的，为单位职工提供额外退休福利的养老保险制度。2003 年劳动与社会保障部颁布《企业年金试行办法》，规范企业为个人进行的补充型养老保险福利，并大力推行此类型的养老保险，以缓解基本养老保险领取额较低的局面。根据 2016 年人力资源社会保障部通过的《企业年金办法》第六条："企业和职工建立企业年金，应当依法参加基本养老保险并履行缴费义务，企业具有相应的经济负担能力。"因此，具有经济负担能力的、依法参加了强制性基本养老保险的用人单位，都可以自愿为原则，建立企业年金制度。可见，企业年金制度的规定条件简便，限制较少，适用范围广泛，鼓励有能力的用人单位都可以建立企业年金，丰富职工的养老保险待遇，提高老年生活水平。

(二)企业年金的资金来源

企业年金基金由企业和职工个人共同缴纳，企业缴费每年不超过本企业职工工资总额的 8%，企业和职工个人缴费合计不超过本企业职工工资总额的 12%，具体所需方案由企业和职工通过集体协商确定。企业年金基金实行完全积累，为每个参加企业年金的职工建立个人账户，按照国家有关规定投资运营，运营收益作为企业年金基金积累的一部分。依照《企业年金办法》规定，企业如遇到经营亏损、重组并购等当期不能继续缴费的情况，与职工集体协商后，可以中止缴费。待不能继续缴费的情形消灭后，恢复企业和职工缴费，

①陈健全，2007. 企业有权自主实施补充养老保险——评卢某诉某百货公司返还补充养老保险纠纷案，人民司法(应用)(3).

并可以根据本企业实际情况，按照中止缴费时的企业年金方案予以补缴。补缴的年限和金额不得超过实际中止缴费的年限和金额。

（三）企业年金的待遇支付

企业职工达到法定领取条件后，可以选择一次性或分期领取个人账户中的企业年金。据《企业年金办法》第二十四条，可以领取企业年金的条件包括：

①职工在达到国家规定的退休年龄或者完全丧失劳动能力时，可以从本人企业年金个人账户中按月、分次或者一次性领取企业年金，也可以将本人企业年金个人账户资金全部或者部分购买商业养老保险产品，依据保险合同领取待遇并享受相应的继承权。

②出国（境）定居人员的企业年金个人账户资金，可以根据本人要求一次性支付给本人。

③职工或者退休人员死亡后，其企业年金个人账户余额可以继承。未达到上述企业年金领取的，不得从企业年金个人账户中提前提取资金。由规定可见，关于企业年金领取设置比较灵活，领取方式多样、用途广泛，可以产生不同的收益结果，职工可根据个人基础和需要作出选择，自由支配，更大程度地发挥补充养老保险的制度特点。

三、职工养老保险关系的转移接续

（一）职工基本养老保险关系的转移接续

职工基本养老保险关系的转移接续是指劳动者因工作调动、更换就业单位等原因，跨统筹地区就业，其职工基本养老保险关系需要随之转接。基本养老保险待遇的领取条件之一，即必须满足累积缴费年限满十五年，加上现代经济建设下外出务工的农民工群体非常庞大，流动性强，做好职工基本养老保险关系的转移接续，能够为更好地建设基本养老保险制度提供有力支撑。

2009 年国务院发布《城镇企业职工养老保险关系转移接续暂行办法》，首次对企业职工基本养老保险参保人员跨统筹地区就业时基本养老保险关系如何转移作出了具体规定。2011 年实施的《社会保险法》也相应作出了“分段计算、统一支付”的制度方案设计。此后，2014 年人社部、财政部《城乡养老保险制度衔接暂行办法》、2016 年人社部《关于城镇企业职工基本养老保险关系转移接续若干问题的通知》均对职工基本养老保险关系的转移接续做了进一步的补充规定。

根据《城镇企业职工基本养老保险关系转移接续暂行办法》，包括农民工在内，所有参加城镇职工基本养老保险的人员，由原参保所在地社会保险经办机构开具参保缴费凭证，从该地基本养老保险系统转出，新参保地的基本养老保险承接相关养老保险关系，办理相关事务。参保人员达到基本养老保险待遇领取条件的，其在各地的参保缴费年限合并计算，个人账户储存额累计计算。社会统筹账户方面，以本人 1998 年 1 月 1 日后各年度实际缴费工资为基数，按 12%的总和转移，参保缴费不足一年的，按实际缴费月数计算转移。个人账户储存额，1998 年 1 月 1 日之前按个人缴费累计本息计算转移，1998 年 1 月 1 日后按计入个人账户的全部储存额计算转移。已经享受基本养老保险待遇的人员，不再转接基本养老保险关系。对于比较特殊的参保农民工群体来说，中断就业或返乡没有继续缴费的，由原参保地社保经办机构保留其基本养老保险关系，保存其全部参保缴费记录及个人账户，个人账户储存额继续按规定计息。农民工返回城镇就业并继续参保缴费的，按前述规定累计计算其缴费年限，合并计算其个人账户储存额，符合待遇领取条件的，能与城镇职工同样享受基本养老保险待遇；农民工不再返回城镇就业的，其在城镇参保缴费记录及个人账户全部有效，并根据农民工的实际情况，或在其达到规定领取条件时享受城镇职工基本养老保险待遇，或转入新型农村社会养老保险。

2014 年人社部、财政部联合发布《城乡养老保险制度衔接暂行办法》，解决城镇职工养老保险和城乡居民养老保险制度之间的衔接问题。根据《城乡养老保险制度衔接暂行办法》的规定，参加城镇职工养老保险和城乡居民养老保险人员，达到城镇职工养老保险法定退休年龄后，城镇职工养老保险缴费年限满 15 年(含延长缴费至 15 年)的，可以申请从城乡居民养老保险转入城镇职工养老保险，按照城镇职工养老保险办法计发相应待遇；城镇职工养老保险缴费年限不足 15 年的，可以申请从城镇职工养老保险转入城乡居民养老保险，待达到城乡居民养老保险规定的领取条件时，按照城乡居民养老保险办法计发相应待遇。参保人员从城乡居民养老保险转入城镇职工养老保险的，城乡居民养老保险个人账户全部储存额并入城镇职工养老保险个人账户，城乡居民养老保险缴费年限不合并计算或折算为城镇职工养老保险缴费年限。参保人员从城镇职工养老保险转入城乡居民养老保险的，城镇职工养老保险个人账户全部储存额并入城乡居民养老保险个人账户，参加城镇职工养老保险的缴费年限合并计算为城乡居民养老保险的缴费年限。

(二)企业年金关系的转移接续

企业年金是企业及其职工在依法参加基本养老保险的基础上，自愿建立的补充养老保险制度。由于没有基本养老保险的强制性，并非所有用人单位都建立了企业年金制度，因此，在企业年金关系的转移接续中，存在不同办理方式，转接途径和管理机构都更具有灵活性，保障职工的企业年金权益不受损害。根据《企业年金办法》，职工变动工作单位，新入职企业同样建立了补充养老保险制度的，劳动者原企业年金个人账户利益应当随之转接到新入职单位。新入职单位没有建立补充养老保险支付，或劳动者本人处于升学、参与、失业期间的，原企业年金个人账户由原管理机构继续管理，也可以由法人受托机构发起的集合计划设置的保留账户暂时管理，原受托人是企业年金理事会的，由企业与职工协商选择法人受托机构管理。

第三节　机关事业单位工作人员养老保险法

一、机关事业单位工作人员基本养老保险法律制度

(一)机关事业单位工作人员基本养老保险的适用范围

1. 公务员

公务员是指依法履行公职、纳入国家行政编制、由国家财政负担工资福利的工作人员。在我国，中国共产党机关、人大及其常委会机关、行政机关、政协机关、审判机关、检察机关以及民主党派和工商联机关中，除工勤人员以外的工作人员都属于公务员的范畴，他们的基本养老保险都应适用机关事业单位工作人员基本养老保险制度。

2. 参照公务员法管理的工作人员

根据《中华人民共和国公务员法》的相关规定，参照公务员法管理的工作人员是指法律、法规授权的具有公共事务管理职能的事业单位中除工勤人员以外的工作人员。此类事业单位由于参公管理的特殊性质，其工作人员也要适用机关事业单位工作人员基本养老保险制度。

3. 事业单位编制内工作人员

根据《国务院关于机关事业单位工作人员养老保险制度改革的决定》(以下简称《决定》)规定，实施机关事业单位养老保险制度改革的人员，除了前文参照公务员法管理的机关工作人员，还包括事业单位及其编制内的工作人员。也就是说，工作人员参加机关事业单位养老保险，需满足两个基本条件：一是所在单位为机关事业单位；二是属于所在单位编制内的工作人员。在我国，事业单位是指国家为了社会公益目的，由国家机关举办或者其他组织利用国有资产举办的，从事教育、科技、文化、卫生等活动的社会服务组织，接受政府领导。

(二)机关事业单位工作人员基本养老保险基金

1. 资金来源

根据《决定》中关于机关事业单位工作人员基本养老保险基金的规定，同样实行社会统筹和个人账户相结合的基本养老保险制度，该类养老保险基金由用人单位和员工共同承担费用缴纳义务。单位缴纳基本养老保险费的比例为本单位工资总额的20%，按比例分别划入社会统筹基金账户和个人账户；个人缴纳基本养老保险费的比例为本人缴费工资的8%，由单位代扣，全部记入个人账户基金范畴。个人工资超过当地上年度在岗职工平均工资300%以上的部分，不计入个人缴费工资基数；低于当地上年度在岗职工平均工资60%的，按照当地在岗职工平均工资的60%计算个人缴费工资基数。个人账户储存额只用于工作人员养老，不得提前支取，每年按照国家统一公布的记账利率计算利息，免征利息税。参保人员死亡的，个人账户余额可以依法继承。机关事业单位及其工作人员应按规定及时足额缴纳养老保险费。各级社会保险征缴机构应切实加强基金征缴，做到应收尽收。

2. 基金的管理

按照《决定》要求，对机关事业单位工作人员基本养老保险基金要建立健全基本养老保险基金省级统筹；暂不具备条件的，可先实行省级基金调剂制度，但必须明确各级人民政府征收、管理和支付的责任。机关事业单位基本养老保险基金单独建账，与企业职工基本养老保险基金分别管理使用，因二者具体实施情况不同，社会保险经办机构不得将它们混淆管理。基金实行严格的预算管理，纳入社会保障基金财政专户，实行收支两条线管理，保证专款专用。同时，还要依法加强基金监管，确保基金安全，促进机关事业单位工作人员基本养老保险账户的平稳、安全、持续运行，维护养老保险工作的开展。

(三)机关事业单位工作人员基本养老保险的待遇支付

机关事业单位工作人员达到基本养老保险待遇领取条件的，按月发放基本养老金，包括基础养老金和个人账户养老金两个部分。同时，根据职工工资增长和物价变动等情况，对机关事业单位和企业退休人员的基本养老金调整进行统筹安排，逐步建立兼顾各类人员的养老保险待遇正常调整机制，保障退休人员基本生活水平。

1. 基础养老金的支付

依据《决定》的有关内容，退休时的基础养老金月标准以当地上年度在岗职工月平均工资和本人指数化月平均缴费工资的平均值为基数，缴费每满一年发给1%。具体的基础养老金待遇发放，以《决定》的实施为时间节点，不同参保情况享受不同的养老金待遇。

《决定》实施前参加工作、实施后退休且缴费年限累计满15年的人员，按照合理衔接、平稳过渡的原则，在发给基础养老金和个人账户养老金的基础上，再依据视同缴费年限长短发给过渡性养老金，具体办法由人力资源社会保障部会同有关部门制定并指导实施。在《决定》实施后达到退休年龄，但个人缴费年限累计不满15年的人员，其基本养老保险关系处理和基本养老金计发比照《实施〈中华人民共和国社会保险法〉若干规定》执行，参加基本养老保险的人员可以选择一次性或延期续缴至满15年，也可以转入其他基本养老保险系统。《决定》实施前已经退休的人员，按"老人老办法"的原则，继续按照国家规定的原待遇标准发放基本养老金，同时执行基本养老金调整办法。各级政府应积极调整和优化财政支出结构，加大社会保障资金投入，确保基本养老金按时足额发放。

2. 个人账户养老金的支付

个人账户养老金月标准为个人账户储存额除以计发月数，根据本人退休时城镇人口平均预期寿命、本人退休年龄等因素确定计发月数。个人账户养老金的发放以退休前的个人账户储蓄额为基础，在支付养老金前其总额是固定的，按月发放，总体上发放金额和水平比较固定，不会像基础养老金一样，根据经济条件、物价等因素的影响适时加以调整。

二、职业年金法律制度

（一）职业年金的适用范围

我国机关事业单位工作人员养老保险也同样采取基本养老保险和补充养老保险相结合的形式，为工作人员建立职业年金制度，在其退休后，按月领取职业年金待遇。适用职业年金的范围与参加机关事业单位工作人员基本养老保险的范围基本一致，也即公务员、参照公务员法管理的工作人员和事业单位编制内的工作人员。

（二）职业年金的管理

1. 职业年金的基金来源

根据国务院《机关事业单位职业年金办法》，职业年金所需费用由单位和工作人员个人共同承担缴纳义务。单位缴纳职业年金费用的比例为本单位工资总额的8%，个人缴费比例为本人缴费工资的4%，由单位代扣，单位缴费按照个人缴费基数的8%记入人员职业年金个人账户；个人缴费直接计入职业年金个人账户。单位和个人缴费基数与机关事业单位工作人员基本养老保险缴费基数一致，个人工资超过当地上年度在岗职工平均工资300%以上的部分，不计入个人缴费工资基数；低于当地上年度在岗职工平均工资60%的，按照当地在岗职工平均工资的60%计算个人缴费工资基数。职业年金的基金包括单位缴费、个人缴费、基金投资运营收益和国家规定的其他收入在内，根据经济社会发展状况，国家适时调整单位和个人职业年金缴费的比例。

2. 职业年金基金的管理

职业年金基金采用个人账户方式管理，由各社会保险经办机构负责，个人缴费实行实账积累。对财政全额供款的单位，单位缴费根据单位提供的信息采取记账方式，每年按照国家统一公布的记账利率计算利息，机关事业单位工作人员退休前，本人职业年金账户的累计储存额由同级财政拨付资金记实；对非财政全额供款的单位，单位缴费实行实账积累。实账积累形成的职业年金基金，实行市场化投资运营，按实际收益计息。职业年金基金应当委托具有资格的投资运营机构作为投资管理人，负责职业年金基金的投资运营；应当选择具有资格的商业银行作为托管人，负责托管职业年金基金。委托关系确定后，应当签订书面合同。职业年金基金投资运营应当遵循谨慎、分散风险的原则，保证人员职业年金基金库的安全性、收益性和流动性，具体投资管理办法由人力资源和社会保障部、财政部会同有关部门另行制定。

3. 职业年金的待遇支付

工作人员在达到国家规定的退休条件并依法办理退休手续后，享受养老保险待遇，由本人选择按月领取职业年金待遇的方式。依照《机关事业单位职业年金办法》，人员领取职业年金方式多样，自主选择，值得注意的是：①可一次性用于购买商业养老保险产品，依据保险契约领取待遇并享受相应的继承权；可选择按照本人退休时对应的计发月数计发职业年金月待遇标准，发完为止，同时职业年金个人账户余额享有继承权，但选择某种领取方式后不得再作出更改。②出国(境)定居人员的职业年金个人账户资金，可根据本人要求一次性支付给本人。③工作人员在职期间死亡的，其职业年金个人账户余额可以继承。未达到上述职业年金领取条件之一的，不得从个人账户中提前提取资金。

三、机关事业单位工作人员养老保险关系的转移接续

(一)机关事业单位工作人员基本养老保险关系的转移接续

机关事业单位工作人员基本养老保险关系的转移接续是工作人员因工作调动、更换工作单位等原因，其基本养老保险关系需要从原单位基本养老保险系统转出，由新工作地的基本养老保险系统接收。《国务院关于机关事业单位工作人员基本养老保险制度改革的决定》《关于机关事业单位基本养老保险关系和职业年金转移接续有关问题的通知》等文件都有规定，针对不同的转移情况，制定有不同的转接办法。参保人员在同一统筹范围内的机关事业单位之间流动，只转移养老保险关系，不转移基金。参保人员跨统筹范围流动或在机关事业单位与企业之间流动，在转移养老保险关系的同时，基本养老保险个人账户储存额随同转移，并以本人改革后各年度实际缴费工资为基数，按12%的总和转移基金，参保缴费不足一年的，按实际缴费月数计算转移基金。转移后基本养老保险缴费年限、个人账户储存额累计计算。

(二)职业年金关系的转移接续

在职业年金关系的转移接续中，工作人员变动工作单位时，职业年金个人账户资金可以随同转移。因职业年金的补充养老保险性质，不能保证各地都设立职业年金或企业年金系统，在其关系的转接上要视情况而定。工作人员因升学、参军、失业期间或新就业单位没有实行职业年金或企业年金制度，没有新的职业年金管理机构进行承接的，其职业年金个人账户由原管理机构继续管理运营。新就业单位已建立职业年金或企业年金制度的，原职业年金个人账户资金随同转移。

第四节　城乡居民基本养老保险法

一、城乡居民基本养老保险覆盖范围

现行城乡居民基本养老保险是根据《国务院关于建立统一的城乡居民基本养老保险制度的意见》(以下简称《意见》)，由原新型农村社会养老保险和城镇居民社会养老保险制度整合而来的居民基本养老保险制度，是适应当前社会发展要求和需要的基本养老保险制度，完善了全覆盖、多层次的养老保险制度体系，扩大了我国基本养老保险的参保主体，促进了养老保险普遍性的实现。自我国实施农村养老保险制度以来，覆盖面不断延展，覆盖人群数量大幅增加①。根据《意见》规定，年满十六周岁(在校学生除外)，非国家机关事业单位工作人员以及不属于职工基本养老保险制度覆盖范围的城乡居民，可以在户籍地参加城乡居民基本养老保险。

二、城乡居民基本养老保险的资金来源

《意见》的明确规定，城乡居民养老保险基金由个人缴费、集体补助、政府补贴三方资金构成，国家为每个参保人员建立终身记录的养老保险个人账户，个人缴费、地方人民政府对参保人的缴费补贴、集体补助及其他社会经济组织、公益慈善组织、个人对参保人的缴费资助，全部记入个人账户，个人账户储存额按国家规定计息。

(一)个人缴费

参加城乡居民养老保险的人员应当按规定缴纳养老保险费，根据目前的缴费标准，共设有每年100元、200元、300元、400元、500元、600元、700元、800元、900元、1000元、1500元、2000元12个档次，多缴多得，地方政府可以根据实际情况增设缴费档次，原则上最高缴费档次标准不超过当地灵活就业人员参加职工基本养老保险的年缴数额，并报人力资源和社会保障部备案。人力资源和社会保障部会同财政部依据城乡居民收入增长等情况适时调整缴费档次标准。参保居民可根据自身经济基础和意愿，自主选择缴费档次。个人缴费部分是城乡居民基本养老保险基金的主要组成部分。

(二)集体补助

集体补助是城乡居民基本养老保险的特色之一，比职工基本养老保险和机关事业单位养老保险基金多了一层保障。要求有条件的村集体经济组织应当对参保人缴费给予补助，补助标准由村民委员会召开村民会议民主确定，鼓励有条件的社区将集体补助纳入社区公益事业资金筹集范围。鼓励其他社会经济组织、公益慈善组织、个人为参保人缴费提供资助。补助、资助金额不超过当地设定的最高缴费档次标准。在集体补助规定中，村集体经济组织的补助义务要大于社区，能够最大限度地保障农村居民的养老利益，解决后顾之忧，促进乡村振兴。

---

①刘荣君，吴光宇，赛吉拉夫，2021．我国农村养老保险制度的完善：现实挑战与实践路径，西南金融(12)．

（三）政府补贴

政府对符合领取城乡居民养老保险待遇条件的参保人全额支付基础养老金。其中，中央财政对中西部地区按中央确定的基础养老金标准给予全额补助，对东部地区给予 50% 的补助。地方人民政府应当对参保人缴费给予补贴，针对不同档次予以不同额度的补贴，对选择最低档次标准缴费的，补贴标准不低于每人每年 30 元；对选择较高档次标准缴费的，适当增加补贴金额；对选择 500 元及以上档次标准缴费的，补贴标准不低于每人每年 60 元，具体标准和办法由省（区、市）人民政府确定。对重度残疾人等缴费困难群体，地方人民政府为其代缴部分或全部最低标准的养老保险费。

三、城乡居民基本养老保险的待遇支付

参加城乡居民养老保险的个人，年满六十周岁、累计缴费满十五年，且未领取国家规定的基本养老保障待遇的，可以按月领取城乡居民养老保险待遇。城乡居民养老保险待遇由基础养老金和个人账户养老金构成。

（一）基础养老金的支付

中央确定基础养老金最低标准，建立基础养老金最低标准正常调整机制，根据经济发展和物价变动等情况，适时调整全国基础养老金最低标准。地方人民政府可以根据实际情况适当提高基础养老金标准；对长期缴费的，可适当加发基础养老金，提高和加发部分的资金由地方人民政府支出，具体办法由省（区、市）人民政府规定，并报人力资源和社会保障部备案。

（二）个人账户养老金的支付

个人账户养老金的月计发标准，目前为个人账户全部储存额除以 139（与现行职工基本养老保险个人账户养老金计发系数相同）。参保人死亡，个人账户资金余额可以依法继承。

新农保或城居保制度实施时已年满 60 周岁，在《意见》印发之日前未领取国家规定的基本养老保障待遇的，不用缴费，自《意见》实施之月起，可以按月领取城乡居民养老保险基础养老金；距规定领取年龄不足 15 年的，应逐年缴费，也允许补缴，累计缴费不超过 15 年；距规定领取年龄超过 15 年的，应按年缴费，累计缴费不少于 15 年。

四、城乡居民基本养老保险关系的转移接续

参加城乡居民基本养老保险的人员，在缴费期间户籍迁移、需要跨地区转移城乡居民养老保险关系的，可在迁入地申请转移养老保险关系，一次性转移个人账户全部储存额，并按迁入地规定继续参保缴费，缴费年限累计计算；已经按规定领取城乡居民养老保险待遇的，无论户籍是否迁移，其养老保险关系不转移。城乡居民养老保险制度与职工基本养老保险、优抚安置、城乡居民最低生活保障、农村五保供养等社会保障制度以及农村部分计划生育家庭奖励扶助制度的衔接，按有关规定执行。

城乡居民基本养老保险待遇领取人员死亡的，从次月起停止支付其养老金。有条件的地方人民政府可以结合本地实际探索建立丧葬补助金制度。社会保险经办机构应每年对城乡居民养老保险待遇领取人员进行核对；村（居）民委员会要协助社会保险经办机构开展工

作，在行政村(社区)范围内对参保人待遇领取资格进行公示，并与职工基本养老保险待遇等领取记录进行比对，确保不重、不漏、不错。

案例讨论

张某，62岁，在2021年因涉嫌犯罪刚被羁押，即被单位以《劳动和社会保障部办公厅关于退休人员被判刑后有关养老保险待遇问题的复函》为由，暂停其养老金的发放①。请结合相关理论，予以分析对该案件的看法。

①汤闳淼，2020. 服刑人员养老金：惩罚性剥夺抑或限制性保护——劳社厅函〔2001〕44号及补充说明函之检讨，当代法学(5).

第五章　基本医疗保险法

导入案例

张某于2020年8月8日进入某机械设备有限公司任职设备维修员。2020年8月25日零时，张某在公司宿舍被舍友李某打伤，后张某被送到医院进行住院治疗至2020年9月5日出院，医疗费用共计15 000元。经过当地公安机关法医鉴定，张某本次受伤为轻微伤。该机械设备有限公司到当地医疗保障经办机构为张某办理参加职工基本医疗保险的登记时间是2020年8月30日。张某认为其所花费的医疗费用应当全部由李某承担，同时，由于该机械设备有限公司未及时为其办理参保手续，所以应当承担连带责任。现因医疗费用的承担发生争议，张某向人民法院提起诉讼，请求：①判决李某支付医疗费15 000元；②判决该机械设备有限公司承担连带责任①。

思考题：1. 你认为张某的请求是否应该得到支持？为什么？

2. 基本医疗保险待遇与侵权损害赔偿之间应当如何协调？

第一节　基本医疗保险法律制度的沿革与现状

基本医疗保险是指由国家主导建立的社会医疗保险，参保主体按规定缴纳保险费，被保险人在发生疾病等保险事故时按规定获得相应的保险待遇。基本医疗保险是我国医疗保障体系的主体，在制度层面上覆盖了全民，是减轻群众就医负担、增进民生福祉、维护社会和谐稳定的重要制度安排。

一、基本医疗保险法律制度的历史沿革

（一）医疗保障法律制度的建立（1949—1978年）

我国的医疗保障体系是在新中国成立后逐步建立起来的。新中国成立初期，具有临时宪法意义的《共同纲领》明确要求在企业中实行劳动保险制度。1950年，政务院责成劳动部同中华全国总工会起草了《中华人民共和国劳动保险条例（草案）》，经过广大职工的讨论后，政务院于1951年2月26日公布了《中华人民共和国劳动保险条例》（以下简称《条例》）。该《条例》规定了“疾病保险”覆盖实行社会保险的企业②中的“工人和职员”以及他

①作者结合本章理论自行设计的案例。

②劳动保险条例的实施，采取逐步推广办法，当时划定的实施范围包括：有工人职员一百人以上的国营、公私合营、私营及合作社经营的工厂、矿场及其附属单位；铁路、航运、邮电的各企业单位与附属单位；工、矿、交通事业的基本建设单位；国营建筑公司。

们的直系亲属。随着经济状况的好转，1952 年 6 月 27 日，政务院出台规定①，开始对国家机关工作人员实行公费医疗。此后几年中，国家陆续制定了一系列法规，逐步扩大公费医疗的实施范围②。从此，在城镇地区形成了在企业实行“劳保医疗”、在行政及事业单位实行“公费医疗”的二元格局。

同一时期，在广大农村地区采用“合作制”和“群众集资”等办法举办的农村基层卫生所，这是一种合作医疗性质的医疗保障制度，其不具有保险性质，但是它已经具有合作医疗的一些特征，也因此被视为后来的农村合作医疗制度的“雏形”。在农村地区，1958 年人民公社化后，合作医疗的发展速度加快。一些地方的实践经验得到了中央的肯定，各地被要求参照执行③。从此，合作医疗制度成为我国在农村地区实行的一项重要医疗保障制度。但是，由于资金投入不足问题，很多地方的合作医疗不得不停止，到 1964 年，全国农村仅有不到 1/3 的地方的合作医疗还在继续。针对这样的情况，中共中央于 1965 年 6 月做出指示，“把医疗卫生工作重点放到农村去”，为合作医疗的恢复发展提供了契机。在随后的“十年文革”期间，与城市医疗保险制度受到严重破坏不同的是，农村地区的合作医疗制度得到了快速的发展。到 1976 年，90%的生产大队都建立了合作医疗。由合作医疗担负的卫生保健服务覆盖了全国 85%的农村人口④。合作医疗制度之所以能够快速发展，与当时中央的政策支持有密切联系，尤其是恢复振兴中医和培养赤脚医生的政策。在 20 世纪 70 年代，合作医疗的发展受到了极大的重视，甚至被写进了 1978 年的《中华人民共和国宪法》。但是随着改革开放的推行和经济体制的变革，合作医疗制度赖以存在的经济基础发生了深刻的变化；政府对合作医疗的发展也持放任态度，此后的十年中，政府几乎没有出台过任何关于农村合作医疗的政策⑤；合作医疗制度“自身缺少制度可持续性”⑥；这些因素的叠加使得合作医疗也快速地走向衰落。从此，我国医疗保障制度的城乡二元格局开始形成，对后来我国医疗保障制度的发展产生了重要的影响。

（二）医疗保障法律制度的发展（1978—2003 年）

作为医疗保障体系之主体的基本医疗保险则是在改革开放之后才探索建立起来的，更

---

①1952 年 6 月 27 日，政务院颁布了《关于全国人民政府、党派、团体及所属事业单位的国家机关工作人员实行公费医疗预防措施的指示》，规定：“自 1952 年 7 月起，分期推广公费医疗制度，使全国各级人民政府、党派、工、青、妇等团体，以及文化、教育、卫生等事业单位的工作人员和残废军人，都享受公费医疗待遇。”

②1953 年 1 月，卫生部颁布了《关于公费医疗的几项规定》，将公费医疗预防制度的实施范围扩大到高等学校的在校学生及乡级干部；1956 年，卫生部等部门相继颁布了《国家机关工作人员退休后仍应享受公费医疗待遇的通知》《关于高等学校工作人员退休后仍应享受公费医疗待遇的通知》《关于办理各国在华专家公费医疗预防几项规定》，使公费医疗的实施范围进一步扩大。

③1959 年 11 月，卫生部在山西省稷山县召开了全国农村卫生工作会议，会后向中共中央提交了《关于全国农村卫生工作山西稷山现场会议情况的报告》及附件《关于人民公社卫生工作几个问题的意见》，指出：“关于人民公社的医疗制度，目前主要有两种形式，一种是谁看病谁出钱；一种是实行人民公社社员集体保健医疗制度。根据目前的生产力发展水平和群众觉悟等实际情况，以实行人民公社集体保健医疗制度为宜。”1960 年 2 月，中共中央批转了前述报告及附件，要求各地参照执行。

④周寿祺，2002. 探寻农民健康保障制度的发展轨迹，国际医药卫生导报(6).

⑤顾昕，方黎明，2004. 自愿性与强制性之间：中国农村合作医疗的制度嵌入性与可持续发展分析，社会学研究(5).

⑥朱玲，2000. 政府与农村基本医疗保障制度选择，中国社会科学(4).

确切地说是在市场经济体制确立之后才逐步建立起来的。改革开放开始之后，市场经济体制逐步取代计划经济体制，在这种背景之下，“劳保医疗”和“公费医疗”的问题更加突出，主要体现在医疗费用的急剧上升，使得医疗经费捉襟见肘。为此，1982 年，全国总工会、国家劳动局和财政部联合发布了《关于制止把医疗费全部发包给工人包干使用的通知》；1984 年，公费医疗经费与保险对象个人挂钩开始在部分地方实行①。1988 年，国家正式提出将职工医疗制度向医疗保险的方向改革②。翌年 3 月，医疗保险制度改革的试点工作在丹东、四平、黄石和株洲 4 个城市展开。同年，卫生部和财政部联合出台政策，对公费医疗制度做出了调整，开始实行个人分担医疗费用，对公费医疗待遇、公费医疗管理以及经费预算、监督检查等做出了明确规定。国家保险性质的公费医疗开始呈现出社会保险的属性。从 1985 年开始，部分地方开始推行离退休人员的医疗费用社会统筹。1987 年开始，部分地方开始试行职工大病医疗费用社会统筹。1990 年年底，劳保医疗制度向医疗保险制度的改革开始大面积推行③。1992 年 9 月，劳动部要求各地结合实际情况实行职工大病医疗保险费用的社会统筹，到 1992 年年底，全国已有 16 个省份的 96 个县、100 个系统、130 万名职工加入了这项保险④。医疗费用的社会统筹使得劳保医疗向社会保险转变。这一时期，公费医疗的改革主要集中于对管理体制的优化；而对劳保医疗制度的改革重心是促进其向社会保险转变。

1993 年，我国的经济体制开始逐渐从计划经济转变为社会主义市场经济，经济体制的变革对包括医疗保险制度在内的社会保险制度提出了新的要求。随后，国家连续出台了多个规范性文件，都提出建立社会医疗保险⑤。经国务院批准，试点工作于 1994 年 11 月开始在江苏省镇江市和江西省九江市进行试点。这两个城市的改革并不是推翻原来的大病统筹重新开始，而是在原先大病统筹的基础上进行改革和完善。从对这两个市的考察、测算乃至最后形成的方案来看，大病统筹确实为城镇职工医疗保险制度改革打下了一个良好的

①1984 年 4 月 28 日，卫生部和财政部联合发布《关于进一步加强公费医疗管理的通知》，指出：“公费医疗制度的改革势在必行，在保证看好病、不浪费的前提下，各种改革办法都可以进行试验，在具体管理办法上，可以考虑与享受单位、医疗单位和个人适当挂钩”。

②1988 年 3 月，经国务院的批准，由卫生部牵头，财政部、劳动部、人事部、国家体改委和全国总工会等部门参加，成立了国家医疗体制改革领导小组并起草了《职工医疗保险制度改革设想(草案)》，提出了职工医疗制度改革的方向：逐步建立起适合中国国情，费用由国家、单位和个人合理负担，社会化程度较高的多形式、多层次的职工医疗保险制度。

③1990 年 11 月 28 日，劳动部召开首次全国部分省、市劳保医疗制度改革座谈会，会议确定劳保医疗制度的改革方向是：在体现社会主义制度优越性和对劳动者加以保护的前提下，实现国家、集体和个人合理负担，逐步建立多种形式的医疗保险制度。这次会议标志着劳保医疗制度改革从思想准备阶段和自发改革阶段，逐步进入有组织的大面积试点阶段。

④参见劳动部，国家统计局，关于 1992 年劳动事业发展公报.

⑤1993 年 10 月，劳动部发布了《关于职工医疗保险制度改革的试点意见》，明确提出逐步建立与社会主义市场经济相适应的，医疗保险费由国家、用人单位和职工三方负担的，社会化程度较高的，覆盖城镇全体职工的医疗保险制度。1993 年 11 月，十四届三中全会通过的《关于建立社会主义市场经济体制若干问题的决定》中指出：“城镇职工养老和医疗保险金由单位和个人共同负担，实行社会统筹和个人账户相结合。”1994 年 4 月 14 日国家体改委联合财政部、劳动部、卫生部印发了《关于职工医疗制度改革的试点意见》，提出建立由用人单位和职工缴纳医疗保险费、社会统筹医疗基金和个人医疗账户结合的医疗保险制度。

基础①。1996 年 4 月，国务院将试点范围扩大到全国 57 个城市。在多数城市采用“两江模式”的同时，一些地区从本地的实际出发，在遵循“统账结合”的原则前提下进行制度创新，主要是对支付机制的创新，具有代表性的包括：海南的“双轨并行模式”、深圳的“混合型模式”以及上海的“总量控制、结构调整”。经过几年的实践，国务院于 1998 年 12 月颁布《关于建立城镇职工基本医疗保险制度的决定》，规定“城镇所有用人单位及其职工都要参加基本医疗保险，实行属地管理；基本医疗保险费由用人单位和职工双方共同负担；基本医疗保险基金实行社会统筹和个人账户相结合”，正式在全国范围开始实行职工基本医疗保险。

党的十四届三中全会再次提出发展和完善农村合作医疗制度。此后几年中，我国的相关政府部门与世界卫生组织合作开展相关的研究工作，为农村合作医疗的建设提供智力支持②。1996 年 12 月 9 日，新中国成立后的第一次全国卫生工作大会在北京召开，会议强调了合作医疗对于促进农民健康和农村经济社会发展的重要性。1997 年 1 月，中共中央、国务院出台文件，明确发展和完善农村合作医疗的任务。随后，卫生部等部委联合出台政策，对农村合作医疗的制度实施的方针、措施进行了重申和细化。在各地纷纷重建合作医疗之际，国务院于 2002 年 10 月召开了全国农村工作会议，提出建立以大病统筹为主的新型农村合作医疗③。2003 年 1 月 16 日，国务院办公厅转发《卫生部、财政部、农业部关于建立新型农村合作医疗制度意见》，决定从 2003 年开始按照“财政支持、农民自愿、政府组织”的原则开始新型农村合作医疗的试点工作。在随后的几年里，从中央到地方各级政府颁布了一系列政策、法规，以确保新型农村合作医疗的试点工作顺利推进。

（三）医疗保障法律制度的优化（2003 年至今）

城镇职工基本医疗保险以正式就业人员为保障对象，新型农村合作医疗制度以农村居民为保障对象。因此，城镇地区的非正式从业人员没有基本医疗保障。在这样的背景下，从 2004 年开始，一些地区（如山西潞城、安徽金寨）开始探索建立城镇居民医疗保险制度，通过健康保险来解决少年儿童等未就业居民的医疗问题，取得了较好效果。2006 年，党的十六届六中全会提出要建立城镇居民医疗保险④。2007 年的政府工作报告进一步明确提出要开始试点工作。为了落实政府报告精神，2007 年 4 月，国务院决定启动城镇居民基本医疗保险试点工作，并于当年 7 月颁布《关于开展城镇居民基本医疗保险试点的指导意见》，全面部署试点工作。试点工作先在小范围内进行，逐步扩大试点范围，最后全面推开，整体上采用渐进式的思路。到 2008 年年底，城镇居民基本医疗保险试点城市已经达到 317 个，参保人数达到了 100 120 000 人。2007 年 1 月 22 日，全国新农合第三次工作会议在总结之前 4 年多的试点经验的基础上，要求开始在全国范围内全面实行新型农村合作医疗制度。同时，城镇居民基本医疗保险从 2009 年开始在全国所有城市实施。

---

①郑功成，等，2002. 中国社会保障制度变迁与评估，中国人民大学出版社.

②1994 年至 1998 年，国务院研究室、卫生部、农业部与世界卫生组织合作，在全国不同经济发展地区的 7 个省 14 个县（市）开展“中国农村合作医疗制度改革”试点及跟踪研究工作。

③参见《中共中央、国务院关于进一步加强农村卫生工作的决定》。

④参见《关于构建社会主义和谐社会若干重大问题的决定》。

2010 年 10 月 28 日，《中华人民共和国社会保险法》通过，标志着社会保险制度正式走上法治化的道路。根据《中华人民共和国社会保险法》，基本医疗保险制度是我国 5 种社会保险制度之一，其第三章专门规定了“基本医疗保险”，共计 10 个条款，确立了我国基本医疗保险制度的结构体系及制度框架。依据《中华人民共和国社会保险法》第三章的规定，我国的基本医疗保险制度包括城镇职工医疗保险、城镇居民医疗保险和新型农村合作医疗三项针对不同人群的制度，互相独立、分割运行。2016 年 1 月，国务院发布《关于整合城乡居民基本医疗保险制度的意见》，在总结城镇居民医保和新农合运行情况以及地方探索实践经验的基础上，整合城镇居民基本医疗保险和新型农村合作医疗两项制度，建立统一的城乡居民基本医疗保险制度。至此，我国建立起了包括职工基本医疗保险和城乡居民基本医疗保险两个分支的基本医疗保险制度。

2017 年 1 月，国务院办公厅印发了《生育保险和职工基本医疗保险合并实施试点方案的通知》，在 12 个试点城市遵循保留险种、保障待遇、统一管理、降低成本的总体思路推进两项保险合并实施。在总结试点经验的基础上，国务院办公厅于 2019 年 3 月印发了《关于全面推进生育保险和职工基本医疗保险合并实施的意见》，明确了生育保险与职工基本医疗保险参保同步登记、基金合并运行、征缴管理一致、监督管理统一、经办服务一体化等核心政策。

二、基本医疗保险法律制度的现状

从整个医疗保障制度体系看，基本医疗保险是我国医疗保障制度体系的主体。从各国的医疗保障制度体系来看，虽然其构成是复杂的、多层次的，但是必定有一种或者几种制度作为基本的或者主体的制度，主体制度与其他制度基于特定的衔接关系共同构成一个有机整体。在我国多层次的医疗保障体系中，基本医疗保险处于主体地位，与医疗救助、商业健康保险等医疗保障制度共同构成了我国的医疗保障体系。根据党和国家的部署，深化医疗保障制度改革的目标是到 2030 年要全面建成以基本医疗保险为主体，医疗救助为托底，补充医疗保险、商业健康保险、慈善捐赠、医疗互助共同发展的医疗保障制度体系。

从基本医疗保险制度内部看，当前的基本医疗保险制度包括职工基本医疗保险和城乡居民基本医疗保险两个分支。这两个制度分别覆盖不同的人群，职工基本医疗保险主要是以“职工”作为保障对象，无雇工的个体工商户、未在用人单位参加职工基本医疗保险的非全日制从业人员以及其他灵活就业人员也可以参加；城乡居民基本医疗保险则覆盖全部未就业人群，从而实现了制度上的全面覆盖。因此，我国的基本医疗保险实际上具有国民保险的性质。

第二节　基本医疗保险之法律关系

从法律关系的角度来看，医疗保险比其他社会保险更加复杂。因为医疗保险待遇和医药服务具有高度的专业性，保险人不能直接向被保险人提供，只能通过医药服务机构向被保险人提供，所以医疗保险关系除了涉及保险人与被保险人，还涉及第三方主体——医药服务机构。保险人、被保险人与医药服务机构三方主体的关系因为医疗保险待遇的给付方式不同而呈现不同的结构。在采用现金给付的方式下，被保险人患病之后到医药服务机构诊疗，直接向医药服务机构支付所产生的医疗费用，事后向保险人“报销”所支付的医疗费用，由保险人直接向被保险人支付现金。在这种给付方式下，保险人与被保险人之间构成保险关系，被保险人与医药服务机构之间构成私法上的契约关系，保险人与医药服务机构之间并不存在直接的关系。所以，三方之间是一种线性结构关系，以被保险人为中间的连接点。在采用实物给付方式的情况下，被保险人患病之后到保险人指定的医药服务机构诊疗无需向医药服务机构支付费用，由保险人向医药服务机构支付费用。在这种情况下，保险人与被保险人之间存在保险关系，被保险人与医药服务机构之间存在保险医疗关系，保险人与医药服务机构之间也有直接的关系，即三者互相之间都有联系，形成一种三角关系。

我国在基本医疗保险建立之初就确立了医疗费用的直接结算制度，也即采用实物给付的给付方式。1999 年 6 月，劳动和社会保障部等五部门联合发布文件①，规定属于基本医疗保险基金支付的医疗费用，应该全部纳入结算范围，一般由社会保险经办机构与定点医疗机构和定点零售药店直接结算。暂不具备条件的可先由参保人员或者用人单位垫付，然后由社会保险经办机构与参保人员或用人单位结算。可见，基本医疗保险在待遇给付方式上采用的是实物给付。但是，由于配套制度的不完善以及硬件条件等方面的限制，直接结算制度并未得到很好的执行，很多情况都是参保人患病到定点医药机构接受诊疗后，先自行支付全部医药费用，然后再就其中应该由医疗保险基金支付的部分向社会保险经办机构申请报销。事实上，采用实物给付的方式给付医疗保险待遇有其自身的优势。一方面，实物给付是社会医疗保险的通行做法，从当今实行社会医疗保险的国家和地区来看，均采用实物给付的形式；另一方面，实物给付方式与现金给付方式相比有着独特的优势。虽然两种给付方式都可以满足被保险人的医疗需求，实现被保险人参保的目的，但是在现金给付方式下，保险人与医药服务机构之间没有直接的联系，医疗费用基于被保险人与医药服务机构之间的私法关系产生。因此，医疗费用更多地取决于医药服务机构的行为。由于医药服务机构逐利的本性，难免导致医疗费用的增加。但是在实物给付的方式下可以形成保险人对医药服务机构一定程度的管控，通过与医药服务机构之间进行谈判达成协议，对医疗费用进行必要的限制。简言之，实物给付方式是控制医疗费用的重要手段。此外，由保险人与医药服务机构直接结算医疗费用可以更好地保护被保险人，这样可以避免被保险人因为没有钱无法垫付医疗费用而不能得到及时救治的情况。

随着相关制度和硬件设施的完善，2010 年的《中华人民共和国社会保险法》规定：“参保人员医疗费用中应该由基本医疗保险基金支付的部分，由社会保险经办机构与医疗机构、药品经营单位直接结算。”自此正式在全国范围内统一实施由社会保险经办机构与医药服务机构直接结算医疗费用。在采用实物给付的待遇给付方式下，基本医疗保险中的保险人、被保险人和医药服务机构之间就构成了一种三边关系，整体上呈现为三方结构(图 5-1)。

①参见《劳动和社会保障部、财政部、国家经济贸易委员会、卫生部、国家中医药管理局关于印发加强城镇职工基本医疗保险诊疗项目医药服务设施范围和支付标准意见的通知》。

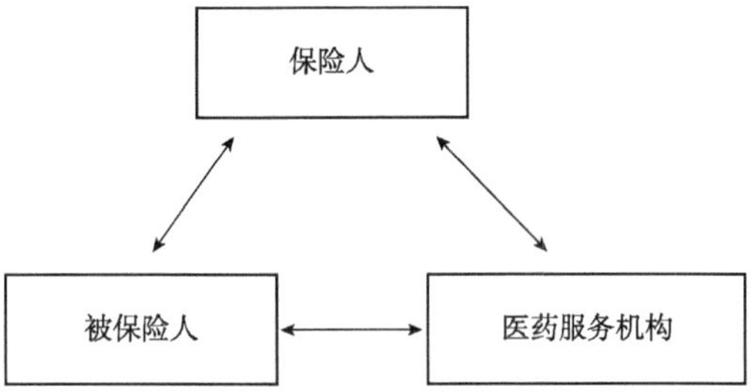

图 5-1　三方结构

一、保险人与被保险人之间的法律关系

案例 1：

2019 年 2 月 21 日至 2019 年 3 月 2 日，陶某因患输卵管积脓在中国人民解放军联勤保障部医院治疗，共计医疗费 17 255 元。陶某出院时，中国人民解放军联勤保障部医院已按国家医保政策进行了医保报销。2020 年 9 月 21 日，陶某又通过手工报销的方式，在永善县医疗保险统筹基金里报销 8120 元。现永善县医疗保障局发现陶某重复报销医疗保险，要求陶某退还已报销的医保资金 8120 元，但陶某至今未退还①。

思考题：1. 永善县医疗保障局应当通过什么方式要求陶某退还重复报销的医保资金？

2. 永善县医疗保障局是否可以陶某不当得利向人民法院提起诉讼？

保险人与被保险人之间的法律关系是基本医疗保险中的基础法律关系，是保险人与医药服务机构之间、被保险人与医药服务机构之间产生关系的前提。因此，二者之间法律关系的构造在基本医疗保险的整体构造中居于核心地位。

在不同的社会医疗保险管理体制下，保险人的法律地位、法律性质是不同的，因而保险人与被保险人、保险人与医药服务机构之间的法律关系也就存在差异。所以要分析保险人与被保险人之间的法律关系，首先必须先明确基本医疗保险的管理体制。从各国（地区）的制度和实践来看，社会医疗保险存在两种不同的管理体制——“管办一体”和“管办分离”。管办一体是指政府不仅作为管理者，其本身也作为医疗保险的保险人，直接作为医疗保险关系中的一方主体，直接与参保人和医药服务机构发生联系；管办分离则是指政府仅仅作为管理者，负责制定相应的政策法规，设立独立的保险人来经办医疗保险。在管办分离的管理体制下，依据保险人的性质不同，还可以进一步区分为公办公营和公办民营的管理模式。我国现行的基本医疗保险中，虽然设有医疗保障经办机构，但实际上实行的是管办一体的管理体制，医疗保障部门既是管理主体实际上又承担保险人的角色。

（一）法律关系的属性

在基本医疗保险中，保险人与被保险人之间的关系属于公法性质的法律关系这一点并

①根据云南省永善县人民法院（2022）云 0625 民初 68 号民事裁定书改编，原裁定参见中国裁判文书网：https：//wenshu. court. gov. cn/website/wenshu/181107ANFZ0BXSK4/index. html? docId = d32fdb05489046339644ae7d017cfd7f，访问于 2022 年 5 月 14 日。

无疑义。但这种关系的具体属性却存在着争议，存在着公法契约和公法之债两种观点。

许多学者都认为保险人与被保险人之间的关系属于公法(行政)契约①，具体而言，他们认为医疗保险关系是基于被保险人的要约和保险人的承诺而成立的一种契约关系，符合法律规定条件的被保险人必须做出“投保”的意思表示，医疗保险关系才能成立，而不是基于法律规定这一事实直接成立。针对这一观点，有学者提出了质疑，提出了“公法之债”的观点②。这种观点认为公立的社会医疗保险乃是由国家主导，透过直接立法及授权命令形成保险关系的内容，并强制国民参与，这种保险关系无论在成立、变更或是消灭上都与私法上的保险契约有很大的差距，在这种法定社会保险关系中究竟还残留多少“契约”的要素，是十分值得进一步检验的。首先，从双方关系的发生或终止来看，并非系诸双方当事人的意思表示，而是基于法定事实或者原因的出现，甚至不考虑当事人是否知晓法定事实的发生。即使被保险人逾时缴纳保费，保险人也不得以之作为终止保险关系的理由，即使存在拒缴保费的情形，保险人也不得对此个别保险关系的内容做任何限制或变更，而只能遵循法定途径，促使被保险人履行缴费义务而已。简言之，双方关系在成立与消灭上，都没有当事人意思介入的空间，不但不需要双方之间的合意作为法律关系的成立要件，甚至连当事人是否认识到法定事实的发生也不在所问。其次，从双方关系内容的形成上，从保险对象范围、保险费率、保险待遇都是由法律明订，保险给付之条件与基准若非由法律明订，就是由授权主管机关单方决定，其中毫无当事人可基于合意协商的部分，这一点也同样不符合私法自治、意思自治的本旨。基于以上考量，保险人与被保险人之间的关系乃是直接依据法律所产生的公法上的债之关系。

我国现行基本医疗保险包括职工基本医疗保险和城乡居民基本医疗保险两个分支，职工基本医疗保险原则上实行强制参保，城乡居民基本医疗保险则实行自愿参保。同时，根据《社会保险法》，用人单位应当自成立之日起三十日内凭营业执照、登记证书或者单位印章，向当地社会保险经办机构申请办理社会保险登记；应当自用工之日起三十日内为其职工向社会保险经办机构申请办理社会保险登记。医疗保险费由用人单位进行申报、社会保险经办机构核定。从现实实践情况来看，基本医疗保险的运行中保险人(医疗保障部门)与被保险人(参保人员)之间的法律关系更加接近于行政契约关系，即需要被保险人的“投保”才能成立保险关系。虽然公法之债的观点更加契合社会医疗保险的制度逻辑、也更加符合基本医疗保险“应保尽保”的政策目标，但其尚不能用于定性基本医疗保险中保险人(医疗保障部门)与被保险人(参保人员)之间的法律关系。

(二)法律关系的内容

1. 保险人享有征收医疗保险费权利，被保险人负有缴纳保险费的义务

与以政府财政为支撑的医疗救助不同，基本医疗保险是一种缴费型医疗保障。基于保险的一般原理，应该在立法中赋予保险人征收保险费的权利，同时为被保险人设定缴纳保险费的义务。但是，基本医疗保险作为一项社会保险，征缴医疗保险费的依据是法律法

①吴庚，2002. 行政契约之基本问题，载台大法学论丛，7(2)；林明锵，行政契约与私法契约——以全民健保契约，载台湾行政法学会主编《行政契约与新行政法》，元照出版有限公司；雷文玫，2001. 全民健保保险人与保险对象间法律关系之研究，中原财经法学(7).

②蔡维音，2001. 社会国之法理基础，正典出版文化有限公司.

规，而不是像商业保险以双方间的契约为依据。保险费的计算、征缴方式等都应该由法律法规予以明确。

基于社会适当原则，基本医疗保险的保险费实行“量能负担”，即保险费不是根据被保险人所面临的风险的大小来计算，而是以被保险人的负担能力为基础，即富裕者缴费多，贫穷者缴费少。但是在现实中人们的经济收入千差万别，在“量能负担”的缴费原则下则可能出现富裕者缴纳的费用非常高，而贫穷者无力承担保险费用。在这样的情况下，出于强制保险的正当性考量，应该设置保险费的上限。同时，对于低收入者，国家(政府)应该承担相应的责任。此外，用人单位基于“照顾义务”负有分担保险费的义务。因此，基本医疗保险的保险费应该根据情况由个人、用人单位和国家(政府)进行分担。

(1)个人缴纳保险费是承担“自我责任”

缴纳保险费是履行法定义务，因此，基本医疗保险的被保险人需要承担“自我责任”，缴纳保险费。基本医疗保险的制度运作也要求个人承担“自我责任”。一方面，保险的本质就在于个别成员是通过缴纳保险费而取得作为对价之保险保护，这一点即使是在社会保险，也必须维持。过多的外来财源及外部负担会危及风险分摊的公平性，也会掏空成员对共同体的连带感觉与认同①。因此，基本医疗保险的参保人员需要承担“自我责任”，缴纳保险费。另一方面，基本医疗保险的运作必须保持财务上的平衡，即维持基本医疗保险基金在收入和支出上的平衡，保持自主性。这一运作的前提则是个体成员支付保险费，而且每个成员都基于法律的强制具有同样的缴费义务，这样就可以维护连带关系，维护风险共同体的存续。概言之，基本医疗保险必须以共同体成员缴纳保险费为主要财源，这不仅是财务自主性的要求，也是确保公平性的要求，更是基本医疗保险能够持续运营的重要保障。

(2)雇主基于“照顾义务”分担保险费

用人单位分担保险费显然不能从权利义务对等的角度获得解释，应该从雇主与其雇用的劳动者之间的特殊关系来寻找正当性依据。在基本医疗保险的财务分担原理中，雇主之所以负有特别责任，乃是基于其长期使用劳动者之劳动力这种特殊关联性而生②。劳动者提供其作为自然人的个体时间供雇主使用，作为其生产、经营的获利基础，因此，雇主对劳动者的健康照护负有特别责任：一方面是由于劳动者长时间在雇主指挥监督之下提供劳动，雇主乃对其身体健康负有照顾义务；另一方面劳动者的健康是雇主生产经营的基础，若劳动者的身体健康遭受损害，雇主的生产经营也必然受到不利影响，甚至需要承担相应的责任。因此，若劳动者的健康、生活基础不能得到有效的保障，则不仅雇主的营运会受到损失，还会破坏劳资关系的稳定性，危及整个国家经济的发展。因此，雇主除了对工伤事故等伤害承担完全的保护义务，还需要对劳动者的疾病风险予以分担，为劳动者的生活提供更加全面的保护。因此，雇主分担保险费的法理基础并非广泛意义上的社会连带义务，而是系于雇主与雇员之间密切的生活关联性，基于对劳动者的“照顾义务”，对其财产权和经营自由进行适当的限制课予分担义务，具有法理上的正当性。

---

①蔡维音，2008. 全民健保财政基础之法理研究，正典出版文化有限公司.

②张道义，2005. 最高行政法院九四年判字第一五四六号判决评析：从协商到自治，台湾本土法学杂志(77).

(3)国家对保险费用的分担是一种“社会给付”

从社会保险的原理出发，共同体成员均系具有同质性风险的个体，因而具有共同风险分担之需求。在基本医疗保险中，这种风险即是指个人因疾病诊疗遭受的经济上的负担。以此为据，代表国家的各级政府不是基本医疗保险的风险共同体成员，也就不能给予社会连带而承担保费义务。同时，国家也不同于雇主，虽然与每个国民的生活有着密切的关联，国家也理应对国民生活负照顾义务。但是作为社会保险模式的基本医疗保险不同于福利型的国家保险。如果直接由国家承担保费义务，不符合社会保险的原理。而且，从域外的经验和现行基本医疗保险来看，国家对保险费的分担不是普遍的，对由雇主的正式就业人员以及经济条件较好的人不予分担，而只是对经济条件不好的人予以分担。显然，这是国家的政策选择，政策的目的主要是促进社会公平。因此，国家对保险费的补助是针对特定社会政策所为对人民之给付，性质上应属于“社会给付”①。国家(政府)的任务是多元的，本来藉由基本医疗保险的运作将不同目的的社会给付纳入基本医疗保险，由此来实现国家的社会政策，不仅事权统一较有效率，也能节省行政资源，从合理性的角度考量并无不可。但是基本医疗保险基金的财源责任在此至为重要，因为这些本来属于国家在其他领域的任务，若由基本医疗保险来承担，则应该由国家来承担所需的经费，这样才具有法理上的正当性。总之，国家分担保险费的法理基础是国家任务的转移，国家所承担的保险费是一种“社会给付”，不是对基本医疗保险基金的补助，而是对特定个体所为的给付。据此，在基本医疗保险中，国家应该对被保险人进行合理的区分，对于正式就业的人群由个人和用人单位共同负担医疗保险费，对于非就业人群则根据情况由个人和政府来分担保险费用。

2. 被保险人享有医疗保险待遇请求权，保险人负有提供医疗保险待遇的义务

在基本医疗保险关系中，参保人员被赋予权利主体的地位，享有医疗保险待遇请求权。相应地，保险人负有提供医疗保险待遇的法定义务。应该注意的是，在这一法律关系中，医疗保险待遇请求权是一项契约权利，因此，该权利的享有以缴纳保险费为要件，即被保险人未缴纳保险费，即使其具有被保险人资格，也无法享有医疗保险待遇请求权。医疗保险待遇请求权的对象是保险人，虽然在实物给付的方式下是由医药服务机构向被保险人提供医疗服务，但是被保险人不能向医药服务机构行使医疗保险待遇请求权。这涉及医药服务机构的法律地位问题，相关问题将在下文详细论述。在实物给付的方式下，保险人的义务包括两个方面：确保医疗服务的质量；要确保医疗服务的可及性。

医疗保险待遇给付的范围与医疗保险待遇请求权密切相关，医疗保险待遇给付的范围直接决定着请求权的效力范围，保险人只在医疗保险待遇给付范围内承担义务。医疗保险待遇给付的范围应该由国家通过法律或者授权的方式作出明确规定，具体的范围需要根据社会经济条件的变化适时作出调整。因此，医疗保险待遇的范围是动态的。但是，国家在确定基本医疗保险待遇的范围时，必须遵循以下两项原则：第一，满足基本医疗需求。基本医疗保险待遇的范围必须要能够满足参保人的基本医疗需求，否则基本医疗保险就失去

①张桐锐，2005. 重分配与社会互助，台湾本土法学杂志(76).

了意义。这种医疗需求应该以大多数人的需求作为参照，结合现实的社会经济发展水平以及人们的观念来确定一个合理的水平，在此基础上来划定给付范围。这是由基本医疗保险的目的决定的，必须严格遵守。如果待遇给付的范围过小，则不能满足广大参保人的基本医疗需求；如果待遇给付范围过大，则基本医疗保险基金的收支平衡难以维持，或者导致参保人的负担超出可以承受的范围，最终导致基本医疗保险制度难以为继，走向崩溃。第二，外部负担予以区隔。保险是通过风险共同体来分担风险，这里所分担的风险必须具有同质性。与此相对应，保险待遇的给付范围必须以风险的范围来确定。如果一项给付超出了风险共同体所设定的风险范围，则这项给付就属于保险的“外部负担”。基本医疗保险待遇给付范围的确定也必须遵循外部负担予以区隔的原则，即给付范围不能超出依法设定的风险范围。例如，美容这一医疗服务项目就超出了疾病风险的范畴，因此应该排除在医疗保险待遇的给付范围之外。这一原则是由基本医疗保险的保险属性决定的，是维持基本医疗保险财务平衡、持续经营的要求。

3. 被保险人享有知情权，保险人负有说明义务

在商业保险关系中，基于最大诚信原则，保险关系双方主体均享有相应的知情权，彼此负有向对方说明相关情况的义务。基本医疗保险虽然在性质上不同于商业保险，但是在保险的一般原理上二者存有相似之处。在基本医疗保险中也存在着信息不对称的情况，但与商业保险不同的是，保险人不需要对被保险人面临的风险进行评估。因此，在基本医疗保险中侧重于被保险人的知情权和保险人的说明义务。被保险人有权知晓其个人缴费情况、用人单位的缴费情况、个人权益、医疗保险待遇的范围以及医疗保险基金的状况等方面的信息，可以依法查询相关的档案资料。

相应地，保险人的说明义务体现在两个方面，一是主动进行信息公示公开，让被保险人能够了解到医疗保险基金的收支、个人缴费费率以及业务流程等信息，定期向被保险人寄送个人权益记录单；二是被动的说明义务，即在被保险人依法查询、核对个人权益等信息时，保险人应当如实地向被保险人提供相关的资料、信息。

（三）权利救济

从现行基本医疗保险的构造来看，保险关系是基于具体行政行为成立的法律关系。因此，当参保人员、投保单位认为自身权益受到损害时，可以提起行政复议或者行政诉讼得到救济。但是，当前我国的行政复议、行政诉讼均是以对具体行政行为的审查为中心设计的，行政诉讼几乎是行政撤销一体化。虽然现行法规中有一些关于行政给付的规定①，但是并未建立起完备的行政给付诉讼制度。因此，现行行政救济机制难以解决给付行政中的权益争议。因此，应该完善行政救济制度，建立完备的给付行政复议和给付行政诉讼制度，为保险人、被保险人的权利提供有效的救济途径。

①《行政诉讼法》第12条规定：人民法院受理公民、法人或者其他组织提起的下列诉讼：……（十）认为行政机关没有依法支付抚恤金、最低生活保障待遇或者社会保险待遇的；……《中华人民共和国行政复议法》第6条规定：有下列情形之一的，公民、法人或者其他组织可以依照本法申请行政复议：……申请行政机关依法发放抚恤金、社会保险金或者最低生活保障费，行政机关没有依法发放的；……《城市居民最低生活保障条例》第15条：城市居民对县级人民政府民政部门作出的不批准享受城市居民最低生活保障待遇或者减发、停发城市居民最低生活保障款物的决定或者给予的行政处罚不服的，可以依法申请行政复议；对复议决定仍不服的，可以依法提起行政诉讼。

二、保险人与医药服务机构之间的法律关系

案例 2：

璧山区医疗保障局为甲方与乙方璧山仁康医院于 2019 年 8 月 30 日签订了《医疗保险定点服务机构服务协议》，约定："乙方违反医保政策和本协议相关约定，所产生的违规违约费用甲方不予支付，已支付的予以退回。同时，甲方根据乙方违规违约事项的轻重程度，对乙方给予收取违约金、暂停医保基金支付、暂停医保网络结算和解除服务协议等处理。"璧山区医疗保障局在监督璧山仁康医院履行《医疗保险定点服务机构服务协议》过程中发现璧山仁康医院存在"降低入院标准、过度医疗、虚增费用、超医保限制用药"的违规违约行为。为此，璧山区医疗保障局根据《医疗保险定点服务机构服务协议》及附件《违规违约处理办法》第一条第(二)项、第(三)项、第(十一)项、第(十七)项的约定，于 2019 年 11 月 21 日要求璧山仁康医院支付违约金 573 922 元。2020 年 8 月 7 日，璧山区医疗保障局作出璧医保催字〔2020〕1 号《限期支付违约金催告书》，催告璧山仁康医院于 2020 年 8 月 17 日前支付违约金 573 922 元，并告知璧山仁康医院对该催告行为可提出陈述、申辩意见。对此，璧山仁康医院既未在指定时间内支付前述违约金，也未提出陈述、申辩意见①。

思考题：1.《医疗保险定点服务机构服务协议》的性质属于民事协议还是行政协议？

2. 璧山区医疗保障局是否可以直接向人民法院申请强制执行？

(一)法律关系之定性

保险人与医药服务机构之间的关系可以通过不同的方式建立，而且通过不同方式在双方之间建立起的法律关系的性质和内容也会存在一些不同，因此，我们首先需要明确基本医疗保险中保险人与医药服务机构之间法律关系的建立方式。从域外的制度看，保险人与医药服务机构之间建立关系的方式包括 3 种②：一是德国采用集体谈判的方式，由保险人团体与医药服务机构团体通过集体协商，签订集体协议来明确双方的权利义务；二是日本采用的指定方式，由厚生劳动大臣依法指定医药服务机构和医师；三是我国台湾地区采用的"特约"方式，即由保险人与医药服务机构通过签订协议建立起关系。我国现行基本医疗保险中，对医药服务机构实行"协议管理"，首先由医药机构根据医疗保险医药服务的需要和自身服务能力，自愿向统筹地区经办机构提出申请，然后由统筹地区经办机构应组织评估小组或委托第三方机构，以书面、现场等形式开展评估，最后统筹地区经办机构与评估合格的医药服务机构协商谈判，达成一致的，双方自愿签订医保协议。

在保险人与医药服务机构建立关系的过程中，虽然医药服务机构可以自由决定是否申请、签订服务协议，但是保险人具有单方决定权以及法律赋予的监督管理权，双方的法律地位并不是对等的。同时，服务协议的具体内容也不能完全由双方协商确定，关于医疗服

①根据重庆市璧山区人民法院(2021)渝 0120 行审 93 号行政裁定书改编，原裁定参见中国裁判文书网，https：//wenshu. court. gov. cn/website/wenshu/181107ANFZ0BXSK4/index. html？docId = 8gSbm+bn46PAgJ2bMN25dfJAQ4C9sDmv3gt0XP8z68bpj4e4oLN0m5/dgBYosE2gfJWvoQPWaUEb72HzP8Nzc4oZXX3pYH/M7k6ZWyRg9iJ8gQGyf4vLe/lLCt6rNuvm，2021 年 5 月 26 日，访问于 2023 年 3 月 8 日。

②李文静，2013. 医疗保险法律关系研究，清华大学，博士论文.

务的质量、医疗保险待遇的范围等事项都是由法律直接作出规定。从目的的角度看，在基本医疗保险中，保险人与医药服务机构建立关系的目的是为了让医药服务机构向被保险人提供专业的医疗服务，是为了履行公法上的义务，而不是为了实现私法上的目的。此外，根据现行《医疗机构医疗保障定点管理暂行办法》《零售药店医疗保障定点管理暂行办法》，医疗机构、零售药店与统筹地区经办机构就医保协议签订、履行、变更和解除发生争议的，可以自行协商解决或者请求同级医疗保障行政部门协调处理，也可以依法提起行政复议或行政诉讼。因此，保险人与医药服务机构之间的关系是具有公法性质的行政契约关系。

（二）法律关系之内容

1. 保险人享有选择医药服务机构的权利

由于医疗服务的专业性，保险人自身不能向被保险人提供医疗服务，只能通过与医药服务机构建立行政契约关系，由医药服务机构向被保险人提供医药服务。向被保险人提供医疗保险待遇是保险人的法定义务，在采用实物给付的待遇给付方式下，保险人负有确保医疗服务质量和医疗服务可及性的义务。因此，在与医药服务机构签订服务协议时，保险人应该对医药服务机构进行选择，一方面要选择资质条件好的医药服务机构，另一方面还要兼顾医药服务机构的地理分布。根据现行立法，统筹地区医疗保障行政部门根据公众健康需求、管理服务需要、医保基金收支、区域卫生规划、医疗机构设置规划等确定本统筹地区定点医疗服务的资源配置；根据公众健康需求、管理服务需要、医疗保障基金收支、参保人员用药需求等确定本统筹地区定点零售药店的资源配置。

2. 医药服务机构负有提供医疗服务的义务，享有医疗费用请求权

医药服务机构应当按照法律所规定的范围和条件以及与保险人之间的协议向被保险人提供医疗服务，由此获得相关医疗费用的请求权。医药服务机构必须遵照法定的程序和范围向被保险人提供医疗服务，超出法定范围的医疗服务只能由被保险人自己支付相关费用。提供医疗服务之后，被保险人就可以向保险人请求支付应该由保险人支付的医疗费用。医药服务机构在请求支付医疗费用时，应该按照要求提供病历、收费清单等资料供保险人审核使用。可见，医疗费用请求权并不是在医药服务机构做出意思表示之后就立即生效，而是类似于附停止条件的法律行为，在特定条件成立的时候才生效。只有经过保险人的审核，医药服务机构的服务流程、范围、质量等都符合法律规定和双方的约定，其医疗费用请求权才生效。

3. 保险人负有支付医疗费用的义务，享有对医疗服务监督管理的权利

保险人通过签订服务协议让医药服务机构向被保险人提供医疗服务，当然有义务向医药服务机构支付应该由其负担的医疗费用。但已如前面所提到的，保险人享有对医疗服务进行监督管理的权利，对医疗服务的质量、服务范围进行监督，对医疗服务的必要性、收费的合理性等都具有监督管理的权利。保险人可以设立专业的审核组织，对医药服务机构的服务做出评鉴。对那些超出法定范围、不符合法定要求的服务有权拒绝支付。

4. 保险人享有对协议履行的指导权和单方解除权

与私法上的契约关系不同，在保险人与医药服务机构之间的行政契约关系中，双方主体的地位并不是对等的，保险人作为公法上的主体，代表国家公共利益。因此，在二者的

契约关系中，保险人享有一些“特权”。对行政契约特权的承认，实际上也就等同于对公共利益的承认①。保险人的“特权”主要是对医药服务机构履行服务协议进行指导的权利和单方解除服务协议的权利。首先，保险人与医药服务机构的目的是让医药服务机构向被保险人提供医疗服务，属于国家公共利益的范畴。为保证协议的履行符合订约目的并合乎公益之要求，不论服务协议中有无约定，保险人对医药服务机构的履约均享有指导权。其次，基于契约关系的原理，双方可以协商一致解除服务协议。但是，基于公共利益的考虑，即使医药服务机构没有违约行为，保险人也可以不经医药服务机构的同意单方面解除协议。

三、被保险人与医药服务机构之间的法律关系

案例 3：

詹某有风湿性心脏病等既往病史，2015 年在安徽医科大学第一附属医院进行二尖瓣人工瓣膜转换术。2018 年 11 月 26 日，詹某入住黄山市人民医院治疗，诊断为左肺占位性变、风湿性心脏病、高血压等，入院后予以抗感染对症治疗，于 2018 年 12 月 11 日出院。2019 年 2 月 22 日，詹某因反复胸闷、闭气等原因入住黄山市人民医院，经诊断为心力衰竭、风湿性心脏病、高血压等，经治疗于 2019 年 2 月 28 日出院。嗣后，詹某认为，黄山市人民医院诊疗过程中存在过度治疗和检查等行为，并向黄山市医疗保障局反映。黄山市医疗保障局委托相关专业机构评审，回复詹某：“患者入院指征明确，相关的检查以及治疗行为符合医学原则，不存在过度诊疗等情况②。”

思考题：1. 詹某与黄山市人民医院之间构成何种法律关系？

2. 如果詹某对黄山市医疗保障局的回复不服，应当如何处理？

（一）法律关系之定性

在基本医疗保险的框架中，被保险人与医药服务机构之间的关系是三边关系中的一边。被保险人参加医疗保险的目的在于获得医疗保障，满足医疗需求。保险人通过行政契约让医药服务机构向被保险人提供医疗服务，来实现基本医疗保险的目的。在一般的情况下，患者可以到任何医药服务机构去诊治，患者与医药服务机构之间形成私法上的契约关系，医药服务机构向患者提供医疗服务，患者向医药服务机构支付相应的费用。双方发生争议也是通过民事侵权或者违约的途径予以解决。但是，在基本医疗保险之下，被保险人与医药服务机构之间的关系与一般情况下的医疗关系存在很大的差异，我们可以将其称之为保险医疗关系。保险医疗关系与一般的医疗关系至少存在以下两个方面的不同：第一，医药服务机构可能不同，保险医疗关系中的医药服务机构必须是与保险人有合作关系的医药服务机构，而一般的医疗关系中可以是任何医药服务机构。第二，保险医疗关系中的医疗服务受到医疗保险待遇范围的限制，而一般医疗保险关系中的医疗服务由医患双方自由决定。

①步兵，2006. 行政契约中的特权及其控制，东南大学学报（哲学社会科学版）（5）.

②根据安徽省黄山市中级人民法院（2020）皖 10 民终 537 号民事判决书改编，原判决参见中国裁判文书网：https：//wenshu. court. gov. cn/website/wenshu/181107ANFZ0BXSK4/index. html? docId=r05t/O+YDgZr2zN2NFktGfGD4jaMGfI4JgBJ2DlPS0GzoU+l6cG6g5/dgBYosE2gfJWvoQPWaUEb72HzP8Nzc4oZXX3pYH/M7k6ZWyRg9iIQv8ZmKKvMELyYtANzWVux，2020 年 12 月 29 日，访问于 2023 年 3 月 8 日。

在保险医疗关系中，被保险人患病之后，如果希望通过医疗保险获得医疗服务，就只能到与保险人有合作关系医药服务机构就诊。从就诊的过程来看，被保险人首先是与医药服务机构之间形成私法上的医疗契约关系，向医药服务机构请求提供医疗服务。在这一过程中被保险人需要向医药服务机构说明是否使用医疗保险，如果需要使用医疗保险则需要向医药服务机构提供保险证明及身份证明资料。医药服务机构根据被保险人的需求再来和被保险人协商确定医疗服务的项目。如果使用医疗保险，则只能在法定医疗保险待遇范围内选择医疗服务项目。医药服务机构按照医疗服务协议的要求为被保险人提供医疗服务之后向保险人请求支付相关的医疗费用。可见，保险医疗关系是以私法关系为基础，但又不是纯粹的私法关系，在诸多方面同时受到公法的直接规范。因此，保险医疗关系是一种公法关系和私法关系并行的法律关系，即是一种兼具公法性质和私法性质的法律关系。

(二)法律关系之内容

首先，在保险医疗关系中，被保险人享有请求提供医疗服务的权利，医药服务机构负有提供医疗服务的义务。被保险人患病之后需要接受医疗服务，其具有自主选择医药服务机构的权利，但是，如果被保险人希望通过基本医疗保险来获得相应的医疗服务，就只能选择与保险人有合作关系的医药服务机构。选择好医药服务机构之后，被保险人到保险医药服务机构就诊，这时双方之间就会形成私法上的医疗契约关系。被保险人享有请求提供医疗服务的权利、负有支付医疗费用的义务，医药服务机构负有提供医疗服务的义务、享有请求支付医疗费用的权利。需要注意的是，被保险人与医药服务机构之间的保险医疗关系是以私法性质的医疗契约关系为基础的，被保险人的医疗服务请求权基础是双方之间达成的医疗契约，而不是基于保险关系而产生的请求权。但是，在保险医疗关系中，双方之间的医疗契约关系会受到保险关系的直接影响，即如果被保险人希望使用医疗保险，那么其可以请求提供的医疗服务必须在医疗保险待遇的范围之内，相应地，医药服务机构也只是在医疗保险待遇的范围内负有提供医疗服务的义务。

其次，被保险人有自主决定是否使用医疗保险的权利，医药服务机构负有说明义务。如前面已经提到，被保险人有自主决定是否使用医疗保险的权利，即使是在保险医药服务机构接受诊疗。被保险人在到保险医药服务机构接受诊疗时，需要经过特定的医师近期进行诊断，由医师从专业的角度判断被保险人所需的检查、治疗手段，在此基础之上向被保险人说明，征询被保险人的意见。这时就可能会出现医生觉得最好的医疗服务不在医疗保险待遇的覆盖范围之内，这时就会影响被保险人的选择。被保险人可能希望获得更好的医疗服务，也有人可能出于经济上的拮据，选择医疗保险待遇范围内的替代治疗手段。概言之，在保险医疗服务关系中，被保险人有权自主决定是否使用医疗保险的权利，其可以放弃使用医疗保险。与此相适应，医药服务机构的医务人员在作出专业的检查、诊断后，负有向被保险人说明相关情况的义务，在确定治疗方案时让被保险人了解相关情况，由被保险人作出自己的选择。

最后，被保险人有提供相关证明资料的义务，医药服务机构享有审查的权利，并负有保密义务。在被保险人选择使用医疗保险后，其与医药服务机构之间就形成医疗保险。医疗服务的提供就需要受到保险关系的制约，包括医疗服务的种类、方式等。在这一过程中，有一个很重要的环节就是医药服务机构需要对保险人的参保情况进行核实，这是保险医药服务机构相对于被保险人所享有的权利，也是其相对于保险人所负有的义务。因此，被保险人负有向保险医药服务机构提供医疗保险卡、身份证明等证明资料的义务，供医药服务机构审核使用。同时，与一般的医疗关系一样，医药服务机构在获得被保险人的相关个人信息后负有保密义务，不得泄露，如果信息泄露给被保险人造成损害，医药服务机构就需要承担相应的法律责任。

第三节　基本医疗保险的核心政策

案例 4：

2019 年 7 月 5 日 11 时 07 分，熊某因鼻咽恶性肿瘤等疾病在温州市本级三级定点医院温州市中心医院门诊花费医疗费用 81. 39 元，全额自负。同年 9 月 26 日 9 时 14 分，熊某又因鼻咽恶性肿瘤等疾病在温州市中心医院门诊花费医疗费用 199 元，也是全额自负。前述两次就诊花费的医疗费用合计 280. 39 元。熊某认为温州市医疗保障局未将上述医疗费用按比例由医保统筹基金支付，缺乏法律依据，多次向该局提出质疑。该局均指定专人予以接待并告知熊某，依据《温州市全民基本医疗保险办法》的规定，恶性肿瘤病人的报销起步线为 600 元。熊某对温州市医疗保障局的解释不予认可，遂于 2019 年 12 月 3 日向法院提起诉讼，请求判令温州市医疗保障局对前述两笔医疗费给予报销①。

思考题：熊某的诉讼请求有无法律依据？

一、覆盖人员范围

从制度层面看，基本医疗保险制度覆盖了全体国民。职工基本医疗保险覆盖了职工群体，包括我国境内的各类企业的职工，国家机关、事业单位、社会团体、民办非企业单位的工作人员和个体工商户的雇工等。同时，无雇工的个体工商户、未在用人单位参加职工基本医疗保险的非全日制从业人员以及其他灵活就业人员可以自愿参加职工基本医疗保险。城乡居民基本医疗保险覆盖除职工基本医疗保险应参保人员以外的其他所有城乡居民。农民工依法参加职工基本医疗保险，有困难的可按照当地规定参加城乡居民医保。任何人不能重复参保。在内地(大陆)依法注册或者登记的用人单位依法聘用、招用的港澳台居民，应当依法参加职工基本医疗保险；在内地(大陆)依法从事个体工商经营的和灵活就业且办理港澳台居民居住证的港澳台居民，可以按照注册地有关规定参加职工基本医疗保险；在内地(大陆)居住且办理港澳台居民居住证的未就业港澳台居民，可以在居住地按照规定参加城乡居民基本医疗保险；在内地(大陆)就读的港澳台大学生，与内地(大陆)大学生执行同等医疗保障政策，按规定参加高等教育机构所在地城乡居民基本医疗保险。此外，外国人在中国境内就业的，参照《中华人民共和国社会保险法》规定参加基本医疗保险。

①根据浙江省温州市中级人民法院(2020)浙 03 行终 561 号行政判决书改编。

二、基金的筹集与管理

职工参加职工基本医疗保险，由用人单位和职工按照国家规定共同缴纳基本医疗保险费。生育保险基金并入职工基本医疗保险基金，统一征缴，按照用人单位参加生育保险和职工基本医疗保险的缴费比例之和确定新的用人单位职工基本医疗保险费率，个人不缴纳生育保险费。同时，根据职工基本医疗保险基金支出情况和生育待遇的需求，按照收支平衡的原则，建立费率确定和调整机制。无雇工的个体工商户、未在用人单位参加职工基本医疗保险的非全日制从业人员以及其他灵活就业人员参加职工基本医疗保险，由个人按照国家规定缴纳基本医疗保险费，缴费基数可参照当地上一年度职工年平均工资核定。城乡居民基本医疗保险坚持多渠道筹资，目前实行个人缴费与政府补助相结合为主的筹资方式，鼓励集体、单位或其他社会经济组织给予扶持或资助。但国家已经明确提出要逐步建立个人缴费标准与城乡居民人均可支配收入相衔接的机制，合理划分政府与个人的筹资责任，在提高政府补助标准的同时适当提高个人缴费比重。

用人单位应当自行申报、按时足额缴纳医疗保险费，非因不可抗力等法定事由不得缓缴、减免。职工应当缴纳的医疗保险费由用人单位代扣代缴，用人单位应当按月将缴纳医疗保险费的明细情况告知本人。无雇工的个体工商户、未在用人单位参加社会保险的非全日制从业人员以及其他灵活就业人员，可以直接向医疗保险费征收机构缴纳医疗保险费。医疗保险费征收机构应当依法按时足额征收医疗保险费，并将缴费情况定期告知用人单位和个人。用人单位未按规定申报应当缴纳的医疗保险费数额的，按照该单位上月缴费额的110%确定应当缴纳数额，缴费单位补办申报手续后，由医疗保险费征收机构按照规定结算。用人单位未按时足额缴纳医疗保险费的，由医疗保险费征收机构责令其限期缴纳或者补足。用人单位逾期仍未缴纳或者补足医疗保险费的，医疗保险费征收机构可以向银行和其他金融机构查询其存款账户；并可以申请县级以上有关行政部门作出划拨医疗保险费的决定，书面通知其开户银行或者其他金融机构划拨医疗保险费。用人单位账户余额少于应当缴纳的医疗保险费的，医疗保险费征收机构可以要求该用人单位提供担保，签订延期缴费协议。用人单位未足额缴纳医疗保险费且未提供担保的，医疗保险费征收机构可以申请人民法院扣押、查封、拍卖其价值相当于应当缴纳医疗保险费的财产，以拍卖所得抵缴医疗保险费。城乡居民基本医疗保险的保险费由参保人员在规定期限内直接向征收机构缴纳。

基本医疗保险基金与生育保险基金合并建账及核算，执行国家统一的会计制度。基本医疗保险基金通过预算实现收支平衡，县级以上人民政府在基本医疗保险基金出现支付不足时给予补贴。基本医疗保险基金存入财政专户、专款专用，任何组织和个人不得侵占或者挪用。基金使用遵循以收定支、收支平衡、略有结余的原则，确保应支付费用及时足额拨付，合理控制基金当年结余率和累计结余率。医疗保障经办机构应当定期向社会公布参加基本医疗保险情况以及基本医疗保险基金的收入、支出、结余和收益情况。

三、待遇的条件与标准

参保人员享受基本医疗保险需要满足相应的条件。首先，按时足额缴纳了基本医疗保险费。但如果参加职工基本医疗保险的个人达到法定退休年龄时累计缴费达到国家规定年限的(一般为20~30年不等)，退休后不再缴纳基本医疗保险费，按照国家规定享受基本医疗保险待遇。其次，在定点医药服务机构就医。基本医疗保险待遇采用实物给付的方式支付，所以参保人员需要在与经办机构签订有服务协议的定点医药机构就医，否则不能享受基本医疗保险待遇。再次，只有符合基本医疗保险药品目录、诊疗项目、医疗服务设施标准以及急诊、抢救的医疗费用，才能按规定从基本医疗保险基金中支付。最后，下列医疗费用不纳入基本医疗保险基金支付范围：应当从工伤保险基金中支付的、应当由第三人负担的、应当由公共卫生负担的、在境外就医的。医疗费用依法应当由第三人负担，第三人不支付或者无法确定第三人的，由基本医疗保险基金先行支付。基本医疗保险基金先行支付后，有权向第三人追偿。

医疗保险待遇支付标准主要包括3个方面：一是起付线，即参保人发生医疗费用后，首先自付一定额度的医疗费用，超过此标准的医疗费用才由医疗保障经办机构支付。起付标准原则上控制是当地职工年平均工资的10%左右。二是按比例分担(即“报销”比例)，即参保人和社会保险经办机构各自按一定比例共同负担医疗费用。起付标准以上和最高支付限额以下医疗费用主要由基本医疗保险支付，个人也要负担一定比例，个人负担比例由统筹地区根据以收定支、收支平衡的原则确定。实践中，个人负担比例与就诊医院的级(类)别相关，就诊的医院级别越高，个人负担比例越高。三是最高支付限额(俗称“封顶线”)，即社会保险经办机构为参保人支付医疗费用，达到一个规定额度后就不再支付了。目前最高支付限额基本上是当地职工平均工资的6倍左右。

生育保险和职工基本医疗保险合并实施后，职工生育期间的生育保险待遇不变，包括生育医疗费用和生育津贴。生育医疗费用包括生育的医疗费用、计划生育的医疗费用和法律、法规规定的其他项目费用；女职工生育享受产假、职工享受计划生育手术休假及法律、法规规定的其他情形下可以按照国家规定享受生育津贴，生育津贴按照职工所在用人单位上年度职工月平均工资计发。生育保险待遇所需资金从职工基本医疗保险基金中支付。

四、费用的审核与支付

参保人员医疗费用中应当由基本医疗保险基金支付的部分，由医疗保障经办机构与医疗机构、药品经营单位直接结算。医疗保障经办机构应当建立健全业务、财务、安全和风险管理制度，做好服务协议管理、费用监控、基金拨付、待遇审核及支付等工作。定点医药机构应当按照规定提供医药服务，提高服务质量，合理使用医疗保障基金，维护公民健康权益。定点医药机构违反服务协议的，医疗保障经办机构可以督促其履行服务协议，按照服务协议约定暂停或者不予拨付费用、追回违规费用、中止相关责任人员或者所在部门涉及医疗保障基金使用的医药服务，直至解除服务协议。定点医药机构及其工作人员应当执行实名就医和购药管理规定，核验参保人员医疗保障凭证，按照诊疗规范提供合理、必要的医药服务，向参保人员如实出具费用单据和相关资料，不得分解住院、挂床住院，不得违反诊疗规范过度诊疗、过度检查、分解处方、超量开药、重复开药，不得重复收费、超标准收费、分解项目收费，不得串换药品、医用耗材、诊疗项目和服务设施，不得诱导、协助他人冒名或者虚假就医、购药。定点医药机构应当确保医疗保障基金支付的费用符合规定的支付范围；除急诊、抢救等特殊情形外，提供医疗保障基金支付范围以外的医药服务的，应当经参保人员或者其近亲属、监护人同意。

近年来，我国持续推进医保支付方式改革，大力推进大数据应用，推行以按病种付费为主的多元复合式医保支付方式，推广按疾病诊断相关分组付费，医疗康复、慢性精神疾病等长期住院按床日付费，门诊特殊慢性病按人头付费，探索医疗服务与药品分开支付。2018 年 12 月，国家医保局发布《关于申报按疾病诊断相关分组付费国家试点的通知》，提出“加快推进按疾病诊断相关分组（DRGs）付费国家试点，探索建立 DRGs 付费体系”。2019 年 10 月，国家医疗保障局办公室印发了《国家医疗保障 DRG 分组与付费技术规范》和《国家医疗保障 DRG（CHS-DRG）分组方案》；2020 年 6 月 12 日，国家医疗保障局办公室印发《医疗保障疾病诊断相关分组（CHS-DRG）细分组方案（1.0 版）》。2020 年 10 月，国家医疗保障局办公室印发区域点数法总额预算和按病种分值付费试点工作方案；11 月，国家医疗保障局办公室印发区域点数法总额预算和按病种分值付费试点城市名单，并印发《国家医疗保障按病种分值付费（DIP）技术规范》和《DIP 病种目录库（1.0 版）》。2021 年 11 月 19 日，《国家医疗保障局关于印发 DRG/DIP 支付方式改革三年行动计划的通知》，要求以加快建立管用高效的医保支付机制为目标，分期分批加快推进，从 2022—2024 年，全面完成 DRG/DIP 付费方式改革任务，推动医保高质量发展。到 2024 年年底，全国所有统筹地区全部开展 DRG/DIP 付费方式改革工作，先期启动试点地区不断巩固改革成果；到 2025 年年底，DRG/DIP 支付方式覆盖所有符合条件的开展住院服务的医疗机构，基本实现病种、医保基金全覆盖。完善工作机制，加强基础建设，协同推进医疗机构配套改革，全面完成以 DRG/DIP 为重点的支付方式改革任务，全面建立全国统一、上下联动、内外协同、标准规范、管用高效的医保支付新机制。

五、信息公开与个人信息保护

参加基本医疗保险的用人单位和个人有权查询缴费记录、个人权益记录，要求医疗保障经办机构提供社会保险咨询等相关服务。医疗保障经办机构应当定期向社会公布参加基本医疗保险情况以及基本医疗保险基金的收入、支出、结余和收益情况。

医疗保障等行政部门、医疗保障经办机构、会计师事务所等机构及其工作人员，不得将工作中获取、知悉的被调查对象资料或者相关信息用于医疗保障基金使用监督管理以外的其他目的，不得泄露、篡改、毁损、非法向他人提供当事人的个人信息和商业秘密。前述机构及其工作人员，泄露、篡改、毁损、非法向他人提供个人信息、商业秘密的，对直接负责的主管人员和其他直接责任人员依法给予处分；违反其他法律、行政法规的，由有关主管部门依法处理。

案例讨论

张某参加了洪江市城镇职工基本医疗保险。2019 年 11 月 12 日，张某被案外人杨某驾驶的电动车撞伤，经交警部门事故责任认定，杨某对该起交通事故负全责。2019 年 11 月 12 日至 2019 年 12 月 21 日期间，张某在湖南医药学院第一附属医院住院治疗。2019 年 11

月22日，张某向洪江市医疗保障局申请先行支付基本医疗保险待遇。2019年11月27日，洪江市医疗保障局作出《关于佘某申请基本医疗保险基金先行支付的回复》，决定不予先行支付。张某不服，遂向该院提起行政诉讼①。

思考题：1. 本案是否符合先行支付的条件？

2. 洪江市医疗保障局的处理是否合法？

①根据湖南省怀化市中级人民法院(2021)湘12行终68号行政判决书改编。

第六章　工伤保险法

导入案例

张某2018年开始到某快餐店做服务员，属于非全日制用工，工作时间是每天8：00—12：00。同时，张某每天下午到某物业公司门卫值班，时间是13：30—17：30，也属于非全日制用工。2018年8月某日，张某从该快餐店下班，吃完午饭离开快餐店，骑自行车直接前往物业公司上班，路上被机动车剐倒，造成肋骨骨折。事后，机动车逃逸①。请问张某的伤害是否属于工伤？应该由谁承担赔偿责任？

第一节　工伤保险法概述

一、工伤保险法的概念和原则

(一)工伤保险法的概念

工伤保险指劳动者因工作遭受事故或患职业病而导致伤害、疾病、残障或死亡时，对劳动者及其遗属提供医疗救治、经济补偿等社会保险给付，并促进工伤预防和职业康复的社会保险制度。工伤保险法是调整工伤保险关系的法律规范的总称。

工伤保险以工伤为保险事故。工伤又称职业伤害、职业灾害或劳动灾害等，有广义与狭义之分②。狭义的工伤仅指工业事故伤害，广义的工伤则包括因工作遭受的事故伤害和职业病。我国工伤保险法中的工伤概念是指广义上的工伤。

(二)工伤保险法的原则

工伤保险作为一项社会保险制度，应当首先遵循社会保险法的基本原则。除此之外，我国工伤保险立法还确立了如下主要原则：

1. 无过错补偿原则

无过错补偿原则，又称无过失补偿原则，指劳动者因工作遭受事故伤害或患职业病，无论是否由于用人单位或者第三人的过错，也不追究工伤劳动者自身的过失，只要劳动者符合法定的工伤认定标准与程序性要件，即有权享受法定工伤保险待遇。根据《中华人民共和国社会保险法》第36条第1款规定，职工因工作原因受到事故伤害或者患职业病，且经工伤认定的，享受工伤保险待遇。如果用人单位未依法缴纳工伤保险费，根据《中华人民共和国社会保险法》第41条第1款的规定，由用人单位支付工伤保险待遇。该原则包括两方面的内容，一是不以用人单位存在过错作为劳动者请求给付工

---

①北京市劳动和社会保障学会，2009. 劳动合同、社会保险与人事争议疑难案例解析，法律出版社.

②刘俊，2018. 劳动与社会保障法学，高等教育出版社.

伤保险待遇的要件，二是工伤保险待遇给付是一种损害补偿而非侵权损害赔偿，“在无法确定侵权人或拟制侵权人的情况下，仍然能够通过受害事实的存在确定当事人获得权利救济”。无过错补偿原则是工伤保险法的首要原则，也是世界各国工伤保险制度最为普遍确立的原则。

2. 用人单位单方缴费原则

用人单位单方缴费原则，又称劳动者个人不缴费原则，指工伤保险的保费由用人单位单方缴纳，无需由劳动者一方承担。《社会保险法》第33条规定，职工应当参加工伤保险，由用人单位缴纳工伤保险费，职工不交纳工伤保险费。该原则体现了工伤风险应当由用人单位承担的法律理念，来源于现代侵权法中雇主无过错责任的确立。用人单位单方缴费原则是工伤保险法中的重要原则之一，也是工伤保险法区别于基本养老保险、基本医疗保险、失业保险等其他社会保险项目的重要特征。

3. 补偿与预防、康复相结合原则

补偿与预防、康复相结合原则，指工伤保险法将对劳动者的工伤补偿、工伤预防与职业康复等3个方面的全面保障作为制度宗旨。根据《工伤保险条例》第1条的规定，该条例的目的在于保障因工作遭受事故伤害或者患职业病的职工获得医疗救治和经济补偿，促进工伤预防和职业康复，分散用人单位的工伤风险。工伤保险制度最初的制度目的主要在于为工伤劳动者提供及时的医疗救治与生活保障等经济补偿。但是，随着工伤保险体系的完善和社会法理念的兴起与发展，工伤预防和职业康复的重要性越发突显。目前，我国工伤保险法中的工伤预防功能主要通过工伤保险的费率确定机制——行业差别费率和浮动费率，以及从工伤保险基金中提取一定比例的工伤预防费用来实现；职业康复功能则主要通过工伤保险待遇对工伤劳动者符合规定的工伤康复费用的覆盖予以实现。

二、工伤事故处理的历史沿革

自18世纪工业革命以来，机器替代手工劳动，工厂生产替代工场手工业，随之而来的则是工伤事故的频发。随着工业化生产规模的进一步扩张和化学工业的发展，工伤事故的发生概率、危害性程度以及影响范围也进一步扩大。对劳动者而言，工伤事故的发生不仅会给劳动者的生命安全与身体健康带来损害，还有可能导致劳动者暂时或永久地丧失全部或部分劳动能力，进而影响劳动者本人及其家庭的生活。对企业的生产经营和国家社会经济发展而言，工伤事故也会带来巨大的经济和人力资源损失。因此，如何解决劳动者所遭受的工伤事故风险，逐渐成为工业化国家普遍面临的社会问题。

（一）侵权法的内部调整

1. 过错责任

从工业革命开始至19世纪中期，对于工伤事故中的损害风险承担，主要受侵权法的调整，根据过错责任原则进行处理。过错责任原则，也称过失责任原则，指行为人“因‘故意或过失’不法侵害他人权益时，应就所生的损害，负赔偿责任①”。在过错责任原则背后蕴含着这样一种理念——鼓励人们为了提高生产率而冒险，如果经营者要对由他的活动产

①王泽鉴，2009. 侵权行为，北京大学出版社.

生的全部损害负责，而不管行为和损害之间的联系如何，那么他在市场中的经营活动就没有任何安全可言①。但是，在过错责任原则之下，绝大多数在工业事故中遭受工伤的劳动者及其家庭都无法获得损害赔偿。过错责任原则具有如下两方面的局限性②：一是过错责任原则上要求劳动者在遭受工伤后请求雇主承担损害赔偿责任，必须举证证明雇主存在过错，而在机械化大生产的背景下，劳动者对事故原因的信息极为匮乏，这使得证明雇主存在过错几乎难以实现；二是过错责任赋予雇主诸多抗辩事由，以此对抗劳动者的损害赔偿请求权，使得劳动者很难在法律上获得赔偿。在过错责任原则下，由受到工业伤害的劳动者自身承担全部的工业事故风险，显然是不公平的。

2. *无过错责任*

由于过错责任在面对工业社会大规模风险时的应对不足，从19世纪中后期开始，各国开始寻求采用无过错责任原则处理工业事故的损害风险承担问题。无过错责任，又称无过失责任、危险责任、严格责任，指无论行为人有无过错，均不影响损害赔偿责任的成立。无过错原则的基本思想是对"'不幸损害'的合理分配""乃是基于分配正义的理念"③。其背后主要蕴含着如下理论基础④：①危险来源理论，即危险物品的所有人或危险活动的行为人制造了原本不存在的危险，给他人的人身、财产安全带来了巨大的风险。②危险控制理论，即所有人或行为人具有专门的知识、人力与物力以及能力控制该风险。③报偿理论，即所有人或行为人能够从相关危险物品或危险活动中获得经济收益，并且也有能力通过消费市场或者商业保险分摊风险。其中工伤赔偿领域中无过错责任原则确立的主要依据乃是基于"雇用人得借着提高商品或者劳务的价格，或依责任保险的方式，将所受的损失分散给社会大众"⑤。

(二)工伤保险制度的开创

1. *雇主责任保险的探索*

19世纪80年代起，英国、美国等国家开始尝试设立雇主责任险，将普通法或雇主责任法上的赔偿义务人从雇主转换为商业保险公司⑥。但是，雇主责任险作为一种商业保险，自身也存在难以克服的问题：一是逆向选择问题。雇主责任险采取雇主自愿投保原则，因此出于成本控制的驱动，低工业事故发生率的企业投保率不高，而投保积极的往往是事故发生率高的企业，从而导致保险公司面临较大的经营风险；而保险公司为了避免经营难以为继，又往往会拒绝高事故风险企业投保，并且在理赔时降低标准，因此劳动者的赔付极有可能落空。二是道德风险问题。企业在购买保险之后，由于已经转移工业事故风险，因此可能会降低对劳动者发生事故伤害的注意程度，怠于改进安全生产措施，致使事故更加频发⑦。

---

①〔美〕伯纳德·施瓦茨，2011. 美国法律史，王军，洪德，杨静辉，译，法律出版社.

②李满奎，2014. 工伤保险的强制性及其实施路径，法律出版社.

③王泽鉴，2009. 侵权行为，北京大学出版社.

④程啸，2021. 侵权行为法，法律出版社.

⑤王泽鉴，2015. 民法学说与判例研究，北京大学出版社.

⑥郑晓珊，2015. 工伤保险法体系——从理念到制度的重塑与回归，清华大学出版社.

⑦曹艳春，2011. 工伤损害赔偿责任研究，法律出版社.

2. 工伤保险制度的建立

1884 年，德国颁布《工伤事故保险法》，成为世界上第一个建立工伤保险制度的国家。德国的工伤保险制度在集合了侵权法中无过错责任和商业保险中大多数法则与风险分担等特征的基础之上，建立了一个以公法手段保障实施的社会保险制度。其主要内容包括：第一，强制参保，即法定适用范围内的雇主与雇员无论是否自愿均必须参加保险。第二，雇主单方缴费，免除雇员的保险费缴纳义务。第三，预防与保险相结合，增加工伤事故预防的规定①。德国建立的工伤保险法律制度对世界各国产生了广泛而深远的影响。19 世纪末至 20 世纪初，很多国家先后颁布立法实施德国模式的工伤保险制度②。据有关统计，截至 2019 年(欧洲数据截至 2018 年 1 月，亚洲和太平洋地区数据截至 2018 年 7 月，非洲数据截至 2019 年 1 月，美洲数据截至 2019 年 7 月)，全球近 200 个国家和地区中，有 132 个国家和地区建立了工伤保险制度，另有 9 个国家在其他保险项目中对工伤事故予以覆盖③。

(三)工伤保险与侵权救济的关系

随着工伤保险制度的产生，对工伤事故的救济出现了两种处理方式：工伤保险补偿与侵权损害赔偿。根据侵权行为人的不同，因侵权行为造成的工伤事故又可以区分为因雇主侵权造成的工伤与因雇主以外的第三人造成的工伤。此时，如何处理工伤保险补偿与侵权损害赔偿之间的关系，成为建立工伤保险制度国家所面临的重要问题。

1. 工伤保险给付与侵权救济的区别

工伤保险给付与侵权救济在基本思想、构成要件与给付内容方面，均有不同④，详述如下：首先，两种制度背后蕴含的基本思想不同。工伤保险给付以工伤劳动者的生存保障为制度理念，旨在为工伤劳动者提供基本医疗康复以及其和家人的必要基本生活；侵权损害赔偿以损害填补为制度理念，旨在使被害人能够恢复到损害发生前的状态。其次，两种请求权的构成要件不同。侵权损害赔偿请求权的构成要件需满足侵权行为、损害结果、主观过错(故意或过失)、行为与损害结果间的因果关系 4 个方面。而工伤保险给付仅要求劳动者遭受之工伤事故与工作原因相关，并不要求雇主或其他侵权行为人具有主观过错。最后，两种给付的内容范围与标准不同。由于两种制度背后蕴含的理念与目的不同，工伤保险给付的项目与标准往往受到一定的限制，因此工伤保险给付的范围比侵权损害赔偿更窄，如没有精神损害赔偿，给付金额也往往比侵权损害赔偿低。

虽然侵权损害赔偿范围更宽泛，给付标准更高，但工伤保险给付相比于侵权损害赔偿仍然具有如下的优势：第一，有利于避免民事诉讼的拖延与严格的举证责任，工伤劳动者能够更加及时、便捷地获得救济；第二，有利于企业分散经营风险，免于因巨额侵权损害赔偿而陷入经营困境；第三，有利于实现劳资和谐，避免在民事诉讼中劳资双方的对抗⑤。

---

①蔡和平，2004. 中德工伤保险法律制度比较研究，北京大学.

②李满奎，2014. 工伤保险的强制性及其实施路径，法律出版社.

③See ISSA, Existence of Programme by Branch, https://ww1.issa.int/country-profiles/programmes-by-branch, accepted by，访问于 2021 年 11 月 20 日.

④王泽鉴，2015. 民法学说与判例研究，北京大学出版社.

⑤张新宝，2007. 工伤保险赔偿请求权与普通人身损害赔偿请求权的关系，中国法学.

2. 各国的主要处理模式

由于各国的工伤保险制度背景与经济社会发展水平的不同，在处理工伤保险与侵权救济关系中所采取的基本模式也存在不同，概括起来大致有如下 4 种主要类型：第一是选择模式，即工伤事故发生后，工伤劳动者仅能在工伤保险给付请求权与侵权损害赔偿请求权中择一行使，两种请求权不得同时主张；第二是替代模式，即以工伤保险补偿完全替代侵权损害赔偿，当工伤事故满足工伤保险补偿的给付要件时，工伤劳动者只能请求支付工伤保险补偿，不再享有侵权损害赔偿请求权；第三是兼得模式，即允许工伤劳动者同时请求支付工伤保险补偿与侵权损害赔偿，从而获得双份利益；第四是补充模式，即工伤劳动者虽然可以同时请求工伤保险补偿与侵权损害赔偿，但获得的补偿金与赔偿金总额不得超过遭受的实际损害①。

三、我国工伤保险法律制度的形成与发展

我国工伤保险法律制度的形成与发展大致可以分为 3 个阶段。

(一)初创期(20 世纪 50 年代—80 年代)

我国的劳动保险制度建立于 20 世纪 50 年代初期。1951 年 2 月，政务院公布《中华人民共和国劳动保险条例》，后于 1953 年 1 月 2 日经过一次修正。这是新中国成立后第一部规定了劳动者工伤待遇的行政法规。其中，第 12 条规定了工人与职员“因工负伤、残废”时的待遇，具体包括：工人与职员因工负伤的，其全部治疗费、住院时的膳食费与就医路费，均由企业行政方面或资方负担。在医疗期间，工资照发。工人与职员因工负伤确定为残疾时，根据不同情况由劳动保险基金按月支付“因工残废抚恤费或因工残废补助费”。第 14 条规定，工人与职员因工死亡时或因工负伤导致残废完全丧失劳动力退职后死亡时，由该企业行政方面或资方发给丧葬费，其数额为该企业全部工人与职员平均工资 3 个月；另由劳动保险基金项下，按其供养的直系亲属人数，每月付给供养直系亲属抚恤费，其数额为死者本人工资 25%~50%，至受供养者失去受供养的条件时为止。1957 年 2 月，卫生部制定并颁布《关于试行“职业病范围和职业病患者处理办法”的规定》，将职业性中毒、尘肺病等 14 种职业病纳入因工负伤待遇适用范围。这一时期我国工伤劳动保险制度的特点是计划经济色彩浓重，将企业补偿与国家兜底相结合，社会化程度较低②。

(二)转型期(20 世纪 80 年代—20 世纪末)

20 世纪 80 年代，随着计划经济向市场经济的转型，企业用工制度也发生变革，工伤保险制度也需要做出相应转变。1988 年，劳动部着手研究工伤保险改革问题，并选择深圳、海口等地作为工伤保险制度试点，拉开我国工伤保险制度改革序幕③。1993 年 11 月，党的十四届三中全会通过《中共中央关于建立社会主义市场经济体制若干问题的决定》，明确提出“普遍建立企业工伤保险制度”。1994 年 7 月，全国人大常委会通过《中华人民共和国劳动法》，将工伤保险制度以法律的形式确定下来。《劳动法》第七十条规定，“国家发

①张新宝，2007. 工伤保险赔偿请求权与普通人身损害赔偿请求权的关系，中国法学(2).

②郑尚元，2004. 工伤保险法律制度研究，北京大学出版社.

③乔庆梅，2010. 中国职业风险与工伤保障——演变与转型，商务印书馆.

展社会保险事业，建立社会保险制度，设立社会保险基金，使劳动者在年老、患病、工伤、失业、生育等情况下获得帮助和补偿”。第73条明确劳动者在“因工伤残或者患职业病”时依法享受社会保险待遇。1996年8月，劳动部发布《企业职工工伤保险试行办法》，这是我国首部专门规定工伤保险制度的规范性文件，其中明确规定工伤保险实行社会统筹和社会化管理服务，并提出“工伤保险要与事故预防、职业病防治相结合”的基本原则。在这一时期，我国工伤保险制度实现了从企业保障到真正社会保险的转型，扩大工伤保险覆盖面，设立工伤保险基金，并确立了“补偿与预防、康复相结合”的立法理念。

（三）成熟期（21世纪初至今）

21世纪以来，随着工伤保险制度初步转型的实现，我国工伤保险制度开始向规范化、体系化迈进。2003年4月，国务院发布《工伤保险条例》，提高了工伤保险制度的立法层次。同一时期，卫生部、劳动和社会保障部等还先后发布了《职业病诊断与鉴定管理办法》（2002年2月）、《工伤认定办法》（2003年9月）、《关于工伤保险费率问题的通知》（2003年10月）等部门规章与其他规范性文件，共同构成了较为完整的工伤保险制度框架①。2010年10月28日，《中华人民共和国社会保险法》颁布，第四章对“工伤保险”做专章规定。同年12月，《工伤保险条例》和《工伤认定办法》进行修订。此后，《工伤职工劳动能力鉴定管理办法》（2014年2月）、《工伤保险辅助器具配置管理办法》（2016年2月）等一系列部门规章相继发布，后又分别进行了修订。并且，自《工伤保险条例》发布以来，有关工伤认定的行政复议、行政诉讼案件越来越多。为正确审理工伤保险行政案件，2014年6月，最高人民法院还发布了《关于审理工伤保险行政案件若干问题的规定》。目前，工伤保险已经成为我国社会保险项目中法制化速度最快、法制较为完善的制度②。

四、工伤保险法的适用范围

工伤保险法的适用范围是指工伤保险法的效力范围③。其中，最重要的是工伤保险法对人的范围，包括作为参保义务主体的用人单位和作为被保险人的劳动者。

工伤保险的参保义务主体是指有义务依法参加工伤保险，为本单位全部职工或者雇工缴纳工伤保险费的主体。根据《工伤保险条例》第2条第1款的规定，工伤保险参保义务主体的范围包括“中华人民共和国境内的企业、事业单位、社会团体、民办非企业单位、基金会、律师事务所、会计师事务所等组织和有雇工的个体工商户”。

工伤保险的被保险人是指有权享受工伤保险待遇的职工或雇工（统称为“职工”）。根据《工伤保险条例》第2条第2款的规定，工伤保险的被保险人包括“中华人民共和国境内的企业、事业单位、社会团体、民办非企业单位、基金会、律师事务所、会计师事务所等组织的职工和个体工商户的雇工”，即与用人单位存在劳动关系、人事关系的劳动者。公务员和参照公务员管理的事业单位、社会团体的工作人员不适用工伤保险法。《工伤保险条例》第65条规定，公务员和参照公务员法管理的事业单位、社会团体的工作人员因工作

①乔庆梅，2010．中国职业风险与工伤保障——演变与转型，商务印书馆．

②郑尚元，2020．新中国社会保障法制建设的回眸与展望，求索（6）．

③林嘉，2016．劳动法和社会保障法，中国人民大学出版社．

遭受事故伤害或者患职业病的，由所在单位支付费用。

在特殊情形下，即使劳动者与用人单位之间不存在劳动关系、人事关系，仍然可以成为工伤保险法的被保险人。

(1)非法转包情形

最高人民法院《关于审理工伤保险行政案件若干问题的规定》第3条第1款第四项规定，用工单位违反法律、法规规定将承包业务转包给不具备用工主体资格的组织或者自然人，该组织或者自然人聘用的职工从事承包业务时因工伤亡的，用工单位为承担工伤保险责任的单位。

(2)个人挂靠情形

最高人民法院《关于审理工伤保险行政案件若干问题的规定》第3条第1款第五项规定，个人挂靠其他单位对外经营，其聘用的人员因工伤亡的，被挂靠单位为承担工伤保险责任的单位。

(3)劳动者超过法定退休年龄的情形

人力资源和社会保障部《关于执行〈工伤保险条例〉若干问题的意见(二)》第2条规定，达到或超过法定退休年龄，但未办理退休手续或者未依法享受城镇职工基本养老保险待遇，继续在原用人单位工作期间受到事故伤害或患职业病的，用人单位依法承担工伤保险责任。用人单位招用已经达到、超过法定退休年龄或已经领取城镇职工基本养老保险待遇的人员，在用工期间因工作原因受到事故伤害或患职业病的，如招用单位已按项目参保等方式为其缴纳工伤保险费的，应适用《工伤保险条例》。

(4)项目参保模式

除一般参保模式外，我国的工伤保险制度中还建立了“项目参保”的新模式，以确保建筑业农民工享受工伤保险待遇。党中央、国务院高度重视农民工工伤权益保障问题。工伤保险的项目参保模式是指对于不能按用人单位参保的建筑业职工特别是农民工，按建设项目为单位参加工伤保险，项目覆盖范围包括建筑承包单位、劳务分包单位所使用的所有农民工，无论其是否与建筑承包单位、劳务分包单位建立劳动关系。2006年国务院发布《国务院关于解决农民工问题的若干意见》，明确要依法将农民工纳入工伤保险范围。为了把建筑业农民工纳入工伤保险保障范畴，有关部门积极完善工伤保险政策，创新参保方式，针对建筑业用工流动性大、劳动关系不稳定的特点做出了工伤优先、项目参保、概算提取、一次参保、全员覆盖的制度安排。2014年12月，人力资源社会保障部、住房城乡建设部、安全监管总局、全国总工会印发了《关于进一步做好建筑业工伤保险工作的意见》。2015年，人力资源和社会保障部开展了为期3年的建筑业工伤保险专项扩面行动计划——“同舟计划”，截至2017年年底，全国建筑业新开工项目参保率达到99.92%，在建项目参保率达到98.27%。累计有4000多万人次建筑业农民工纳入工伤保险保障，基本实现了建筑领域农民工工伤保险制度全覆盖，进一步织密了工伤保险保障网。2018年，人力资源和社会保障部又会同交通运输部等5部门联合制定印发了《关于铁路、公路、水运、水利、能源、机场工程建设项目参加工伤保险工作的通知》，基本实现了工程建设领域农民工制度保障全覆盖①。

①参见《人力资源社会保障部对政协十三届全国委员会第一次会议第2900号(社会管理类247号)提案的答复》。

第二节　工伤认定

工伤认定是指工伤认定机构按照法定程序，依据法定标准，对职工遭受事故伤害或患职业病是否属于工伤或者视同工伤进行确认的行政行为。工伤认定是职工享受工伤保险待遇的前提，是工伤保险法律制度中最重要的内容之一。工伤认定应当遵循简捷、方便的原则。

一、工伤认定的范围和标准

我国《工伤保险条例》采取了肯定性列举与否定性列举相结合的方式①，规定了我国工伤认定的范围。其中，《工伤保险条例》第 14 条、15 条分别规定了“应当认定为工伤”和“视同工伤”的情形，并在第 16 条对“不得认定为工伤或者视同工伤”的情形做出了规定。

（一）应当认定为工伤的情形

《工伤保险条例》第 14 条列举了“应当认定为工伤”的 7 种情形：

1. 在工作时间和工作场所内，因工作原因受到事故伤害的

《工伤保险条例》第 14 条第 1 项规定，在工作时间和工作场所内，因工作原因受到事故伤害的，应当认定为工伤。工作时间、工作场所、工作原因统称“三工”原则，是当前我国工伤认定的基本标准，其中工作原因是核心要素。实践中，为保障劳动者权益，对工作时间、工作场所和工作原因的含义进行了一定的延伸解释。“工作时间”不仅包括职工实际工作的时间(正常工作时间与加班工作时间)，也包括参加用人单位组织或指派的与工作有关的活动的时间。“工作场所”，指与职工履行工作职责相关的区域以及其自然延伸的合理区域，以及来往于多个与其工作职责相关的工作场所之间的合理区域。“工作原因”指职工遭受事故伤害与其履行工作职责之间存在一定的关联关系，不仅包括从事劳动合同约定或用人单位规定的工作职责，也包括参加用人单位临时组织的活动或受用人单位指派参加的活动、从事维护本单位利益的工作以及工作期间必须解决的生理需求等。

为妥善处理工伤认定有关问题，人力资源和社会保障部以及最高人民法院均对“三工”要素的判断标准做出了细化规定。人力资源和社会保障部《关于执行〈工伤保险条例〉若干问题的意见(二)》(简称《工伤保险条例执行意见(二)》)第 4 条规定，职工在参加用人单位组织或者受用人单位指派参加其他单位组织的活动中受到事故伤害的，应当视为工作原因，但参加与工作无关的活动除外。最高人民法院《关于审理工伤保险行政案件若干问题的规定》(简称《工伤保险行政案件规定》)第 4 条规定，社会保险行政部门认定下列情形为工伤的，人民法院应予支持：职工在工作时间和工作场所内受到伤害，用人单位或者社会保险行政部门没有证据证明是非工作原因导致的；职工参加用人单位组织或者受用人单位指派参加其他单位组织的活动受到伤害的；在工作时间内，职工来往于多个与其工作职责相关的工作场所之间的合理区域因工受到伤害的；其他与履行工作职责相关，在工作时间

①林嘉，2016. 劳动法和社会保障法，中国人民大学出版社.

及合理区域内受到伤害的。

2. 工作时间前后在工作场所内，从事与工作有关的预备性或者收尾性工作受到事故伤害的

《工伤保险条例》第 14 条第 2 项规定，工作时间前后在工作场所内，从事与工作有关的预备性或者收尾性工作受到事故伤害的，应当认定为工伤。“工作时间前后”是指劳动合同约定的或者用人单位规定的工作时间开始前以及结束后的一段合理时间。在这段时间内职工虽然并没有履行工作职责，但从事着与本职工作具有直接联系的预备性或收尾性工作，因此受到事故伤害时也应认定为工伤。“预备性工作”是指在工作开始前的一段合理时间内，从事的与履行工作职责有关的准备工作，如进入工作场地、更换工作服、准备工具等。“收尾性工作”是指在工作结束后的一段合理时间，从事与履行工作职责有关的后续工作，如清洁场所设备、整理工具、搬运材料等①。

3. 在工作时间和工作场所内，因履行工作职责受到暴力等意外伤害的

《工伤保险条例》第 14 条第 3 项规定，在工作时间和工作场所内，因履行工作职责受到暴力等意外伤害的，应当认定为工伤。“因履行工作职责受到暴力等意外伤害”，指职工遭受的暴力等意外伤害与履行工作职责有因果关系。该情形主要包括 2 种情况：一是职工因履行工作职责影响或阻碍了第三人达到一定的目的，第三人为实现该目的而对其实施暴力侵害，如保安在上班时间为制止不法行为而被殴打致伤；二是职工因履行工作职责导致第三人迁怒于该职工，第三人为发泄心中不满而对其实施暴力侵害，如管理人员为尽职完成工作任务，按照公司规章制度要求下属完成工作职责，但遭到下属的暴力伤害②。

4. 患职业病的

《工伤保险条例》第 14 条第 4 项规定，患职业病的，应当认定为工伤。“职业病”是指用人单位的职工在职业活动中，因接触粉尘、放射性物质和其他有毒、有害因素而引起的疾病。职业病的分类和目录由国务院卫生行政部门会同国务院劳动保障行政部门制定、调整并公布。根据目前执行的《职业病分类和目录》，职业病包括如下 10 类：职业性尘肺病及其他呼吸系统疾病、职业性皮肤病、职业性眼病、职业性耳鼻喉口腔疾病、职业性化学中毒、物理因素所致职业病、职业性放射性疾病、职业性传染病、职业性肿瘤及其他职业病。职工患有职业病，需先按照《职业病防治法》的规定在用人单位所在地、本人户籍所在地或经常居住地依法承担职业病诊断的医疗卫生机构进行职业病诊断，被诊断、鉴定为职业病后，可以向统筹地区的社会保险行政部门提出工伤认定申请。

5. 因工外出期间，由于工作原因受到伤害或者发生事故下落不明的

《工伤保险条例》第 14 条第 5 项规定，因工外出期间，由于工作原因受到伤害或者发生事故下落不明的，应当认定为工伤。“因工外出期间”指职工受单位指派外出的时间，以及根据工作性质要求在单位授权范围内自行决定外出的时间。“外出”的范围可以是外地，也可以是本地范围内的本单位以外③。最高人民法院的《工伤保险行政案件规定》第 5 条规定，社会保险行政部门认定下列情形为“因工外出期间”的，人民法院应

①③工伤保险条例起草人，2011. 工伤保险条例解读，法律出版社.

②耿宝建，2005. 工伤保险行政案件审理问题研究，中国劳动(5).

予支持：职工受用人单位指派或者因工作需要在工作场所以外从事与工作职责有关的活动期间；职工受用人单位指派外出学习或者开会期间；职工因工作需要的其他外出活动期间。此外，职工在因工外出期间，只有由于工作原因受到伤害或者发生事故下落不明时，才能认定为工伤。需注意的是，该项规定通常仅适用于短期的因工外出情形。在职工被长期外派的情况下，根据人力资源和社会保障部《工伤保险条例执行意见(二)》第5条规定，职工因工作原因驻外，有固定的住所、有明确的作息时间，工伤认定时按照在驻地正常工作的情形处理。

6. 在上下班途中，受到非本人主要责任的交通事故或城市轨道交通、客运轮渡、火车事故伤害的

《工伤保险条例》第14条第6项规定，在上下班途中，受到非本人主要责任的交通事故或者城市轨道交通、客运轮渡、火车事故伤害的，应当认定为工伤。“上下班途中”，指职工以上下班为目的、在合理时间内往返于工作单位和居住地之间的合理路线以及为从事其他日常工作生活所需要的活动的合理时间内的合理路线。最高人民法院的《工伤保险行政案件规定》第6条规定，对社会保险行政部门认定下列情形为“上下班途中”的，人民法院应予支持：在合理时间内往返于工作地与住所地、经常居住地、单位宿舍的合理路线的上下班途中；在合理时间内往返于工作地与配偶、父母、子女居住地的合理路线的上下班途中；从事属于日常工作生活所需要的活动，且在合理时间和合理路线的上下班途中；在合理时间内其他合理路线的上下班途中。“非本人主要责任”，指工伤职工在交通事故中承担同等责任、次要责任或无责任的情形①。原则上，“非本人主要责任”的认定应当以有权机构出具的责任认定书、结论性意见和人民法院生效裁判等法律文书为依据，但有相反证据足以推翻事故责任认定书和结论性意见的除外。

7. 法律、行政法规规定应当认定为工伤的其他情形

《工伤保险条例》第14条第7项规定，法律、行政法规规定应当认定为工伤的其他情形，应当认定为工伤。与前述各项具体的列举情形不同，该项为工伤认定的情形提供了兜底性规定。该兜底性规定使工伤认定的范围更加科学和合理，为将随着实践发展出现的新情形纳入工伤认定范围提供了开放空间，以适应丰富的现实生活和未来的社会发展②。

(二)视同工伤的情形

“视同工伤”指将部分与工作没有直接关联，但因特殊正当事由需要通过工伤保险制度予以保障的职工伤亡情形，视为工伤对待，享受相应的工伤保险待遇。《工伤保险条例》第15条列举了“视同工伤”的3种情形。

1. 在工作时间和工作岗位，突发疾病死亡或者在48小时之内经抢救无效死亡的

《工伤保险条例》第15条第1款1项规定，在工作时间和工作岗位，突发疾病死亡或者在48小时之内经抢救无效死亡的，视同工伤。该种情形的认定需要同时满足两个条件：一是在工作时间和工作岗位上；二是突发疾病死亡或者在48小时之内经抢救无效死亡。关于如何理解本条中的“工作岗位”与第14条中“工作场所”的关系，

①汤龙，蒲开明，2020. 上班途中受到单方交通事故伤害的工伤认定，人民司法(23).

②工伤保险条例起草人，2011. 工伤保险条例解读，法律出版社.

目前存在着两种观点。一种观点认为，对“工作岗位”的理解应当从严把握，“工作岗位”的范围小于“工作场所”的范围，仅指劳动者依其职责从事工作的地点①。另一种观点认为，对“工作岗位”的理解应当从宽把握，“工作岗位”的范围应与第 14 条“工作场所”范围保持一致②。我们认为，应当承认“工作岗位”和“工作场所”之间的含义差别，“工作岗位”的概念更强调劳动者对岗位工作职责、工作任务的履行，但理解不应过于狭窄和片面，而应结合职工的职责内容和工作性质等方面进行综合判断。例如，如果职工将工作带回家，在家加班工作，应当属于“在工作时间和工作岗位”，在家加班工作突发疾病死亡的，应当视为工伤③。“突发疾病”，指突然发生的任何种类的疾病，并不要求其与工作之间存在直接或间接的因果关系。突发疾病的结果为“死亡或者在 48 小时之内经抢救无效而死亡”。“48 小时”的起算时间，以医疗机构的初次诊断时间作为突发疾病的起算时间。实践中，通常要求突发疾病后送医抢救具有及时性，强调发病、抢救、死亡之间的时空连续性④。如果突发疾病后未得到及时抢救，因抢救延误造成死亡的，不属于应当视为工伤的情形⑤。

2. 在抢险救灾等维护国家利益、公共利益活动中受到伤害的

《工伤保险条例》第 15 条第 1 款 2 项规定，在抢险救灾等维护国家利益、公共利益活动中受到伤害的，视同工伤。该种情形的认定核心在于判断职工的行为是否是在维护国家利益、公共利益的活动中受到伤害，并不仅限于抢险救灾的情形，“凡是与抢险救灾性质类似的行为，都应当认定为属于维护国家利益和维护公共利益的行为”⑥。目前，在司法实践中，一般认为因与违法犯罪作斗争型的见义勇为行为而受到伤害的，属于为维护公共利益而受到伤害的行为，应当视同工伤。例如，一名职工在听到他人呼救后拦住抢劫者去路，在与抢劫者搏斗的过程中不慎受伤，既保护了他人的个人财产和生命安全，也维护了社会治安秩序，弘扬了社会正气，与抢险救灾一样，同样属于维护社会公共利益的行为⑦。另外需要强调的是，在这种情形下，没有工作时间、工作地点、工作原因等要素要求⑧。

3. 职工原在军队服役，因战、因公负伤致残，已取得革命伤残军人证，到用人单位后旧伤复发的

《工伤保险条例》第 15 条第 1 款 3 项规定，职工原在军队服役，因战、因公负伤致残，已取得革命伤残军人证，到用人单位后旧伤复发的，视同工伤。满足该项情形需要同时符合 3 个条件。第一，职工原在军队服役。第二，职工在军队服役期间因战、因公负伤致残，且经具有评定权限的部门认定和评定后，发给革命伤残军人证。需要注意的，在 2004

①景象，2016. “视同工伤”的工作岗位认定，中国劳动(15).

②任志中，2012. 特殊情形下工作岗位的认定，人民司法(12).

③郭修江，2019. 在家加班期间突发疾病死亡应当视同工伤，人民司法(2).

④胡大武，赵喆山，2019. 在家病亡视同工伤的认定，人民司法(2).

⑤何向东，庄绪龙，2013. 未及时抢救的情形不属于工伤保险认定中的事故，人民司法(20).

⑥⑧工伤保险条例起草人，2011. 工伤保险条例解读，法律出版社.

⑦最高人民法院指导案例 94 号：重庆市涪陵志大物业管理有限公司诉重庆市涪陵区人力资源和社会保障局劳动和社会保障行政确认案，载最高人民法院网，https：//www. court. gov. cn/shenpan-xiangqing-104272. html，2018 年 6 月 20 日，访问于 2021 年 11 月 20 日。

年，为使证件名称更符合时代特点和法言法语的要求并与《国防法》保持一致，革命伤残军人证在换证时更改为残疾军人证。同年8月1日，国务院、中央军委发布新的《军人抚恤优待条例》，1988年7月18日国务院发布的《军人抚恤优待条例》同时废止。2004年发布的《军人抚恤优待条例》也将《革命伤残军人证》更改为《中华人民共和国残疾军人证》。第三，职工到用人单位后旧伤复发。“旧伤复发”是指，职工到用人单位后，其在军队服役期间因战、因公负伤的原伤害部位（伤口）出现了与原伤害致病因素有关的活动性病灶和明显体征，需要进行治疗或救治的情形。

（三）排除工伤的情形

排除工伤的情形，是指法律法规明确规定，导致劳动者在工作中伤亡不得认定为工伤的特定情形。《社会保险法》第37条和《工伤保险条例》第16条均列举了故意犯罪、醉酒或者吸毒、自残或者自杀的三种排除工伤具体情形。《社会保险法》第37条第4项在3种具体情形之外还增加了“法律、行政法规规定的其他情形”的兜底性规定，以应对随着经济社会发展未来可能出现的新情况。需要注意的是，如果职工在从事工作中存在过失，但不属于法定的故意犯罪、醉酒或者吸毒、自残或者自杀3种情形的，不影响工伤的认定①。

1. 故意犯罪的

《社会保险法》第37条1项和《工伤保险条例》第16条1项规定，职工因故意犯罪导致本人在工作中伤亡的，不认定为工伤。故意犯罪，指明知自己的行为会发生危害社会的结果，并且希望或者放任这种结果发生，因而构成的犯罪。故意犯罪的认定，应当以司法机关的生效法律文书或者结论性意见为依据。职工只有在故意犯罪中造成自己的伤亡时，才不得认定为工伤，因过失犯罪造成自己伤亡的，不影响工伤的认定。

2. 醉酒或者吸毒的

《社会保险法》第37条2项和《工伤保险条例》第16条2项规定，职工因醉酒或者吸毒导致本人在工作中伤亡的，不认定为工伤。醉酒，指职工饮用含有酒精的饮料后，血液中的酒精含量达到了特定的醉酒的标准。本项规定中的醉酒标准，按照《车辆驾驶人员血液、呼气酒精含量阈值与检验》（GB 19522—2004）执行。醉酒是一种个人可以选择的行为，人在醉酒之后可能会完全或部分行为失去控制力，增加事故发生的风险。因此，职工因醉酒导致本人在工作中伤亡的，不认定为工伤。吸毒，指职工吸食、注射毒品的非法行为。毒品，指鸦片、海洛因、甲基苯丙胺（冰毒）、吗啡、大麻、可卡因，以及国家规定管制的其他能够使人形成瘾癖的麻醉药品和精神药品。吸毒的危害性极大，毒品在进入人体后会麻醉人的神经系统，使人的行为失去控制，从而导致事故发生。因此，职工在工作过程中因吸毒导致本人伤亡，不认定为工伤。“醉酒或者吸毒”的认定以有权机构出具的事故责任认定书、结论性意见和人民法院生效裁判等法律文书为依据，但有相反证据足以推翻事故责任认定书和结论性意见的除外。公安机关交通管理部门、医疗机构等有关单位依法出具的检测结论、诊断证明等材料，可以作为认定醉酒的依据。

①参见最高人民法院指导案例40号：孙立兴诉天津新技术产业园区劳动人事局工伤认定案，载最高人民法院网，https：//www. court. gov. cn/shenpan-xiangqing-13224. html，2014年12月25日，访问于2021年11月20日。

3. 自残或者自杀的

《社会保险法》第37条3项和《工伤保险条例》第16条3项规定，职工因自残或自杀导致本人在工作中伤亡的，不认定为工伤。自残，指通过各种方式或手段伤害自己的身体，并造成了伤害的结果。自杀指通过各种手段和方法结束自己的生命①。职工在工作过程中因自残或自杀行为导致自己发生伤亡，是因本人主观故意行为所造成的，与工作之间不存在因果关系，不符合工伤保险法的立法目的，且可能导致道德风险。例如，职工为了获得工伤保险待遇，在操作生产设备的过程中故意将自己的手指切断，这种自残行为是不能认定为工伤的。自残或者自杀情形的认定，应当以有权机构出具的事故责任认定书、结论性意见和人民法院生效裁判等法律文书为依据，但有相反证据足以推翻事故责任认定书和结论性意见的除外。

案例1：

龚某等醉酒后上班途中发生交通事故是否认定为视同工伤②

2016年12月3日，龚某与同事在饭店吃完饭后准备返回项目部，步行至省道102线16km 525.8m处时与杨某超速驾驶的超载重型半挂牵引车发生交通事故，造成龚某死亡，车辆损坏。经公安局交通警察支队作出的道路交通事故认定书认定：司机杨某承担事故全部责任，龚某不承担事故责任。交通警察支队作出的检验鉴定报告检验意见：杨某静脉血中未检出乙醇成分，龚某心血中检出乙醇成分，含量204mg/100mL。

二、工伤认定程序

（一）工伤认定申请

1. 工伤认定机构

工伤认定是一种行政行为，应当由有权的行政机关做出，而非工伤保险经办机构。《工伤保险条例》规定工伤认定由统筹地区的社会保险行政部门作出，应当向省级社会保险行政部门提出工伤认定申请的，根据属地原则应当向用人单位所在地设区的市级社会保险行政部门提出。需要注意的是，对于未参加工伤保险的职工，应当向生产经营地的社会保险行政部门提出工伤认定申请。

2. 工伤认定申请主体

工伤认定申请的主体有两类：一类是受伤害职工所在用人单位；另一类是受伤害职工或者工伤职工的近亲属、工伤职工所属的工会组织。

用人单位是工伤保险的投保人，职工发生事故伤害的，用人单位有义务及时向统筹地区社会保险行政部门提出工伤认定申请。如果用人单位未按照前述要求提出工伤认定申请，为使职工权益能够得到切实保障，《工伤保险条例》也赋予职工一方申请工伤认定的权利，包括受伤害职工本人，或者其近亲属、工会组织。

①工伤保险条例起草人，2011．工伤保险条例解读，法律出版社．

②曹磊，2019．醉酒不应一律构成认定工伤的阻却事由，人民司法(32)．

3. 工伤认定申请时限

根据《工伤保险条例》第 17 条第 1 款和《工伤认定办法》第 4 条第 1 款的规定，职工发生事故伤害或者按照《职业病防治法》规定被诊断、鉴定为职业病，所在单位应当自事故伤害发生之日或者被诊断、鉴定为职业病之日起 30 日内，向统筹地区社会保险行政部门提出工伤认定申请。遇有特殊情况，经报社会保险行政部门同意，申请时限可以适当延长。其中，“30 日”的时限要求，“是为了督促用人单位及时申报工伤认定”①。为进一步敦促用人单位及时履行工伤申报义务，《工伤保险条例》第 17 条第 4 款还规定，“用人单位未在本条第一款规定的时限内提交工伤认定申请的，在此期间发生符合本条例规定的工伤待遇等有关费用由该用人单位负担”。这里用人单位承担工伤待遇等有关费用的期间是指从事故伤害发生之日或职业病确诊之日起到社会保障行政部门受理工伤认定申请之日止。

《工伤保险条例》第 17 条第 2 款和《工伤认定办法》第 5 条的规定，受伤害职工或者其近亲属、工会组织在事故伤害发生之日或者被诊断、鉴定为职业病之日起 1 年内，可以直接提出工伤认定申请。根据《最高人民法院关于审理工伤保险行政案件若干问题的规定》第 7 条规定，由于不属于职工或者其近亲属自身原因超过工伤认定申请期限的，被耽误的时间不计算在工伤认定申请期限内。有下列情形之一耽误申请时间的，应当认定为不属于职工或者其近亲属自身原因：(一)不可抗力；(二)人身自由受到限制；(三)属于用人单位原因；(四)社会保险行政部门登记制度不完善；(五)当事人对是否存在劳动关系申请仲裁、提起民事诉讼。

根据《人力资源社会保障部关于执行〈工伤保险条例〉若干问题的意见》第 8 条第 1 款的规定，职工曾经从事接触职业病危害作业、当时没有发现罹患职业病、离开工作岗位后被诊断或鉴定为职业病的，符合下列条件的，可以自诊断、鉴定为职业病之日起一年内申请工伤认定，社会保险行政部门应当受理：(一)办理退休手续后，未再从事接触职业病危害作业的退休人员；(二)劳动或聘用合同期满后或者本人提出而解除劳动或聘用合同后，未再从事接触职业病危害作业的人员。

4. 工伤认定申请材料

工伤认定实行书面审查，为确保社会保险行政机构准确、及时地作出工伤认定，申请主体提交的材料应当全面、真实。根据《工伤保险条例》第 18 条和《工伤认定办法》第 6 条规定，提出工伤认定申请应当提交下列材料：(一)工伤认定申请表；(二)劳动、聘用合同文本复印件或者与用人单位存在劳动关系(事实劳动关系)、人事关系的其他证明材料；(三)医疗机构出具的受伤后诊断证明书或者职业病诊断证明书(或者职业病诊断鉴定书)。工伤认定申请表应当包括事故发生的时间、地点、原因以及职工伤害程度等基本情况。工伤认定申请人提供材料不完整的，社会保险行政部门应当一次性书面告知工伤认定申请人需要补正的全部材料。

(二)受理、调查与决定

1. 受理审核与决定

根据《工伤认定办法》第 8 条的规定，社会保险行政部门收到工伤认定申请后，应当在

①参见《人力资源社会保障部对十二届全国人大五次会议第 1368 号建议的答复》。

15 日内对申请人提交的材料进行审核，材料完整的，作出受理或者不予受理的决定；材料不完整的，应当以书面形式一次性告知申请人需要补正的全部材料。社会保险行政部门收到申请人提交的全部补正材料后，应当在 15 日内作出受理或者不予受理的决定。社会保险行政部门决定受理的，应当出具《工伤认定申请受理决定书》；决定不予受理的，应当出具《工伤认定申请不予受理决定书》。

2. 事故伤害调查

根据《工伤保险条例》第 19 条和《工伤认定办法》第 9 条的规定，社会保险行政部门受理工伤认定申请后，根据审核需要可以对事故伤害进行调查核实，用人单位、职工、工会组织、医疗机构以及有关部门应当予以协助，据实提供情况和证明材料。职业病诊断和诊断争议的鉴定，依照《职业病防治法》的有关规定执行。对依法取得职业病诊断证明书或者职业病诊断鉴定书的，社会保险行政部门不再进行调查核实。职业病诊断证明书或职业病诊断鉴定书不符合国家规定的要求和格式的，社会保险行政部门可以要求出具证据部门重新提供。

社会保险行政部门工作人员进行调查核实时，应当履行下列义务：保守有关单位商业秘密以及个人隐私；为提供情况的有关人员保密。社会保险行政部门工作人员与工伤认定申请人有利害关系的应当回避。

职工或者其近亲属认为是工伤，用人单位不认为是工伤的，由该用人单位承担举证责任。用人单位拒不举证的，社会保险行政部门可以根据受伤害职工提供的证据或者调查取得的证据，依法作出工伤认定决定。用人单位拒不协助社会保险行政部门对事故伤害进行调查核实的，由社会保险行政部门责令改正，处 2000 元以上 2 万元以下的罚款。

3. 工伤认定决定

根据《工伤保险条例》第 20 条第 1 款和《工伤认定办法》第 18 条、23 条的规定，社会保险行政部门应当自受理工伤认定申请之日起 60 日内作出工伤认定决定，出具《认定工伤决定书》或者《不予认定工伤决定书》。社会保险行政部门工作人员与工伤认定申请人有利害关系的，应当回避。作出工伤认定决定需要以司法机关或者有关行政主管部门的结论为依据，在司法机关或者有关行政主管部门尚未作出结论期间，作出工伤认定决定的时限中止。

社会保险行政部门对于事实清楚、权利义务明确的工伤认定申请，应当自受理工伤认定申请之日起 15 日内作出工伤认定决定。职工或者其近亲属、用人单位对不予受理决定不服或者对工伤认定决定不服的，可以依法申请行政复议或者提起行政诉讼。

第三节　劳动能力鉴定

劳动能力鉴定是指劳动者在职业活动中因工负伤或患职业病后，导致本人劳动与生活能力受到不同程度影响，由劳动能力鉴定机构根据用人单位、劳动者本人或其近亲属的申请，根据国家制定的劳动能力鉴定标准，运用医学科学技术的检查方法和手段，确定劳动者劳动功能障碍程度和生活自理障碍程度的制度。劳动能力鉴定是职工享受相关工伤保险待遇的重要依据，是防范基金风险的重要环节。劳动能力鉴定应当遵循简捷、方便的原则。

一、劳动能力鉴定等级

我国目前使用的国家标准是2014年9月3日发布的《劳动能力鉴定职工工伤与职业病致残等级》(GB/T 16180—2014)。

(一)劳动能力鉴定的判断依据

劳动能力鉴定，即职工工伤与职业病致残劳动能力鉴定采取综合判断原则，在进行劳动能力鉴定时，法定机构依据工伤致残者于评定伤残等级技术鉴定时的器官损伤、功能障碍及其对医疗与日常生活护理的依赖程度，适当考虑由于伤残引起的社会心理因素影响，对伤残程度进行综合判定分级。

器官损伤是工伤的直接后果，但职业病不一定有器官缺损。功能障碍又区分为工伤后的功能障碍与职业病所致的功能障碍，工伤后的功能障碍的程度与器官缺损的部位及严重程度有关，职业病所致的功能障碍的程度与疾病的严重程度相关。医疗依赖判定分级为特殊医疗依赖与一般医疗依赖。特殊医疗依赖，指工伤致残后必须终身接受特殊药物、特殊医疗设备或装置进行治疗；一般医疗依赖，指工伤致残后仍需接受长期或终身药物治疗。生活自理障碍，指工伤致残者因生活不能自理，需依赖他人护理。生活自理范围主要包括下列5项：①进食：完全不能自主进食，需依赖他人帮助；②翻身：不能自主翻身；③大、小便：不能自主行动，排大、小便需依靠他人帮助；④穿衣、洗漱：不能自主穿衣、洗漱，完全依赖他人帮助；⑤自主行动：不能自主走动。根据上述5项情况存在的多少，生活自理障碍分为3个等级：生活完全不能自理、生活大部分不能自理和生活部分不能自理。程度由重到轻分别为：①完全生活自理障碍：生活完全不能自理，上述5项均需护理；②大部分生活自理障碍：生活大部分不能自理，上述5项中3项或4项需要护理；③部分生活自理障碍：生活部分不能自理，上述5项中1项或2项需要护理。

(二)工伤与职业病致残等级

工伤与职业病致残级别分为1~10级。最重的为一级，最轻的为十级。一级为器官缺失或功能完全丧失，其他器官不能代偿，存在特殊医疗依赖，或完全或大部分或部分生活自理障碍。二级为器官严重缺损或畸形，有严重功能障碍或并发症，存在特殊医疗依赖，或大部分或部分生活自理障碍。三级为器官严重缺损或畸形，有严重功能障碍或并发症，存在特殊医疗依赖，或部分生活自理障碍。四级为器官严重缺损或畸形，有严重功能障碍或并发症，存在特殊医疗依赖，或部分生活自理障碍或无生活自理障碍。五级为器官大部缺损或明显畸形，有较重功能障碍或并发症，存在一般医疗依赖，无生活自理障碍。六级为器官大部缺损或明显畸形，有中等功能障碍或并发症，存在一般医疗依赖，无生活自理障碍。七级为器官大部缺损或畸形，有轻度功能障碍或并发症，存在一般医疗依赖，无生活自理障碍。八级为器官部分缺损，形态异常，轻度功能障碍，存在一般医疗依赖，无生活自理障碍。九级为器官部分缺损，形态异常，轻度功能障碍，无医疗依赖或者存在一般医疗依赖，无生活自理障碍。十级为器官部分缺损，形态异常，无功能障碍或轻度功能障碍，无医疗依赖或存在一般医疗依赖，无生活自理障碍。

二、劳动能力鉴定程序

(一)劳动能力鉴定机构

劳动能力鉴定委员会是对工伤职工进行劳动能力鉴定的法定机构，分为两级：省(自治区、直辖市)劳动能力鉴定委员会和设区的市级(含直辖市的市辖区、县，下同)劳动能力鉴定委员会。省(自治区、直辖市)劳动能力鉴定委员会和设区的市级(含直辖市的市辖区、县，下同)劳动能力鉴定委员会分别由省(自治区、直辖市)和设区的市级人力资源社会保障行政部门、卫生计生行政部门、工会组织、用人单位代表以及社会保险经办机构代表组成。

劳动能力鉴定委员会履行下列职责：①选聘医疗卫生专家，组建医疗卫生专家库，对专家进行培训和管理；②组织劳动能力鉴定；③根据专家组的鉴定意见作出劳动能力鉴定结论；④建立完整的鉴定数据库，保管鉴定工作档案 50 年；⑤法律、法规、规章规定的其他职责。劳动能力鉴定委员会选聘医疗卫生专家，聘期一般为 3 年，可以连续聘任。聘任的专家应当具备下列条件：①具有医疗卫生高级专业技术职务任职资格；②掌握劳动能力鉴定的相关知识；③具有良好的职业品德。劳动能力鉴定委员会对专家库实行动态管理，每 3 年对专家库进行一次调整和补充。确有需要的可以根据实际情况适时调整。

设区的市级劳动能力鉴定委员会负责本辖区内的劳动能力初次鉴定、复查鉴定。省(自治区、直辖市)劳动能力鉴定委员会负责对初次鉴定或复查鉴定结论不服提出的再次鉴定。

(二)劳动能力鉴定申请与受理

职工发生工伤，经治疗伤情相对稳定后存在残疾、影响劳动能力的，或者停工留薪期满的，工伤职工或者其用人单位应当及时向设区的市级劳动能力鉴定委员会提出劳动能力鉴定申请。工伤职工本人因身体等原因无法提出劳动能力鉴定申请的，可由其近亲属代为提出。申请劳动能力鉴定应当填写劳动能力鉴定申请表，并提交下列材料：①有效的诊断证明、按照医疗机构病历管理有关规定复印或者复制的检查、检验报告等完整病历材料；②工伤职工的居民身份证或者社会保障卡等其他有效身份证明原件。

劳动能力鉴定委员会收到劳动能力鉴定申请后，应当及时对申请人提交的材料进行审核；申请人提供材料不完整的，劳动能力鉴定委员会应当自收到劳动能力鉴定申请之日起 5 个工作日内一次性书面告知申请人需要补正的全部材料。申请人提供材料完整的，劳动能力鉴定委员会应当及时组织鉴定。

(三)劳动能力鉴定结论的作出

设区的市级劳动能力鉴定委员会收到劳动能力鉴定申请，且经审核申请人提供材料完整的，应当视伤情程度等从医疗卫生专家库中随机抽取 3 名或 5 名与工伤职工伤情相关科别的专家组成专家组进行鉴定。劳动能力鉴定工作应当客观、公正。劳动能力鉴定委员会组成人员或者参加鉴定的专家与当事人有利害关系的应当回避。

1. 专家组出具鉴定意见

劳动能力鉴定委员会应当提前通知工伤职工进行鉴定的时间、地点以及应当携带的材料。工伤职工应当按照通知的时间、地点参加现场鉴定。对行动不便的工伤职工，劳动能力鉴定委员会可以组织专家上门进行劳动能力鉴定。组织劳动能力鉴定的工作人员应当对工伤职工的身份进行核实。工伤职工因故不能按时参加鉴定的，经劳动能力鉴定委员会同意，可以调整现场鉴定的时间，作出劳动能力鉴定结论的期限相应顺延。因鉴定工作需要，专家组提出应当进行有关检查和诊断的，劳动能力鉴定委员会可以委托具备资格的医疗机构协助进行有关的检查和诊断。专家组根据工伤职工伤情，结合医疗诊断情况，依据《劳动能力鉴定职工工伤与职业病致残等级》国家标准提出鉴定意见。参加鉴定的专家都应当签署意见并签名。专家意见不一致时，按照少数服从多数的原则确定专家组的鉴定意见。

2. *劳动鉴定委员会作出鉴定结论*

劳动能力鉴定委员会根据专家组的鉴定意见作出劳动能力鉴定结论。劳动能力鉴定结论书应当载明下列事项：①工伤职工及其用人单位的基本信息；②伤情介绍，包括伤残部位、器官功能障碍程度、诊断情况等；③作出鉴定的依据；④鉴定结论。

设区的市级劳动能力鉴定委员会应当自收到劳动能力鉴定申请之日起60日内作出劳动能力鉴定结论，必要时作出劳动能力鉴定结论的期限可以延长30日。劳动能力鉴定委员会应当自作出鉴定结论之日起20日内将劳动能力鉴定结论及时送达工伤职工及其用人单位，并抄送社会保险经办机构。

（四）再次鉴定与复查鉴定

工伤职工或者其用人单位对初次鉴定结论不服的，可以在收到该鉴定结论之日起15日内向省(自治区、直辖市)劳动能力鉴定委员会申请再次鉴定。申请再次鉴定，应当提供劳动能力鉴定申请表，以及工伤职工的居民身份证或者社会保障卡等有效身份证明原件。省、自治区、直辖市劳动能力鉴定委员会作出的劳动能力鉴定结论为最终结论。

自劳动能力鉴定结论作出之日起1年后，工伤职工、用人单位或者社会保险经办机构认为伤残情况发生变化的，可以向设区的市级劳动能力鉴定委员会申请劳动能力复查鉴定。

劳动能力再次鉴定和复查鉴定的程序、期限等与初次鉴定相同。

第四节　工伤保险待遇

工伤保险待遇是指因工作遭受事故伤害或者患职业病的职工，或者工亡职工的亲属，依法应当获得的补偿费用，其目的在于保障工伤职工的医疗救治与职业康复，以及工伤职工或者工亡职工供养亲属的基本生活。工伤保险待遇原则上由工伤保险基金支付，我国《工伤保险条例》规定根据工伤保险待遇项目的不同由工伤保险基金和用人单位分别支付。用人单位应当参加工伤保险而未参加工伤保险的，本单位职工发生工伤，由该用人单位按照《工伤保险条例》规定的工伤保险待遇项目和标准支付费用。

一、工伤保险待遇的范围

工伤保险待遇的性质是社会法性质的补偿，以保障劳动者及其亲属的基本生存而非以损害填补为目的。同时，工伤保障水平也要与我国的经济社会发展水平相适应。因此，工伤保险给付的范围有限①。《工伤保险条例》对工伤保险待遇的项目和标准等进行了明确的限定。

(一)工伤治疗期间的待遇

1. 工伤医疗待遇

《工伤保险条例》第30条规定，职工因工作遭受事故伤害或者患职业病进行治疗，享受工伤医疗待遇。职工治疗工伤应当在签订服务协议的医疗机构就医，情况紧急时可以先到就近的医疗机构急救。工伤医疗待遇的项目和标准如下：

第一，治疗工伤的医疗费用和康复费用。治疗工伤所需费用符合工伤保险诊疗项目目录、工伤保险药品目录、工伤保险住院服务标准的，从工伤保险基金支付。工伤保险诊疗项目目录、工伤保险药品目录、工伤保险住院服务标准，由国务院社会保险行政部门会同国务院卫生行政部门、食品药品监督管理部门等部门规定。工伤职工到签订服务协议的医疗机构进行工伤康复的费用，符合规定的，从工伤保险基金支付。

第二，职工住院治疗工伤的伙食补助费，以及经医疗机构出具证明，报经办机构同意，工伤职工到统筹地区以外就医所需的交通、食宿费用从工伤保险基金支付，基金支付的具体标准由统筹地区人民政府规定。

需要注意的是，为避免因行政复议、行政诉讼而出现工伤职工治疗工伤的医疗费用没有着落，进而出现影响甚至耽误治疗的情况②，《工伤保险条例》明确规定，社会保险行政部门作出认定为工伤的决定后发生行政复议、行政诉讼的，行政复议和行政诉讼期间不停止支付工伤职工治疗工伤的医疗费用。

2. 辅助器具配置费

职工在发生工伤事故后，可能会造成自身的肢体、器官的残缺，影响工伤职工日后的正常生活与就业。为满足工伤职工日常生活或者就业需要，《工伤保险条例》第32条规定，经劳动能力鉴定委员会确认，可以安装假肢、矫形器、假眼、假牙和配置轮椅等辅助器具，所需费用按照国家规定的标准从工伤保险基金支付。根据《工伤保险辅助器具配置管理办法》的规定，工伤职工配置辅助器具的费用包括安装、维修、训练等费用，按照规定由工伤保险基金支付。经社会保险经办机构同意，工伤职工到统筹地区以外的协议机构配置辅助器具发生的交通、食宿费用，可以按照统筹地区人力资源社会保障行政部门的规定，由工伤保险基金支付。为保障工伤保险基金的良好运行，避免不合理开支，工伤保险经办机构与工伤保险辅助器具配置机构签订服务协议，工伤职工可以选择协议机构配置辅助器具。协议机构或者工伤职工与经办机构结算配置费用时，应当出具配置服务记录。经办机构核查后，应当按照工伤保险辅助器具配置目录有关规定及时支付费用。

3. 工伤医疗期的工资与生活护理

职工因工作遭受事故伤害或者患职业病需要暂停工作接受工伤医疗的，进入停工留薪期。停工留薪期是指工伤职工负伤或者患职业病停止工作接受治疗，继续享受原工资福利的期限③。《工伤保险条例》第33条规定，在停工留薪期内，原工资福利待遇不变，由所

①郑晓珊，2021. 工伤待遇外“剩余损失”之合理分配——以权衡工伤保险与民事赔偿体系为视角，政治与法律(6).

②工伤保险条例起草人，2011. 工伤保险条例解读，法律出版社.

③法律出版社法规中心，2008. 工伤保险条例全程精解，法律出版社.

在单位按月支付。停工留薪期一般不超过12个月。伤情严重或者情况特殊，经设区的市级劳动能力鉴定委员会确认，可以适当延长，但延长不得超过12个月。此外，考虑到部分工伤职工在接受工伤医疗期间可能生活不能自理，需要接受护理照料。该条还规定，在停工留薪期内，工伤职工生活不能自理的，由所在单位负责。在实践中，用人单位承担停工留薪期的护理责任，可以派人护理，也可以支付护理费用。

工伤职工工伤复发，确认需要治疗的，可以享受《工伤保险条例》规定的工伤医疗期间所有待遇。

(二)工伤致残待遇

工伤职工经过劳动能力鉴定评定伤残等级后，根据致残等级和生活自理障碍程度的不同，享受不同标准的伤残待遇和生活护理费。《工伤保险条例》第34条规定，工伤职工已经评定伤残等级并经劳动能力鉴定委员会确认需要生活护理的，从工伤保险基金按月支付生活护理费。生活护理费按照生活完全不能自理、生活大部分不能自理或者生活部分不能自理3个不同等级支付，其标准分别为统筹地区上年度职工月平均工资的50%、40%或者30%。根据工伤职工因工致残等级的不同，能够享受到的伤残待遇项目与标准如下：

(1)职工因工致残被鉴定为一级至四级伤残的，保留劳动关系，退出工作岗位，享受以下待遇

第一，一次性伤残补助金，由工伤保险基金支付，标准为一级伤残为27个月的本人工资，二级伤残为25个月的本人工资，三级伤残为23个月的本人工资，四级伤残为21个月的本人工资。

第二，伤残津贴，由工伤保险基金按月支付，标准为一级伤残为本人工资的90%，二级伤残为本人工资的85%，三级伤残为本人工资的80%，四级伤残为本人工资的75%。伤残津贴实际金额低于当地最低工资标准的，由工伤保险基金补足差额。工伤职工达到退休年龄并办理退休手续后，停发伤残津贴，按照国家有关规定享受基本养老保险待遇。基本养老保险待遇低于伤残津贴的，由工伤保险基金补足差额。此外，职工因工致残被鉴定为一级至四级伤残的，由用人单位和职工个人以伤残津贴为基数，缴纳基本医疗保险费。

(2)职工因工致残被鉴定为五级、六级伤残的，享受以下待遇

第一，一次性伤残补助金，由工伤保险基金支付，标准为五级伤残为18个月的本人工资，六级伤残为16个月的本人工资。

第二，保留与用人单位的劳动关系，由用人单位安排适当工作。难以安排工作的，由用人单位按月发给伤残津贴，标准为五级伤残为本人工资的70%，六级伤残为本人工资的60%，并由用人单位按照规定为其缴纳应缴纳的各项社会保险费。伤残津贴实际金额低于当地最低工资标准的，由用人单位补足差额。

经工伤职工本人提出，该职工可以与用人单位解除或者终止劳动关系，由工伤保险基金支付一次性工伤医疗补助金，由用人单位支付一次性伤残就业补助金。一次性工伤医疗补助金和一次性伤残就业补助金的具体标准由省(自治区、直辖市)人民政府规定。

(3)职工因工致残被鉴定为七级至十级伤残的，享受以下待遇

第一，从工伤保险基金按伤残等级支付一次性伤残补助金，标准为七级伤残为13个月的本人工资，八级伤残为11个月的本人工资，九级伤残为9个月的本人工资，十级伤

残为 7 个月的本人工资。

第二，劳动、聘用合同期满终止，或者职工本人提出解除劳动、聘用合同的，由工伤保险基金支付一次性工伤医疗补助金，由用人单位支付一次性伤残就业补助金。一次性工伤医疗补助金和一次性伤残就业补助金的具体标准由省、自治区、直辖市人民政府规定。

(三) 因工死亡待遇

《工伤保险条例》第 39 条规定职工因工死亡的，其近亲属可以从工伤保险基金中领取丧葬补助金、供养亲属补助金和一次性工亡补助金。职工因工死亡，指职工因遭受工伤事故或患职业病直接导致死亡，经抢救无效后死亡，以及在工伤治疗期间内因工伤事故或职业病死亡。工伤职工近亲属可以领取的丧葬补助金、供养亲属补助金和一次性工亡补助金标准如下：

第一，丧葬补助金。丧葬补助金为 6 个月的统筹地区上年度职工月平均工资。

第二，供养亲属补助金。供养亲属抚恤金按照职工本人工资的一定比例发给由因工死亡职工生前提供主要生活来源、无劳动能力的亲属。供养亲属补助金的标准为：配偶每月 40%，其他亲属每人每月 30%，孤寡老人或者孤儿每人每月在上述标准的基础上增加 10%。核定的各供养亲属的抚恤金之和不应高于因工死亡职工生前的工资。供养亲属的具体范围由国务院社会保险行政部门规定。

第三，一次性工亡补助金。一次性工亡补助金标准为上一年度全国城镇居民人均可支配收入的 20 倍。

一级至四级伤残职工在停工留薪期满后死亡的，其近亲属可按上述标准享受丧葬补助金、供养亲属抚恤金。由于一次性工亡补助金和一至四级伤残职工一次性伤残补助金都是一次性给付待遇，计发标准也基本相当，因此，一级至四级伤残职工在停工留薪期满后死亡的，其近亲属不再享受一次性工亡补助金①。

职工因工外出期间发生事故或者在抢险救灾中下落不明的，虽然尚不能确定职工是否已经死亡，但为保障其供养亲属的基本生活，《工伤保险条例》规定，从事故发生当月起 3 个月内照发工资，从第 4 个月起停发工资，由工伤保险基金向其供养亲属按月支付供养亲属抚恤金。生活有困难的，可以预支一次性工亡补助金的 50%。职工被人民法院宣告死亡的，按照《工伤保险条例》第 39 条职工因工死亡的规定处理。

二、工伤保险待遇支付的特殊情形

(一) 涉及他人侵权的工伤保险待遇支付

实践中，劳动者遭受工伤事故或者罹患职业病，往往可能是由于他人的侵权行为导致的。基于侵权行为人的不同，因他人侵权行为造成的工伤又可以进一步区分为因用人单位侵权造成的工伤和因用人单位以外的第三人造成的工伤。

1. 因用人单位侵权造成的工伤

我国处理因用人单位侵权造成的工伤，原则上采取替代模式，即由工伤保险待遇给付替代用人单位的侵权损害赔偿。根据《最高人民法院关于审理人身损害赔偿案件适用法律若干问题的解释》(2022 年修正) 第 3 条的规定，依法应当参加工伤保险统筹的用人单位的

①工伤保险条例起草人，2011. 工伤保险条例解读，法律出版社.

劳动者，因工伤事故遭受人身损害，劳动者或者其近亲属向人民法院起诉请求用人单位承担民事赔偿责任的，告知其按《工伤保险条例》的规定处理。但是，在如下两种特殊情况下，采取补充模式：第一是劳动者患职业病的。根据《职业病防治法》第58条的规定，职业病病人除依法享有工伤保险外，依照有关民事法律，尚有获得赔偿的权利的，有权向用人单位提出赔偿要求。第二是劳动者遭受安全生产事故的。根据《安全生产法》第56条的规定，因生产安全事故受到损害的从业人员，除依法享有工伤保险外，依照有关民事法律尚有获得赔偿的权利的，有权提出赔偿要求。需要注意的是，《安全生产法》并没有把非第三人所致工伤与第三人所致工伤加以区分，这是因为职业病在现实中很难系由第三人所致，而安全生产事故则可能系由第三人导致①。职业病或者安全生产事故，往往比一般工伤事故对劳动者造成的损害更大，用人单位存在的主观过错程度也更强，因此在该两种特定情况下，法律规定工伤劳动者有权选择民事赔偿作为补充救济。

2. 因第三人侵权造成的工伤

在我国的司法实践中，处理因第三人侵权造成的工伤，长期以来都采取兼得模式。2003年发布的《最高人民法院关于审理人身损害赔偿案件适用法律若干问题的解释》规定，依法应当参加工伤保险统筹的用人单位的劳动者，因工伤事故遭受人身损害的，如果是因用人单位以外的第三人侵权造成劳动者人身损害，赔偿权利人请求第三人承担民事赔偿责任的，人民法院应予支持。2014年发布的《最高人民法院关于审理工伤保险行政案件若干问题的规定》中进一步明确，职工因第三人的原因受到伤害，社会保险行政部门以职工或者其近亲属已经对第三人提起民事诉讼或者获得民事赔偿为由，作出不予受理工伤认定申请或者不予认定工伤决定的，或者拒绝支付工伤保险待遇的，人民法院不予支持。职工或者其近亲属未对第三人提起民事诉讼或者尚未获得民事赔偿，起诉要求社会保险经办机构支付工伤保险待遇的，人民法院应予支持。

然而，兼得模式受到诸多批评，认为仅因侵权行为有第三人的介入而导致工伤劳动者获得双重救济，显然违背了公平原则②。2010年，在制定《社会保险法》时，对于实际发生的医疗费用，明确原则上应当由第三人承担。但为了确保工伤职工能够及时得到救治，在第42条规定了第三人不承担或者无法确定第三人时工伤保险基金的先行支付义务。该条文可以理解为目前我国在处理因第三人侵权造成的工伤情形时，除工伤医疗费用采取选择模式外，工伤职工可以同时兼得工伤保险待遇与侵权损害赔偿③。

（二）用人单位存在特殊情形时的工伤待遇支付

用人单位在工伤保险待遇支付中承担着重要的责任。对于用人单位依法为劳动者缴纳了工伤保险费的，工伤保险待遇根据项目的不同由工伤保险基金和用人单位分别承担责任；对于用人单位未依法为劳动者缴纳工伤保险费的，由用人单位支付工伤保险待遇。因此，如果用人单位存在特殊情形，有必要对工伤保险责任主体予以明确。根据《工伤保险条例》第43条和《实施〈中华人民共和国社会保险法〉若干规定》第9条的规定，存在如下

---

①吕惠琴，2010. 工伤保险与民事侵权赔偿适用关系立法模式选择，广东行政学院学报(3).

②张新宝，2007. 工伤保险赔偿请求权与普通人身损害赔偿请求权的关系，中国法学(2).

③杨科雄，2014. 第三人侵权造成工伤的救济模式探讨，法律适用(10).

几种特殊情形：

第一，用人单位分立、合并、转让的，承继单位应当承担原用人单位的工伤保险责任；原用人单位已经参加工伤保险的，承继单位应当到当地经办机构办理工伤保险变更登记。

第二，用人单位实行承包经营的，工伤保险责任由职工劳动关系所在单位承担。

第三，职工被借调期间受到工伤事故伤害的，由原用人单位承担工伤保险责任，但原用人单位与借调单位可以约定补偿办法。

第四，企业破产的，在破产清算时依法拨付应当由单位支付的工伤保险待遇费用。

第五，职工(包括非全日制从业人员)在两个或者两个以上用人单位同时就业的，各用人单位应当分别为职工缴纳工伤保险费。职工发生工伤，由职工受到伤害时工作的单位依法承担工伤保险责任。

三、停止支付工伤保险待遇的情形

工伤职工享受工伤保险待遇，需要满足法定的条件，并且履行相应的义务。当职工丧失享受工伤保险待遇的条件或者不履行有关义务时，应当停止向其支付工伤保险待遇。根据《社会保险法》第 43 条和《工伤保险条例》第 42 条的规定，工伤职工有下列情形之一的，停止享受工伤保险待遇：

第一，丧失享受待遇条件的。工伤职工及其近亲属享受工伤保险待遇，需要满足法定的条件，如果在享受工伤保险待遇期间情况发生变化，如工伤康复、劳动能力恢复或者宣告失踪重新出现等。此外，享受抚恤金的工亡职工供养亲属在某些情形下也会丧失享受待遇条件，如供养亲属死亡，配偶再婚，子女被收养、就业、参军或年满 18 周岁且具备劳动能力等。

第二，工伤职工拒不接受劳动能力鉴定的。劳动能力鉴定是伤残的工伤职工享受不同等级工伤保险待遇的前提。如果工伤职工无正当理由，拒绝接受劳动能力鉴定，一方面无法确定工伤保险待遇的支付范围与标准；另一方面也表明工伤职工主观上拒绝接受工伤保险制度的帮助，因此，不应当支付工伤保险待遇。

第三，工伤职工拒绝接受治疗的。工伤保险制度以保障工伤职工获得医疗救治和促进职业康复为主要宗旨之一，工伤职工不仅有权利享受工伤医疗待遇，也有义务积极接受工伤治疗，恢复劳动能力，重返社会生活。因此，停止向拒绝接受治疗的职工支付工伤保险待遇，有助于促使工伤职工积极接受治疗，尽可能恢复劳动能力。

上述停止享受工伤保险待遇的情形消失的，自情形消失的下月起恢复工伤保险待遇，但由于是因职工方面的原因导致的停止支付，停止支付的工伤保险待遇不予补发。

第五节　工伤保险基金

工伤保险基金是社会保险基金中的一种，指国家为实施工伤保险制度，通过法定程序筹集的，用于工伤补偿、工伤预防与职业康复等特定目的的专项资金。工伤保险基金是向工伤职工及其近亲属支付工伤保险待遇的物质基础。工伤保险基金安全可持续运行是工伤职工能够及时、便捷获得医疗救治、职业康复和生活保障的前提。

一、工伤保险基金的筹集

（一）工伤保险基金的构成

工伤保险基金由用人单位缴纳的工伤保险费、工伤保险基金的利息和依法纳入工伤保险基金的其他资金构成。

1. 工伤保险费

工伤保险费是工伤保险基金的主要来源。工伤保险费指参加工伤保险的用人单位，按照本单位职工工资总额，根据工伤保险经办机构确定的费率缴纳的费用。在我国，工伤保险费仅由用人单位缴纳，职工不缴纳工伤保险费。用人单位缴纳工伤保险费的数额为本单位职工工资总额乘以单位缴费费率之积。对难以按照工资总额缴纳工伤保险费的行业，其缴纳工伤保险费的具体方式，由国务院社会保险行政部门规定。

2. 工伤保险基金利息收入

工伤保险基金的利息指工伤保险基金存入银行或者购买国债后取得的利息。这部分利息收入应当并入工伤保险基金。

3. 依法纳入工伤保险基金的其他资金

依法纳入工伤保险基金的其他资金主要包括按规定征收的欠缴工伤保险费的滞纳金、社会捐赠等资金。

（二）工伤保险费率的确定

1. 工伤保险费率的确定原则

工伤保险费根据以支定收、收支平衡的原则，确定费率。“以支定收，收支平衡”是指以一个周期内工伤保险基金的支付额度为标准，确定征缴保险费的额度，使工伤保险基金在一个周期内的收入与支出保持平衡，将基金结存保持在合理适度规模。

2. 行业差别费率和浮动费率

不同于其他社会保险项目的费率确定，工伤保险制度根据行业和单位面临工伤风险程度的不同，确定工伤保险费率，具体确定方式采取行业差别费率和浮动费率机制。

行业差别费率包括行业的差别费率和行业内差别费率。行业的差别费率，指根据不同行业的工伤风险程度，对行业类型进行划分，不同工伤风险类别的行业执行不同的工伤保险行业基准费率。行业内差别费率指根据工伤保险费使用、工伤发生率等情况在每个行业内确定若干费率档次。行业差别费率及行业内费率档次由国务院社会保险行政部门制定，报国务院批准后公布施行。

浮动费率是指在根据用人单位所属行业确定行业基准费率的基础上，根据用人单位工伤保险费使用、工伤发生率等情况，适用所属行业内相应的费率档次确定单位的缴费费率，由各统筹地区社会保险经办机构每1~3年对各参保单位的工伤风险状况进行一次全面评估，依据其工伤保险费使用、工伤发生率、职业病危害程度等因素，确定其费率是否浮动及浮动的档次。

3. 工伤保险费率的调整

为了落实以支定收、收支平衡的原则，国务院社会保险行政部门应当定期了解全国各统筹地区工伤保险基金收支情况，及时提出调整行业差别费率及行业内费率档次的方案，报国务院批准后公布施行。

二、工伤保险基金的统筹、运行与监管

(一)工伤保险基金的统筹

工伤保险基金的统筹是指在一定地区范围内对工伤保险基金实行统一筹集、管理、给付和调剂使用。

我国的工伤保险基金统筹主要以行政区划范围为区分标准。根据行政区划的不同，工伤保险统筹层次主要可以区分为省级统筹、市级统筹、县级统筹等。工伤保险基金的统筹层次越高，基金规模就越大，化解风险的能力也就越强。目前，我国工伤保险基金的统筹层次主要分为两种情况：一是在直辖市和设区的市实行全市统筹；二是在省(自治区)内，由省(自治区)人民政府确定统筹层次，以实行地(市)级统筹为主，但仍有相当一部分地区实行县级统筹。根据《社会保险法》的颁布和《工伤保险条例》的修订，工伤保险基金未来要逐步实行省级统筹。实行工伤保险基金的省级统筹，对于提高工伤保险基金的使用效率和保障能力具有重要意义。

对于跨地区、生产流动性较大的行业，可以采取相对集中的方式异地参加统筹地区的工伤保险。具体办法由国务院劳动保障行政部门会同有关行业的主管部门制定。

(二)工伤保险基金的运行

1. 工伤保险基金的支付范围

工伤保险基金是用于工伤补偿、工伤预防与职业康复等特定目的的专项资金，仅能用于工伤保险待遇，劳动能力鉴定，工伤预防的宣传、培训等费用，以及法律、法规规定的用于工伤保险的其他费用的支付。任何单位或者个人不得将工伤保险基金用于投资运营、兴建或者改建办公场所、发放奖金，或者挪作其他用途。

2. 工伤保险储备金

工伤保险储备金是为了应对统筹地区重大事故的工伤保险待遇支付，从工伤保险基金中提前以一定比例预留的应急资金。工伤保险储备金制度，对于分摊突发重大工伤事故时用人单位的风险，更好保护工伤职工合法权益具有重要意义。储备金不足支付的，由统筹地区的人民政府垫付。考虑到我国幅员辽阔，不同地区的各地经济发展水平和工伤事故发生率有差异，《工伤保险条例》规定储备金占基金总额的具体比例和储备金的使用办法，由省、自治区、直辖市人民政府规定。

三、工伤保险基金的先行支付

《社会保险法》中规定了工伤保险基金的先行支付制度。工伤保险基金的先行支付，是指在职工发生工伤事故或患职业病后，应当承担责任的主体不支付工伤医疗费或其他工伤保险待遇的，由工伤保险基金先行向工伤职工支付工伤医疗费或者工伤保险待遇的法律制度。工伤保险基金的先行支付制度，对于使工伤职工及时获得医疗救治和经济补偿，更好保障工伤职工的合法权益具有重要意义。

(一)工伤保险基金先行支付的条件与程序

《社会保险法》第 41 条和第 42 条分别规定了工伤保险基金先行支付的两种情形：

1. 用人单位不支付工伤保险待遇

职工所在用人单位未依法缴纳工伤保险费，发生工伤事故的，由用人单位支付工伤保险待遇。用人单位不支付的，从工伤保险基金中先行支付。用人单位不支付，包括用人单位拒绝支付和用人单位无力支付。根据《社会保险基金先行支付暂行办法》(2018 年修订)的规定，职工被认定为工伤后，有下列情形之一的，职工或者其近亲属可以持工伤认定决定书和有关材料向社会保险经办机构书面申请先行支付工伤保险待遇：用人单位被依法吊销营业执照或者撤销登记、备案的；用人单位拒绝支付全部或者部分费用的；依法经仲裁、诉讼后仍不能获得工伤保险待遇，法院出具中止执行文书的；职工认为用人单位不支付的其他情形。

工伤保险经办机构收到职工或者其近亲属根据第六条规定提出的申请后，应当在 3 个工作日内向用人单位发出书面催告通知，要求其在 5 个工作日内予以核实并依法支付工伤保险待遇。用人单位在收到催告通知后仍未按时足额支付的，经办机构应当按照社会保险法和《工伤保险条例》的规定，先行支付工伤保险待遇项目中应当由工伤保险基金支付的项目。

2. 第三人不支付工伤医疗费用或无法确定第三人

由于第三人的侵权行为造成伤病被认定为工伤，第三人不支付工伤医疗费用或者无法确定第三人的，个人或者其近亲属可以向工伤保险经办机构书面申请工伤保险基金先行支付，并告知第三人不支付或者无法确定第三人的情况。工伤保险经办机构在接到申请后，应当根据个人获得基本医疗保险基金先行支付和其所在单位缴纳工伤保险费等情况，按照不同的情形确定先行支付的对象与费用金额。

(二)工伤保险基金的追偿权

由于在先行支付的情形下，工伤保险基金本身并非支付义务的法定主体，而是从保护工伤职工利益出发，先行支付部分工伤保险待遇，并不意味着工伤保险责任或者民事责任的转移。因此，《社会保险法》规定了工伤保险基金在先行支付后，有权向用人单位或第三人追偿。

1. 工伤保险基金追偿权的概念与性质

工伤保险基金的追偿权指工伤保险基金在支付实质上应当由用人单位或者第三人负担的金钱给付后，得向用人单位或第三人请求偿还所支付费用的权利。工伤保险基金追偿权制度的背后蕴含着如下 3 个目标：避免因工伤保险基金的先行支付而使法定义务主体获益；尽可能保证工伤保险基金的安全可持续；不使遭受工伤事故或患职业病的职工获得双重赔偿。从性质上看，工伤保险基金的追偿权既有求偿权也有代位权。工伤保险基金对用人单位未依法缴纳工伤保险费而发生的先行支付，是对用人单位法定工伤保险义务的替代履行，由此获得的对用人单位的追偿权是一种法定求偿权。工伤保险基金对因第三人侵权行为造成的工伤医疗费用的先行支付，其对于第三人的追偿权是一种代位权，即由于第三人的加害行为，在第三人与被侵权人之间形成了侵权损害赔偿请求权，工伤保险基金在先行支付工伤医疗费后，对先行支付的费用代位取得了对第三人的请求权①。

2. 工伤保险基金追偿权的行使

根据追偿权对象的不同，工伤保险基金追偿权的形式方式也存在差别。

第一，用人单位未依法缴纳工伤保险费，发生工伤事故后，用人单位不支付的，工伤保险基金先行支付后，工伤保险经办机构应当责令用人单位在10日内偿还。用人单位逾期不偿还的，社会保险经办机构可以按照《社会保险法》第六十三条的规定，向银行和其他金融机构查询其存款账户，申请县级以上社会保险行政部门作出划拨应偿还款项的决定，并书面通知用人单位开户银行或者其他金融机构划拨其应当偿还的数额。

第二，由于第三人的原因造成工伤，第三人不支付工伤医疗费用或者无法确定第三人的，工伤保险基金先行支付工伤医疗费用后，有关部门确定了第三人责任的，应当要求第三人按照确定的责任大小依法偿还先行支付数额中的相应部分。第三人逾期不偿还的，工伤保险经办机构应当依法向人民法院提起诉讼。

此外，工伤职工或其近亲属已经从第三人或者用人单位处获得医疗费用、工伤医疗费用或者工伤保险待遇的，应当主动将先行支付金额中应当由第三人承担的部分或者工伤保险基金先行支付的工伤保险待遇退还给基本医疗保险基金或者工伤保险基金，工伤保险经办机构不再向第三人或者用人单位追偿。工伤职工或其近亲属拒不退还的，经办机构可以从以后支付的相关待遇中扣减其应当退还的数额，或者向人民法院提起诉讼。

案例讨论

孙某违章作业过程中受伤，是否属于工伤？

孙某2013年5月起在某省龙湾建筑公司做泥瓦工，日工资20元，双方均未签订劳动合同。2013年11月8日下午，孙某接受公司安排参与维修省政府家属楼。在作业时，五楼的拐角处有两个窗口相隔约1m左右，孙某图省事，违反公司规定，从一个窗口往另一个窗口跳，不幸坠下摔成重伤，被当即送往医院治疗。经医院诊断为右肘关节粉碎性骨折，右臂骨粉碎性骨折，右脚关节骨折。住院治疗未终结。此期间龙湾建筑公司支付医疗费和生活费。2015年1月起，龙湾建筑公司停止支付医疗费和生活费，理由是违章作业②。

试分析以下两个问题：

1. 孙某是否属于工伤？理由是什么？
2. 孙某如果申请工伤赔偿，应该依照怎样的司法程序？

①林嘉，2018. 社会保险基金追偿权研究，法学评论(1).

②根据深圳本地宝上的案例：违章作业摔伤可以认定为工伤吗予以改编。http：//sz. bendibao. com/szsi/20071219/si56730. asp，2007年12月19日，访问于2021年12月15日。

第七章　失业保险法

导入案例

于某供职于某物业公司，入职时向某物业公司自书申请：“自行办理社会保险、不向公司主张有关任何权利。”工作一年余，于某某向物业公司递交书面报告，称“本人因家里已经联系好了工作，特提出辞职”，后办理了《员工离职审批表》。事后，于某某认为物业公司违反规定不为其缴纳社会保险导致其无法享受失业保险，其被迫辞职，请求赔偿失业金损失及经济补偿金①。

思考题：于某是否可以享有失业保险待遇？于某是否能够获得物业公司的失业金赔偿？于某是否可以获得经济补偿金？

第一节　失业保险法概述

一、失业保险法的立法目的

立法目的，又称为立法宗旨、立法旨意，是制定法律所要达到的社会目的。《失业保险条例》第一条就规定了立法目的：“为了保障失业人员失业期间的基本生活，促进其再就业，制定本条例”，可见，《失业保险条例》的立法目的有两个：保障失业人员失业期间的基本生活；促进失业人员再就业。2008 年 1 月 1 日开始实行的《就业促进法》重申了这两大立法目的或者说失业保险制度的两大功能：“国家建立健全失业保险制度，依法确保失业人员的基本生活，并促进其实现就业”。2011 年实施的《社会保险法》未对失业保险制度的功能定位进行修改。但在应对 2009 年全球经济危机的过程中，我国社会保障行政部门提出要发挥失业保险“保障生活、促进就业、预防失业”的作用，失业保险制度逐渐显现出第三种功能：预防失业②。下文将从保障生活、促进就业、预防失业 3 个角度阐释失业保险法的立法目的，或者说是失业保险制度的三大功能。

（一）保障生活

使劳动者在丧失工作期间可以获得基本的生活保障是失业保险法的基本立法目的。“劳务之商品性质中有完全出卖的特性”③，对于其他商品，出卖人与买受人身份完全可以互换，“而劳动者完全居于出卖者的地位”④，当劳动者丧失劳动机会，处于失业状态，且

---

①参见南通市中级人民法院发布 2017 年度南通法院劳动争议审判典型案例之八：于某某与某物业公司失业保险待遇纠纷案。载于 Alpha 法律智能操作系统案例库。

②张小建，2009. 要充分发挥失业保险基金预防失业促进就业作用，人事天地(18).

③④黄越钦，2003. 劳动法新论，中国政法大学出版社.

没有其他经济来源时，其基本失去了生存机会，因此，为失业者提供生活保障是失业保险法追求的首要目标。

保障生活功能涉及失业保险金的支付水平定位及给付标准问题。经过失业保险制度多年的运行实践和失业保险研究的发展，各国已经充分认识到失业保险制度存在的正负两种功效：一方面，失业保险金可以帮助失业者度过工作等待期，保障其生活；另一方面，过高的失业保险金会对失业者就业带来负激励效应，延长失业者的就业时间，因此，各国都将失业保险金的支付水平定位限于保障失业者的基本生活，我国也是如此。

(二)促进就业

现代国家的功能已经发生了很大变化，自由资本主义时期国家被赋予不干预公民的消极义务，但随着垄断资本主义的出现，国家越来越被要求履行积极的干预社会经济生活、帮扶弱者的积极义务。就失业保障而言，国家建立失业保障制度除要保障失业者的基本生活以外，还需帮助失业者提高就业能力、介绍就业机会，起到促进其再次就业的作用(表7-1)。

表7-1 地方促进就业的相关规定

法条	促进就业的规定	法条依据
《广东省失业保险条例》	①求职补贴：失业人员在领取失业保险金期间可以领取求职补贴，标准为本人失业前12个月平均缴费工资的15%，不足12个月的，按照实际月数的平均缴费工资计算，领取期限最长不超过6个月 ②职业技能鉴定补贴：失业人员领取失业保险金期间在本省参加职业技能鉴定的，在取得相应国家职业资格证书后可以领取职业技能鉴定补贴。每次领取失业保险金期间，领取职业技能鉴定补贴的次数不超过两次	《广东省失业保险条例》第20条 《广东省失业保险条例》第27条
《浙江省失业保险条例》	①失业求职服务：失业人员在享受待遇期限内，免费享受公益性职业介绍机构、人才交流服务机构提供的求职登记、职业咨询、职业介绍、档案保管等服务，并可以按规定参加减免费的职业培训 ②服务机构补贴：职业介绍或者培训机构、人才市场中介组织为失业人员免费提供服务的，经办机构给予适当补贴	《浙江省失业保险条例》第26条
《江苏省失业保险规定》	①职业培训、职业介绍补贴：领取失业保险金期间接受职业培训、职业介绍的补贴，具体项目和标准按照省有关规定执行 ②其他多种补贴类型：按照国家有关规定，经省人民政府批准同意列入扩大失业保险基金支出范围试点的统筹地区，失业保险基金可用于国家和省有关文件规定的职业培训补贴、职业介绍补贴、社会保险补贴、岗位补贴、小额担保贷款贴息、职业技能鉴定补贴、创业投资引导基金、创业见习(实训)生活补助、公共就业服务基层平台信息网络建设、公共实训基地能力建设支出	《江苏省失业保险规定》第14条第(四)、(五)项

我国《失业保险条例》规定，失业保险基金的支出包括领取失业保险金期间接受职业培训、职业介绍的补贴，补贴办法和标准由省(自治区、直辖市)人民政府规定。各地的规定有所差别。

(三)预防失业

我国《失业保险条例》《就业促进法》《社会保险法》并未将预防失业作为失业保险法的立法目的。但就《失业保险条例》的保障对象而言，缴费达到一定年限的失业人员才会获得失业保险给付待遇，未失业人员并不在其保障范围内。面对2008年经济危机，我国人力资源和社会保障部出台了《关于采取积极措施减轻企业负担稳定就业局势有关问题的通知》，对采取各种方式保证不裁员或少裁员的困难企业，由失业保险基金支付社会保险补贴和岗位补贴，社会保险补贴标准参照当地就业资金对就业困难人员的社会保险补贴标准执行，岗位补贴标准参照当地失业保险金标准确定。

1. 发放稳岗补贴

稳定岗位补贴主要给予采取有效措施不裁员、少裁员，稳定就业岗位的企业，以及采取有效措施稳定职工队伍的企业①。国务院2017年提出要研究制定失业保险基金稳定岗位补贴资金管理办法②。实施兼并重组企业、化解产能严重过剩企业、淘汰落后产能企业采取有效措施稳定就业岗位的，可以申领稳定岗位补贴，其标准是不超过该企业及其职工上年度实际缴纳失业保险费的50%，主要用于职工生活补助、缴纳社会保险费、转岗培训、技能提升培训等。发放此种补贴的效果相当于相关企业缴纳的失业保险费下调50%③。

受到新冠疫情的影响，《国务院办公厅关于应对新冠肺炎疫情影响强化稳就业举措的实施意见》规定，加大失业保险稳岗返还，对不裁员或少裁员的中小微企业，返还标准最高可提至企业及其职工上年度缴纳失业保险费的100%，湖北省可放宽到所有企业。广东省人力资源和社会保障厅2021年2月26日印发《广东省减轻企业负担推动企业高质量发展工作方案》，该文件规定，将继续实施失业保险稳岗返还政策，并放宽返还条件，对参保职工30人(含)以下、裁员率不超过职工总数20%的企业及参保职工30人以上、裁员率在上年度全国城镇调查失业率控制目标内的企业实施稳岗返还，并根据企业规模确定返还标准：对大型企业按企业及其职工上年度实际缴纳失业保险费的30%返还；对中小微企业按企业及其职工上年度实际缴纳失业保险费的60%返还。

国外也有失业保险预防失业的运行实践，法国、德国、加拿大都有采用失业保险基金支持雇主在经济低潮期保留员工的举措，如德国就通过失业保险基金向缩时工作的工人提供最长6个月的“短时工作津贴”，以减少企业工资支付压力，避免裁员④。

2. 发放职业技能提升补贴

职业技能提升补贴创设于2017年，依法参保3年以上取得职业资格证书或职业技能等级证书的企业职工，可申请职业技能提升补贴，所需资金从失业保险基金中列支。补贴标准由省级政府部门根据本地失业保险基金运行情况、职业技能培训、鉴定收费标准等因素综合确定，并适时调整。取得初级、中级、高级职业资格证书或职业技能等级证书的企

①参见人社部等《关于失业保险支持企业稳定岗位有关问题的通知》，国务院《关于进一步优化企业兼并重组市场环境的意见》和《“十三五”推进基本公共服务均等化规划》(2017)。

②参见国务院《关于今年以来预算执行情况的报告》，2014年8月。

③人社部，财政部等《关于失业保险支持企业稳定岗位有关问题的通知》。

④郝君富，李心愉，2018. 失业保险制度机制设计的国际比较与启示，兰州学刊(8).

业职工，可申领不超过1000元、1500元、2000元的补贴。同一职业(工种)同一等级只能申请并享受一次补贴①。

3. 支持失业人员自主创业

海南省规定，失业人员在领取失业保险金期间自主创业，可以一次性领取剩余期限的失业保险金。创业补贴创设于2017年，鼓励地方给予首次创办小微企业或从事个体经营并正常经营1年以上的高校毕业生、就业困难人员一次性创业补贴②。

二、失业保险与经济补偿金之间的关系

经济补偿和失业保险在劳动者失业时都有生活保障的功能，但两者在主体承担方面有所不同。经济补偿金的承担主体是企业，依法支付经济补偿金是企业的法定义务，而失业保险是社会保险，强调社会连带责任。两大法系主要国家建立的是失业保险为主，经济补偿为辅的制度。我国现行的失业保险与经济补偿制度是“并列模式”。目前国际上失业保险与经济补偿金主要有以下几种关系模式。

(一)单轨模式：有失业保险，无经济补偿

该模式认为经济补偿是一种社会保障。认为“基于《宪法》《劳动法》对公民生存权保护的需要，国家要求用人单位在解除劳动合同时必须支付给劳动者一定的经济补偿，以帮助劳动者度过失业和生活消耗、医疗费用无来源的阶段，保障劳动者权益”③。在经济补偿与失业保险的关系上，采取单轨模式的国家主要包括美国和日本。美国和日本都没有经济补偿制度，他们的失业保险制度都比较发达，失业保险替代了经济补偿的制度功能。美国联邦法律及50个州立法加上哥伦比亚区和波多黎各都立法规定了“失业补偿金”④。

与我国的“并列模式”相比，美国、日本“单轨模式”具有明显的优点。对劳动者而言，只要劳动者符合法定条件，就可以领取到标准较高的失业保险金，不受企业经营状况和破产倒闭的影响；对企业而言，雇主只需在正常生产时定期缴纳失业保险费，并可以将其纳入成本核算，负担较轻；同时，经济补偿不失为限制解雇的一种手段，劳动关系比较灵活，在面临经济危机、财务较困难时，比较容易以裁员的方式让企业获得重整⑤。

(二)补充模式：失业保险加过错补偿

该模式认为经济补偿金是“国家为保障劳动者的合法权益而强行干涉用人单位与劳动者之间合同的结果，是企业未能履行劳动合同规定的义务所承担的责任”⑥。经济补偿金是违反法律义务而承担的责任形式，补偿金的支付要以单位违约为前提。英国、澳大利亚和德国大体上可归入“补充模式”。该模式的特点是在建立发达的失业保险制度的基础上，也建立了补充作用的经济补偿制度，但补偿范围仅限于因雇主违约或过错(如经济性裁员、不公平解雇)而解雇的情形，补偿范围比较小，经济补偿主要起抑制违约的作用。

---

①参见人社部，财政部《关于失业保险支持参保职工提升职业技能有关问题的通知》。

②参见《海南省城镇从业人员失业保险条例》(1993/2011)第18条。

③刘京州，2004. 浅议解除劳动合同的经济补偿，甘肃科技(6).

④⑤董保华，孔令明，2017. 经济补偿与失业保险之制度重塑，学术界(1).

⑥傅静坤，2000. 劳动合同中的解约金问题研究，现代法学(5).

澳大利亚和德国的失业保险制度很发达。在英国，失业保险的覆盖范围包括周收入62英镑以上的所有雇员和自我雇佣者。失业津贴最高为年度周收入的85% 。2013年，18~25岁的雇员可领取的失业津贴(在扣除收入和养老金之前)是每周56.8英镑(86.44美元)，25岁以上的为每周71.7英镑(109.11美元)①。

英国、澳大利亚和德国的补偿范围仅限于因雇主违约或过错而解雇的情形。在英国，补偿适用于不公平解雇(unfair dismissal)和裁员两种情形。对不公平解雇的赔偿视情形包括基本赔偿、赔偿性赔偿和补充赔偿。基本赔偿计算方式：雇员超过40周岁的工作期限，每年补1.5周的工资；22~40周岁的工作期限，每年补1周的工资；小于22周岁的工作期限，每年补1周的工资②。在英国获得裁员支付的条件是雇员已连续受雇于雇主不少于2年，且雇员因裁员而被解雇。裁员支付的计算方式与不公平解雇的基本赔偿的计算方式相同③。在澳大利亚，经济补偿仅适用于裁员。裁员支付的数额根据雇员的服务年限计算，总额从4~16周工资不等。一份报告指出，澳大利亚雇员每一工作年限平均获得2.79周工资的裁员支付④。

与我国“并列模式”相比，英国、澳大利亚和德国“补充模式”的优点在于不仅能为全体劳动者提供比较高的失业保险待遇，还能为因企业过错而被解雇的劳动者提供额外的企业保障，对雇主的经济性裁员和过错解雇行为有经济制约，而且不会大幅增加用工成本。“补充模式”的缺点在于，雇主和雇员对于解雇行为的合法性容易发生争议，仍然存在争议源。对于我国调整而言，英国、澳大利亚和德国“补充模式”应当作为中期目标⑤。

(三)并轨模式：失业保险加低标准之经济补偿

经济补偿金是用人单位在劳动者被动解除合同这一最需要帮助的时候给予劳动者的资助，是国家分配给用人单位的法定义务，是“用人单位帮助义务化或法定化”⑥。通过基准法的形式使“用人单位帮助义务化或法定化”以对被动解除劳动合同的劳动者提供资助，这种制度设计思想落实到现实就是失业保险与经济补偿的“并列模式”。

法国是并列模式的代表。该模式的特点是发达的失业保险制度与经济补偿制度并存，经济补偿的适用范围广，但标准很低。在法国，失业保险的覆盖范围包括所有雇员，但不包括公务员、自我雇佣者、自愿失业者。失业保险金根据雇员失业前12个月的平均日工资计算，一般等于日工资的57.4%~75%。2013年，每日的失业保险金不能低于36.77美元且不能高于平均日工资的75%⑦。法国经济补偿的范围包括固定期限劳动合同终止以及无固定期限劳动合同。

①杨勇，2006. 中英失业保险制度比较分析，兰州大学学报(社会科学版)(6).

②③Simon Hoheyball, 2010. Employment Law, eleventh edition. Oxford University Press(6)：189-215.

④Estreicher&Jeffrey M Hirsch, 2013. Comparative Wrongful Dismissal Law：Reassessing American Exceptionalism. North Carolina Law Review Vol. 92. 361.

⑤董保华，孔令明，2017. 经济补偿与失业保险之制度重塑，学术界(5).

⑥董保华，于海红，2005. 劳动合同经济补偿金研究，董保华，劳动合同研究，中国劳动社会保障出版社.

⑦Estreicher&Jeffrey M Hirsch, 2013. Comparative Wrongful Dismissal Law：Reassessing American Exceptionalism. North Carolina Law Review Vol. 92. 391-392.

三、失业保险的法律关系

失业保险法律关系是失业保险主体依据失业保险法律法规形成的权利义务关系。失业保险法律关系由主体、客体、内容3个要素构成。失业保险法律关系主体是指依法加入失业保险关系中，享有失业保险权利与承担相关义务的人或组织。失业保险法律关系中的投保人是指为被保险人建立失业保险关系并支付失业保险费的主体。失业保险关系中，投保人是指用人单位。劳动者虽也负有缴纳失业保险费的义务，但并不能进行社会保险登记，用人单位负有替职工进行社会保险登记的义务。失业保险法律关系中的被保险人是指在保险事故发生后享有失业保险待遇请求权的人。在失业保险关系中，被保险人是指劳动者。由于失业保险具有强制性，劳动者是失业保险的强制被保险人。

社会保险法律关系有广义、狭义之分。广义社会保险法律关系具体包括社会保险资金筹集关系、社会保险待遇支付关系、社会保险监督关系以及社会保险争议解决关系等①。狭义的社会保险法律关系仅指社会保险基础法律关系，即社会保险征缴法律关系和社会保险待遇给付法律关系。失业保险法律关系属于社会保险法律关系中的一种类型，在此，我们仅就狭义的失业保险法律关系进行说明，包括失业保险征缴法律关系与失业保险待遇给付法律关系。

(一)失业保险征缴法律关系

失业保险征缴法律关系是失业保险主体因失业保险费的征收缴纳发生的权利义务关系。它既包括征缴机构与缴纳主体间的关系，又包括缴纳主体中用人单位与劳动者的关系。在征缴机构与缴纳主体间的关系中，失业保险费征收主体是权利主体，它享有向缴纳主体要求缴纳失业保险费的请求权，用人单位和劳动者作为缴纳主体负有缴纳的义务，这种权利和义务都源于法律的强制性规定。在用人单位与劳动者的关系中，用人单位负有缴纳失业保险费的义务，也负有代缴代扣劳动者失业保险费的义务，这两项义务既属于公法义务，又属于劳动合同规定的私法义务。三者具体的权利义务如下：

1. 征缴机构的权利义务

失业保险征缴机构包括失业保险经办机构和失业保险征收机构②。我国失业保险征收机构逐渐统一为税务机关。地方失业保险经办机构通常以社会保险基金管理中心命名，其一般是隶属于人力资源与社会保障行政部门、参照公务员管理的事业单位。征缴机构在征缴过程中履行的职责是权利义务的混合体，它既是法律赋予的权利，又是保护公民的义务。在征缴过程中，征缴机关负有如下职责：

(1)登记

《社会保险法》规定，用人单位应当自成立之日起30日内凭营业执照、登记证书或者单位印章，向当地社会保险经办机构申请办理社会保险登记。社会保险经办机构应当自收

①王昌硕，2015. 劳动和社会保障法学，中国劳动社会保障出版社.

②2018年7月，中共中央办公厅、国务院办公厅印发《国税地税征管体制改革方案》，明确从2019年1月1日起，基本养老保险费、基本医疗保险费、失业保险费、工伤保险费、生育保险费等各项社会保险费交由税务部门统一征收。但后来因企业社会保险费用征收转移的时机还不太成熟，国家暂缓企业社保费用交由税务机关征收的工作。从2019年1月1日起，机关事业单位、灵活就业人员、城乡居民的社会保险费用交由税务征收工作，企业的社会保险费将逐步转为税务部门征收。随着各省企业社保费转由税务部门征收工作的结束，社会保险征收机构将逐渐统一为我国的税务部门。

到申请之日起15日内予以审核，发给社会保险登记证件。社会保险登记是社会保险费征缴的前提和基础①。

(2)征收

《社会保险法》规定，社会保险费征收机构应当依法按时足额征收社会保险费，并将缴费情况定期告知用人单位和个人。用人单位未按规定申报应当缴纳的社会保险费数额的，按照该单位上月缴费额的110%确定应当缴纳数额；缴费单位补办申报手续后，由社会保险费征收机构按照规定结算。

(3)受托监督

根据《社会保险费征缴监督检查办法》规定，社会保险经办机构受劳动保障行政部门的委托，可以对缴费单位履行社会保险登记、缴费申报、缴费义务的情况进行调查和检查，发现缴费单位有瞒报、漏报和拖欠社会保险费等行为时，应当责令其改正。

(4)告知、咨询

社会保险费征收机构应当依法按时足额征收社会保险费，并将缴费情况定期告知用人单位和个人。社会保险经办机构应当及时、完整、准确地记录参加社会保险的个人缴费和用人单位为其缴费，以及享受社会保险待遇等个人权益记录，定期将个人权益记录单免费寄送本人。用人单位和个人可以免费向社会保险经办机构查询、核对其缴费和享受社会保险待遇记录，要求社会保险经办机构提供社会保险咨询等相关服务。

(5)要求协助

《社会保险法》规定，用人单位未按时足额缴纳社会保险费的，由社会保险费征收机构责令其限期缴纳或者补足。用人单位逾期仍未缴纳或者补足社会保险费的，社会保险费征收机构可以向银行和其他金融机构查询其存款账户；并可以申请县级以上有关行政部门作出划拨社会保险费的决定，书面通知其开户银行或者其他金融机构划拨社会保险费。用人单位账户余额少于应当缴纳的社会保险费的，社会保险费征收机构可以要求该用人单位提供担保，签订延期缴费协议。用人单位未足额缴纳社会保险费且未提供担保的，社会保险费征收机构可以申请人民法院扣押、查封、拍卖其价值相当于应当缴纳社会保险费的财产，以拍卖所得抵缴社会保险费。

2. 用人单位的权利义务

(1)登记

用人单位需要为职工申请办理社会保险登记。《社会保险法》第五十八条规定，用人单位应当自用工之日起30日内为其职工向社会保险经办机构申请办理社会保险登记。未办理社会保险登记的，由社会保险经办机构核定其应当缴纳的社会保险费。

(2)申报、缴费

《失业保险条例》第六条规定，城镇企业事业单位按照本单位工资总额的2%缴纳失业

①随着我国多证合一、一照一码改革的推进，人力资源和社会保障部根据《国务院办公厅关于加快推进与政务服务“一网通办”不相适应的法规规章修订等工作的通知》的要求，废止了《社会保险登记管理暂行办法》，社会保险经办机构不用再单独进行用人单位的社会保险登记。但用人单位仍需为职工向社会保险经办机构申请办理社会保险登记，社保经办机构要进行登记。社会保险经办机构应当及时为用人单位建立档案，完整、准确地记录参加社会保险的人员、缴费等社会保险数据，妥善保管登记、申报的原始凭证和支付结算的会计凭证。

保险费。《社会保险法》第六十条规定，用人单位应当自行申报、按时足额缴纳社会保险费，非因不可抗力等法定事由不得缓缴、减免。用人单位未按规定申报应当缴纳的社会保险费数额的，按照该单位上月缴费额的110%确定应当缴纳数额；缴费单位补办申报手续后，由社会保险费征收机构按照规定结算。

(3)协助

对于劳动保障监察机构或受劳动保障行政部门委托的社会保险经办机构实施社会保险费征缴监督检查行为时，用人单位具有配合协助的义务。

(4)提供咨询

用人单位和个人可以免费向社会保险经办机构查询、核对其缴费和享受社会保险待遇记录，要求社会保险经办机构提供社会保险咨询等相关服务。

(5)监督

用人单位认为社会保险费征收机构的行为侵害自己合法权益、社会保险经办机构不依法办理社会保险登记、核定社会保险费、办理社会保险转移接续手续或者侵害其他社会保险权益的行为，可以依法申请行政复议或者提起行政诉讼。

(6)告知

用人单位应当按月将缴纳社会保险费的明细情况告知本人。

3. 劳动者的权利义务

(1)缴费

职工应当参加失业保险，城镇企业事业单位职工按照本人工资的1%缴纳失业保险费。职工应当缴纳的社会保险费由用人单位代扣代缴。

(2)知情

用人单位应当按月将缴纳社会保险费的明细情况告知本人。社会保险费征收机构应当依法按时足额征收社会保险费，并将缴费情况定期告知用人单位和个人。中华人民共和国境内的个人依法缴纳社会保险费，有权向社会保险经办机构查询缴费记录、个人权益记录，要求经办机构提供社会保险咨询等相关服务。

(3)监督

缴费个人有权监督本单位为其缴费情况。个人与所在用人单位发生社会保险争议的，可以依法申请调解、仲裁，提起诉讼。用人单位侵害个人社会保险权益的，个人也可以要求社会保险行政部门或者社会保险费征收机构依法处理。缴费个人认为社会保险费征收机构的行为侵害自己合法权益的，可以依法申请行政复议或者提起行政诉讼。个人对社会保险经办机构不依法办理社会保险登记、核定社会保险费、办理社会保险转移接续手续或者侵害其他社会保险权益的行为，可以依法申请行政复议或者提起行政诉讼。

(二)失业保险待遇给付法律关系

失业保险待遇给付法律关系是指失业保险待遇给付主体与被保险人之间的法律关系，即社会保险经办机构与失业劳动者间的法律关系。失业保险待遇给付法律关系中主体的权利义务包括以下内容：

1. 社会保险经办机构的义务

在保险待遇给付关系中，经办机构的主要义务是给付失业保险待遇。社会保险经办机构应当按时足额支付社会保险待遇，失业保险金由社会保险经办机构按月发放。社会保险经办机构为失业人员开具领取失业保险金的单证，失业人员凭单证到指定银行领取失业保险金。

2. 被保险人的权利义务

(1)享受失业保险待遇的权利

失业保险金自办理失业登记之日起计算，由社会保险经办机构按月发放。失业保险金的标准由省、自治区、直辖市人民政府确定，不得低于城市居民最低生活保障标准。失业人员在领取失业保险金期间，参加职工基本医疗保险，享受基本医疗保险待遇。失业人员应当缴纳的基本医疗保险费从失业保险基金中支付，个人不缴纳基本医疗保险费。失业人员在领取失业保险金期间死亡的，参照当地对在职职工死亡的规定，向其遗属发给一次性丧葬补助金和抚恤金。所需资金从失业保险基金中支付。

(2)失业登记及配合义务

失业人员应当持本单位为其出具的终止或者解除劳动关系的证明，及时到指定的公共就业服务机构办理失业登记。失业人员凭失业登记证明和个人身份证明，到社会保险经办机构办理领取失业保险金的手续。无正当理由，失业人员拒不接受当地人民政府指定部门或者机构介绍的适当工作或者提供的培训，将停止领取失业保险金，并同时停止享受其他失业保险待遇。

四、失业保险的法律责任

失业保险的法律责任是指失业保险法律法规中规定的各种类型的法律责任。我国《失业保险条例》中主要规定了以下几种法律责任。

(一)骗取失业保险金或其他失业保险待遇的责任

我国《失业保险条例》第二十八条规定："不符合享受失业保险待遇条件，骗取失业保险金和其他失业保险待遇的，由社会保险经办机构责令退还；情节严重的，由劳动保障行政部门处骗取金额 1 倍以上 3 倍以下的罚款。"《社会保险法》加重了对骗保行为的处罚。《社会保险法》第八十八条规定："以欺诈、伪造证明材料或者其他手段骗取社会保险待遇的，由社会保险行政部门责令退回骗取的社会保险金，处骗取金额二倍以上五倍以下的罚款。除行政责任外，骗保行为构成犯罪的，依法追究刑事责任。"《全国人大常委会关于〈刑法〉第二百六十六条的解释》规定："以欺诈、伪造证明材料或者其他手段骗取养老、医疗、工伤、失业、生育等社会保险金或者其他社会保障待遇的，属于刑法第二百六十六条规定的诈骗公私财物的行为。"

(二)社会保险经办机构及工作人员违规发放待遇的法律责任

《失业保险条例》第二十九条规定："社会保险经办机构工作人员违反规定向失业人员开具领取失业保险金或者享受其他失业保险待遇单证，致使失业保险基金损失的，由劳动保障行政部门责令追回；情节严重的，依法给予行政处分。"《社会保险法》对经办机构及工作人员违法行为的类型有所扩展。《社会保险法》第八十九条规定："社会保险经办机构及其工作人员有下列行为之一的，由社会保险行政部门责令改正；给社会保险基金、用人单位或者个人造成损失的，依法承担赔偿责任；对直接负责的主管人员和其他直接责任人员依法给予处分：①未履行社会保险法定职责的；②未将社会保险基金存入财政专户的；③克扣或者拒不按时支付社会保险待遇的；④丢失或者篡改缴费记录、享受社会保险待遇记录等社会保险数据、个人权益记录的；⑤有违反社会保险法律、法规的其他行为的”。

（三）社保行政部门、经办机构工作人员违法行使权力的法律责任

我国《失业保险条例》第三十条规定：“劳动保障行政部门和社会保险经办机构的工作人员滥用职权、徇私舞弊、玩忽职守，造成失业保险基金损失的，由劳动保障行政部门追回损失的失业保险基金；构成犯罪的，依法追究刑事责任；尚不构成犯罪的，依法给予行政处分。”我国《社会保险法》对违法主体规定的更为宽泛，“国家工作人员在社会保险管理、监督工作中滥用职权、玩忽职守、徇私舞弊的，依法给予处分”。

（四）挪用失业保险基金的责任

我国《失业保险条例》第三十一条规定：“任何单位、个人挪用失业保险基金的，追回挪用的失业保险基金；有违法所得的，没收违法所得，并入失业保险基金；构成犯罪的，依法追究刑事责任；尚不构成犯罪的，对直接负责的主管人员和其他直接责任人员依法给予行政处分。”《社会保险法》拓展了损害失业保险基金的行为类型。《社会保险法》第九十一条规定：“违反本法规定，隐匿、转移、侵占、挪用社会保险基金或者违规投资运营的，由社会保险行政部门、财政部门、审计机关责令追回；有违法所得的，没收违法所得；对直接负责的主管人员和其他直接责任人员依法给予处分。”

（五）用人单位的法律责任

用人单位的法律责任包括不办理社保登记的责任、不出具终止、解除劳动关系证明的责任、未足额缴费的责任。用人单位的这些行为会直接影响失业人员享受失业保险待遇。《社会保险法》八十四条规定：用人单位不办理社会保险登记的，由社会保险行政部门责令限期改正；逾期不改正的，对用人单位处应缴社会保险费数额1倍以上3倍以下的罚款，对其直接负责的主管人员和其他直接责任人员处500元以上3000元以下的罚款。第八十五条规定：用人单位拒不出具终止或者解除劳动关系证明的，由劳动行政部门责令改正；给劳动者造成损害的，应当承担赔偿责任。第八十六条规定：用人单位未按时足额缴纳社会保险费的，由社会保险费征收机构责令限期缴纳或者补足，并自欠缴之日起，按日加收0.05%的滞纳金；逾期仍不缴纳的，由有关行政部门处欠缴数额1倍以上3倍以下的罚款。

（六）信息泄露的法律责任

《社会保险法》第九十二条还特别规定了各类主体信息泄露的法律责任：社会保险行政部门和其他有关行政部门、社会保险经办机构、社会保险费征收机构及其工作人员泄露用人单位和个人信息的，对直接负责的主管人员和其他直接责任人员依法给予处分；给用人单位或者个人造成损失的，应当承担赔偿责任。

第二节　失业保险给付法律制度

案例1：

原告吴某于2021年5月19日与被告上海某泰（集团）股份有限公司沈阳分公司签署劳动合同，合同约定：合同期限为2021年5月19日至2023年5月18日终止；工资为3000

元，其中基本工资1810元，岗位津贴1190元。2021年7月28日，原告签署《辞职报告》，拟定于2021年8月1日结束工作，在辞职原因处，原告选择辞职原因为个人原因。原告诉求被告人支付3个月失业金共计：4600元。

思考题：原告的诉求能否获得支持？

案例2：

2018年2月，原告范某在被告某丰都分公司的丰都县某小区物业项目从事保安工作，工资待遇为2500元/月，被告未给原告缴纳社会保险。2022年4月2日，被告对原告进行违法罚款，原告无奈之下解除了与被告的劳动关系，但被告没有支付给原告经济补偿金、失业保险待遇赔偿金、未休年休假工资报酬。原告要求被告支付，被告拒绝。原告于2022年4月27日向丰都县劳动人事争议仲裁委员会申请劳动仲裁，2022年4月29日丰都县劳动人事争议仲裁委员会作出不予受理通知书，原告向丰都县人民法院提起诉讼，请求被告支付经济补偿金、失业保险待遇赔偿金、未休年休假工资报酬。丰都县的职工最低月工资标准为2000元/月，失业保险待遇按最低工资的最高档80%执行，原告缴费时间为3~4年档，待遇享受期为9个月。

思考题：失业保险待遇赔偿金如何计算？

失业保险给付制度包括失业保险给付条件、给付内容、给付程序三部分内容。

一、失业保险待遇的给付条件

《失业保险条例》第十四条规定，具备下列条件的失业人员，可以领取失业保险金：①按照规定参加失业保险，所在单位和本人已按照规定履行缴费义务满1年的；②非因本人意愿中断就业的；③已办理失业登记，并有求职要求的。失业人员在领取失业保险金期间，按照规定同时享受其他失业保险待遇。因此，失业保险的给付条件包括：

（一）达到缴费期限

《失业保险条例》规定，所在单位和本人按照规定履行缴费义务满1年是领取失业保险金的条件之一。《社会保险法》也规定，失业前用人单位和本人已经缴纳失业保险费满一年的，才可以从失业保险基金中领取失业保险金。用人单位与职工缴纳的失业保险费是失业保险基金的重要来源，只有缴费达到一定期限，失业保险基金的储存数额才能达到一定水平，才具有较强的风险分散能力，才能支付失业保险金，满足失业人员的基本生活需要。

（二）非自愿中断就业

《失业保险条例》和《社会保险法》都规定非因本人意愿中断就业是领取失业保险金的条件之一。失业保险制度是对工作岗位供给不足时的剩余劳动力提供保障的制度，是对有劳动能力、有劳动意愿而被迫中断就业的人给予的临时性保障，自愿离职的劳动者并不在其保障范畴。人力资源和社会保障部在《实施〈中华人民共和国社会保险法〉若干规定》第十三条中，将非因本人意愿中断就业细化为下列情形：①依照劳动合同法第四十四条第一项、第四项、第五项规定终止劳动合同的；②由用人单位依照劳动合同法第三十九条、第四十条、第四十一条规定解除劳动合同的；③由用人单位依照劳动合同法第三十六条规定向劳动者提出解除劳动合同并与劳动者协商一致解除劳动合同的；④由用人单位提出解除聘用合同或者被用人单位辞退、除名、开除的；⑤劳动者本人依照劳动合同法第三十八条规定解除劳动合同的；⑥法律、法规、规章规定的其他情形。从该文件可知，非劳动者本人意愿中断就业的情形包括非劳动者因素致使合同终止或解除的所有情形，需特别指出，即便由于劳动者存在过错导致用人单位解除劳动合同，也属于非自愿中断就业的情形。

(三)失业登记并有求职意愿

失业登记是国家掌握劳动者失业状况的重要途径，是国家给付失业保险待遇，提供公共就业服务、落实就业扶持政策的基础性工作。根据我国《就业服务与就业管理规定》可知，我国公共就业服务机构可以通过两种途径获得劳动者就业失业的信息情况：一是用人单位为劳动者个人办理就业登记。当用人单位招用劳动者或与劳动者终止或者解除劳动关系，应当到当地公共就业服务机构备案，为劳动者办理就业登记手续。用人单位招用人员后，应当于录用之日起30日内办理登记手续；用人单位与职工终止或者解除劳动关系后，应当于15日内办理登记手续。就业登记的内容主要包括劳动者个人信息、就业类型、就业时间、就业单位以及订立、终止或者解除劳动合同情况等。二是由劳动者自己进行失业登记。劳动者进行失业登记时，须持本人身份证件，有单位就业经历的，还须持与原单位终止、解除劳动关系或者解聘的证明。劳动者进行失业登记除具有让公共就业服务机构获知劳动者失业的信息外，也是劳动者具有求职意愿的反映。

需要特别指出，失业登记人员不限于非自愿中断就业的劳动者，《就业服务与就业管理规定》第六十三条明确规定，只要在法定劳动年龄内，有劳动能力，有就业要求，处于无业状态的城镇常住人员，都可以到常住地的公共就业服务机构进行失业登记。第六十五条规定失业登记的范围包括下列失业人员：①年满16周岁，从各类学校毕业、肄业的；②从企业、机关、事业单位等各类用人单位失业的；③个体工商户业主或私营企业业主停业、破产停止经营的；④承包土地被征用，符合当地规定条件的；⑤军人退出现役且未纳入国家统一安置的；⑥刑满释放、假释、监外执行的；⑦各地确定的其他失业人员。登记失业人员凭登记证享受公共就业服务和就业扶持政策；但只有符合条件的，才能按规定申领失业保险待遇。

《失业保险条例》第十五条规定，失业人员在领取失业保险金期间有下列情形之一的，停止领取失业保险金，并同时停止享受其他失业保险待遇：①重新就业的；②应征服兵役的；③移居境外的；④享受基本养老保险待遇的；⑤被判刑收监执行或者被劳动教养的；⑥无正当理由，拒不接受当地人民政府指定的部门或者机构介绍的工作的；⑦有法律、行政法规规定的其他情形的。

二、失业保险待遇的给付内容

失业保险待遇包括：失业保险金、基本医疗保险待遇、一次性丧葬补助金和抚恤金、职业培训和职业介绍补贴及国务院规定或者批准的与失业保险有关的其他费用。

(一)失业保险金

失业保险金是从失业保险基金中支出的、用于满足符合条件的失业人员基本生活开支的一种失业保险待遇。《社会保险法》第四十七条规定，失业保险金的标准，由省(自治区、直辖市)人民政府确定，不得低于城市居民最低生活保障标准。与《失业保险条例》相比，《社会保险法》取消了失业保险金给付标准应低于当地最低工资标准的限制。这主要是因为我国最低工资水平本来就不高，失业保险金低于最低工资的规定将使失业保险金数额过低，难以满足失业人员基本生活的需要，因而，《社会保险法》取消了失业保险金低于当地最低工资标准的限制。但从各地失业保险金待遇的给付标准来看，最低工资依然是失业保险金给付标准参考的重要依据。

同时，失业保险金是一种临时性的经济补救措施，给付期限具有短期性，并且给付期限与缴费期限密切相关。《社会保险法》第四十六条规定，失业人员失业前用人单位和本人累计缴费满 1 年不足 5 年的，领取失业保险金的期限最长为 12 个月；累计缴费满 5 年不足 10 年的 ，领取失业保险金的期限最长为 18 个月；累计缴费 10 年以上的，领取失业保险金的期限最长为 24 个月。重新就业后，再次失业的，缴费时间重新计算，领取失业保险金的期限与前次失业应当领取而尚未领取的失业保险金的期限合并计算，最长不超过 24 个月。

(二)基本医疗保险待遇

失业人员在领取失业保险金期间，参加职工基本医疗保险，享受基本医疗保险待遇。失业人员应当缴纳的基本医疗保险费从失业保险基金中支付，个人不缴纳基本医疗保险费。《社会保险法》的上述规定，改变了《失业保险条例》中失业人员领取失业保险金期间患病可以申请医疗补助金的规定，使失业人员的医疗需求得到了更为充分地满足。人社部 2011 年发布了《关于领取失业保险金人员参加职工基本医疗保险有关问题的通知》，对领取失业保险金人员参加职工基本医疗保险、接续医疗保险关系做了更细致的规定：

(1)明确了参加职工医保手续的办理主体

领取失业保险金人员应按规定参加其失业前失业保险参保地的职工医保，由参保地失业保险经办机构统一办理职工医保参保缴费手续。

(2)明确了医保缴费的资金来源

领取失业保险金人员参加职工医保应缴纳的基本医疗保险费从失业保险基金中支付，个人不缴费。

(3)明确了缴费基数和费率

领取失业保险金人员参加职工医保的缴费率原则上按照统筹地区的缴费率确定。缴费基数可参照统筹地区上年度职工平均工资的一定比例确定，最低比例不低于 60%。

(4)明确了缴费期限

失业保险经办机构为领取失业保险金人员缴纳基本医疗保险费的期限与领取失业保险金期限相一致。领取失业保险金人员出现法律规定的情形或领取期满而停止领取失业保险金的，失业保险经办机构为其办理停止缴纳基本医疗保险费的相关手续。

(5)明确了医保待遇水平

领取失业保险金人员参加职工医保当月起按规定享受相应的住院和门诊医疗保险待遇，享受待遇期限与领取失业保险金期限相一致，不再享受原由失业保险基金支付的医疗补助金待遇。领取失业保险金人员参加职工医保的缴费年限与其失业前参加职工医保的缴费年限累计计算。

(6)明确了停止职工医保手续的办理人及与其他医保制度的衔接

领取失业保险金人员出现法律规定的情形或领取期满而停止领取失业保险金的，失业保险经办机构为其办理停止缴纳基本医疗保险费的相关手续。停止领取失业保险金人员按规定相应参加职工医保、城镇居民基本医疗保险或新型农村合作医疗。

（三）一次性丧葬补助金、抚恤金

《社会保险法》第四十九条规定："失业人员在领取失业保险金期间死亡的，参照当地对在职职工死亡的规定，向其遗属发给一次性丧葬补助金和抚恤金。所需资金从失业保险基金中支付。个人死亡同时符合领取基本养老保险丧葬补助金、工伤保险丧葬补助金和失业保险丧葬补助金条件的，其遗属只能选择领取其中的一项。"丧葬补助金和抚恤金按各地在职职工死亡的规定执行。丧葬补助金、抚恤金标准由各地规定。如《广东省失业保险条例》第二十五条规定，失业人员在领取失业保险金期间死亡的，其遗属可以一次性领取丧葬补助金和抚恤金以及当月尚未领取的失业保险金。丧葬补助金按照失业人员死亡时失业保险关系所在地级以上市上年度在岗职工月平均工资的三倍计发，抚恤金按照失业人员死亡时失业保险关系所在地级以上市上年度在岗职工月平均工资的六倍计发。失业人员的遗属应到社会保险经办机构办理领取丧葬补助金、抚恤金和失业保险金的手续。

（四）职业培训、职业介绍补贴

《失业保险条例》第十条规定，领取失业保险金期间接受职业培训、职业介绍的补贴，补贴的办法和标准由省、自治区、直辖市人民政府规定。可见，职业培训、职业介绍补贴也是失业保险待遇之一，由失业保险基金支付。职业介绍、职业培训补贴常通过政府补贴职业介绍机构、培训机构的方式，使领取失业保险金的失业人员免费或支付少量费用获得职业介绍和职业培训。如《广东省失业人员职业介绍和职业培训补贴办法》第二条规定："在领取失业保险金期间的失业人员，享受免费职业介绍服务和参加一期减免费的职业培训。所发生费用，从失业保险基金中统筹安排对有关职业介绍机构和职业培训机构进行适当的职业介绍和职业培训补贴。"失业人员凭领取失业保险金的有关证明，可以到当地劳动保障行政部门设立的公益性职业介绍机构或经劳动保障行政部门批准设立的经营性职业介绍机构申请享受免费的职业指导和职业介绍服务。职业介绍机构为失业人员免费介绍职业，经劳动保障行政部门核实介绍成功的，给予适当补贴。失业人员在领取失业保险金期间，可自主选择培训项目，在当地劳动保障行政部门核准的职业培训机构参加一期减免费的职业培训，培训期最长不超过 6 个月。定点培训机构为失业人员提供减免费职业培训的，按照物价部门核定的当地同类培训项目的市场平均培训价格的标准，由劳动保障行政部门、财政部门根据当地失业保险的实际确定一定比例进行补贴。

（五）国务院规定或者批准的与失业保险有关的其他费用

这些费用可以是国务院直接规定，或者由省（自治区、直辖市）人民政府向人力资源和社会保障部提出新设项目的申请，经国务院批准后开设的新支出项目。价格临时补贴是其他费用的一种情形。《关于完善社会救助和保障标准与物价上涨挂钩联动机制的通知》规定，建立社会救助和保障标准与物价上涨挂钩的联动机制，对领取失业保险金人员及其他对象给予价格临时补贴，确保低收入群体的生活水平不因物价上涨而降低。对领取失业保险金人员发放的价格临时补贴资金从失业保险基金中列支。2020 年 4 月 8 日，国家发展改革委等六部门发布《关于进一步做好阶段性价格临时补贴工作的通知》，规定 2020 年 3~6 月，阶段性提高每月价格临时补贴标准 1 倍，对领取失业保险金人员的价格补贴增支资金，从失业保险基金中列支。

三、失业保险的给付程序

失业保险的给付程序包括以下步骤：

(1)用人单位出具终止或者解除劳动关系的证明

用人单位应当为失业人员出具终止或者解除劳动关系的证明，证明应当注明失业人员的姓名、年龄等基本情况及解除或者终止劳动关系的时间、原因等内容，并告知失业人员失业后按照有关规定可以享受失业保险待遇以及应向哪个机构提出申领申请等。

(2)用人单位报送失业人员信息

用人单位应将失业人员的名单，自终止或者解除劳动关系后15日内，告知所在地社会保险经办机构。

(3)职工办理失业登记

失业后申领失业保险待遇的，应当持本人身份证明、单位出具的终止或者解除劳动关系的证明等材料，及时到当地人力资源社会保障部门指定的公共就业服务机构办理失业登记。

(4)办理申领手续

失业人员持失业登记证明和个人身份证明，到社会保险经办机构办理领取失业保险金的手续。社会保险经办机构对领取失业保险待遇的申请进行审核，内容包括：申请人提供的证明材料是否真实可靠、申请人参加失业保险和缴纳失业保险费的情况、是否进行过失业登记等。对不符合领取条件的申请人，应当书面告知其理由，并告知申请人有异议时可在多长时间内向哪个人力资源社会保障部门提出行政复议申请。经审核符合申领条件的，应当为失业人员办理领取的失业保险待遇的有关手续。

(5)领取失业保险金

经社会保险经办机构办理领取失业保险金手续后，失业人员可以按月到同一个社会保险经办机构领取失业保险金，或由社会保险经办机构开具单证，到指定的银行领取失业保险金。失业保险金自办理失业登记之日起计算。

社会保险法对失业登记的期限未做具体规定，国务院人力资源社会保障部门或者省(自治区、直辖市)人民政府可以根据实际情况规定，失业人员应当在终止或者解除劳动关系之日起多长时间内办理失业登记。对失业人员来讲，可以在终止或者解除劳动关系的第2日至规定的登记最后期限之日的任何一个工作日办理失业登记。对有正当理由，如未被告知失业保险有关权利、因疾病、自然灾害等原因无法在规定期限内办理登记手续的，失业人员可以向社会保险经办机构说明情况，并提供有关证明，经办机构认可后，应当为失业人员办理登记手续。2020年5月29日，人社部、财政部发布的《关于扩大失业保险保障范围的通知》第六条对失业保险待遇的领取程序做了简化：各地要优化经办流程，减少证明材料，取消附加条件，让参保失业人员方便快捷得到保障。参保失业人员可凭社会保障卡或身份证件申领失业保险金、失业补助金、一次性生活补助或临时生活补助，可不提供解除或者终止劳动关系、失业登记证明等材料。经办机构应通过核验参保信息库中的参保缴费信息，确认申领人员是否符合领取条件对应的失业状态，不得增加其他义务、条件或时限要求。各地要在实现线上申领失业保险金基础上，于2020年6月底前实现失业补助金等其他失业保险待遇线上申领；人力资源社会保障部建立领取失业保险金、失业补助金全国线上申领入口，并向地方提供全国参保信息联网核验服务。

四、失业保险金的给付标准

(一)失业保险金给付比率方式

该方式是指对失业保险金的给付比率和给付金额。各国存在薪资比例法、均一制和混合制3种方式。

1. 薪资比例法

薪资比例法是指按照失业者失业前一定时间内平均工资的一定比例确定失业保险金。1986年《国营企业职工待业保险暂行规定》中确定的待业保险金发放标准：领取待业保险金的第1~12个月，发放标准为本人标准工资的60%~75%；领取待业保险金的第13~24个月，发放标准为本人标准工资的50%，可见，此时的待业保险金与待业者本人的工资水平挂钩，属于薪资比例法确定方式。

2. 均一制

均一制又称固定金额制，是指不考虑失业者过去的工资收入，一律按相同的金额支付失业保险金。1993年《国有企业职工待业保险规定》的待业救济金的发放标准：当地民政部门规定的社会救济金额的120%~150%，可见，又采用了均一制。1999年《失业保险条例》规定的失业保险金标准按照低于当地最低工资标准、高于城市居民最低生活保障标准，由省(自治区、直辖市)人民政府确定，依然采用均一制。由于我国最低工资标准较低，由此确定的失业保险金更低，难以保障失业人员基本生活的需要，因此，2011年的《社会保险法》取消了失业保险金低于当地最低工资标准的限制，依然保持不得低于城市居民最低生活保障标准的规定，但未给出失业保险金给付标准的确定方式，将制定权留给了地方。

3. 混合制

混合制是按照薪资比例法与均一制相结合的方式确定失业保险金，即失业保险金一部分按失业前工资的一定比例计算，另一部分按固定数额支付。

(二)失业保险金给付标准确定方式

从各地情况看，我国失业保险金给付标准的确定方式有4种类型①。

1. 参照失业者失业前的月平均失业保险缴费基数确定

如《江苏省失业保险规定》第二十三条规定：失业保险金的标准，缴费不满10年的，按照失业人员失业前12个月月平均缴费基数的45%确定；缴费满10年不满20年的，按照失业人员失业前12个月月平均缴费基数的50%确定；缴费20年以上的，按照失业人员失业前12个月月平均缴费基数的55%确定。失业保险金最高不得超过当地最低工资标准，最低不得低于当地城市居民最低生活保障标准的1.5倍。

2. 参照城市最低生活保障标准确定

如《西藏自治区实施〈失业保险条例〉办法》第二十四条规定，失业保险金领取标准按

①陈天红，2016. 中国失业保险金给付标准：现状、问题及对策思考，广东行政学院学报(6).

照当地城市居民最低生活保障标准的155%~165%发放，并在此基础上，工作每满1年每月加发2元。

3. 参照最低工资标准确定

如《广东省失业保险条例》第十九条规定，失业保险金由社会保险经办机构按照失业保险关系所在地级以上市最低工资标准的80%按月计发，并不得低于当地城市居民最低生活保障标准。从2018年5月1日起，这一标准提高到最低工资标准的90%。

4. 由地方政府确定固定给付标准并进行不定期调整

《上海市失业保险办法》第十三条规定，失业保险金标准应当低于本市当年最低工资标准、高于本市当年城镇居民最低生活保障标准。失业人员第1~12个月领取的失业保险金标准，根据其缴纳失业保险费的年限确定，第13~24个月领取的失业保险金标准，为其第1~12个月领取标准的80%。自2020年7月1日起，上海符合领取失业保险金条件的失业人员，按下列标准计发失业保险金：第1~12个月支付标准：1895元/月；第13~24个月支付标准：1516元/月①。

第三节　失业保险法的发展

一、失业保险法的历史变迁与发展

（一）国际历史变迁：从保障基本生活到促进就业

在失业保险制度建立的最初阶段，保障失业人员基本生活是其基本功能。法国是世界上最早建立失业保险制度的国家，1905年法国建立失业保险制度，但法国的失业保险制度是非完全强制性的失业保险制度。1911年，英国建立的失业保险制度开创了世界强制性失业保险制度的先河，并且成为失业保险制度的主流②。英国的失业保险制度确立了失业保险津贴用于帮助失业工人度过短期失业期的原则③，明确将保障失业人员基本生活作为失业保险制度的基本目标。在此后失业保险制度发展的五六十年中，“保障失业人员基本生活”一直是各国失业保险制度的核心。

第二次世界大战后的德国，为改变国内结构性失业及原有失业保险制度养懒人的弊端，于1969年通过了《就业促进法》，开始变消极地救济失业者制度为积极地促进充分就业制度，较早实现了解决失业问题方向性的转变④。20世纪70年代石油危机后，世界各国经济陷入低迷状态，失业率居高不下，原有的失业保险制度无法应对失业局面，德国的就业促进措施引发了各国对失业保险制度促进就业功能的关注，并开始了制度改革的实践。1975年，日本制定《就业保险法》，替代施行了28年之久的《失业保险法》，旨在“保障失业职工基本生活的基础上，更加注重为员工提供稳定的就业环境，提升员工技能，起

①罗懿，7月1日起上海失业保险金最高标准调整到1895元，第一财经 https：//www. yicai. com/news/100678305. html，2020年6月24日，访问于2021年3月20日。

②宋桂芳，1989. 世界各国失业保险制度简介，法学杂志(4).

③丁建定，1994. 略论1911年英国的国民保险法，暨南学报(哲学社会科学)(7).

④金涛，2011. 德国“就业促进法”特点及经验，人民论坛(12).

到预防失业的作用"①。1996年起，加拿大以就业保险制度取代失业保险制度，由消极性的失业保障转向积极的就业保障②。可见，失业保险制度从生活保障功能转向促进就业功能已成为各国解决失业问题的共识。这种转变的意义在于，通过主动的"造血"方式替代被动的"输血"方式，从而解决失业问题。

(二)国内历史变迁：从保障基本生活到与促进就业功能并行

我国《失业保险条例》出台之前，已有一些针对失业的立法实践。从这些立法实践来看，我国失业保险制度的功能也在不断演变。1986年7月，我国颁布了《国营企业职工待业保险暂行规定》，为解决国营企业职工待业期间的生活保障问题提供了法律依据，该文件将待业保险制度的功能定位于生活保障。

1993年，我国又颁布了《国营企业职工待业保险规定》，该规定进一步优化了待业保险的各项制度，并指出待业保险工作应当与职业介绍、就业训练和生产自救等就业服务工作紧密结合，统筹安排。该文件首次以立法形式明确，待业职工的转业训练费和生产自救费按照上年度筹集待业保险基金的一定比例提取，标志着失业保险中促进再就业功能初步走向正规化和法治化道路③。1999年，我国通过《失业保险条例》，其中第一条就明确规定，"为了保障失业人员失业期间的基本生活，促进其再就业，制定本条例"，可见，其已将保障生活和促进失业人员再就业作为立法目的。失业保险制度促进再就业的主要表现形式就是失业人员领取失业保险金期间享受职业培训、职业介绍的补贴。2008年1月1日实施的《就业促进法》规定，国家建立健全失业保险制度，依法确保失业人员的基本生活，并促进其实现就业。该法将失业保险制度纳入就业促进体系，使其成为促进就业工作中的重要环节。党的十九大报告进一步指出，"要不断完善失业保险制度，坚持就业优先战略和积极就业政策，以实现更高质量和更充分就业"，强调了失业保险制度的就业促进功能。

二、失业保险制度就业促进的目的

失业保险制度促进就业的目的主要有两个：一个是提升失业者就业能力；另一个是为失业者提供就业机会。

(一)提升失业者就业能力

我国劳动人口总量大、产业发展不平衡、劳动力流动不顺畅、劳动力素质待提高是我国失业问题产生的主要原因④。非自愿失业包括摩擦性失业、结构性失业和周期性失业等类型。其中，结构性失业在性质上具有长期性，应予以重视。结构性失业是指劳动力供给和需求不匹配造成的失业，其特点是既有失业，又有空缺职位。结构性失业主要表现为劳动力市场上所需要的技能与劳动者实际供给的技能之间出现不匹配⑤，因此，提高失业人员的知识技能，对其加强职业培训，提升其就业能力是解决失业问题，特别是结构性失业问题的重要途径。

---

①黎大有，张荣芳，2015. 从失业保险到就业保险——中国失业保险制度改革的新路径，中南民族大学学报(3).

②谭金可，2016. 从失业保险转向就业保险的加拿大经验与启示，财经问题研究(3).

③胡珀，2016. 我国失业保险中促进再就业法律制度的完善，江西社会科学(9).

④曾传亮，郑斌，2006. 经济增长中的失业原因与对策，当代经济(5).

⑤孙强，2009. 我国结构性失业原因与对策研究，经济问题(4).

《失业保险条例》实施后，我国各省(自治区、直辖市)长期存在失业人员领取失业保险金期间的职业培训补贴制度。2005 年，《国务院关于进一步加强就业再就业工作的通知》规定，对城镇登记的失业人员等提供一次性职业培训补贴。完善培训补贴与培训质量、促进就业效果挂钩机制，要通过资质认定，确定一批培训质量高、就业效果好的教育培训机构作为定点机构。引导各类教育培训机构针对市场需求，积极开展定向培训。2019 年我国政府工作报告更是提出，实施职业技能提升行动，从失业保险基金结余中拿出 1000 亿元，用于 1500 万人次以上的职工技能提升和转岗转业培训。

(二) 提供失业者就业机会

劳动力市场信息不对称，就业渠道不通畅也是导致劳动者失业的重要原因。近年来，各级劳动和社会保障部门为保证劳动力市场供求信息的传递通畅，做了大量的工作。《国务院关于进一步加强就业再就业工作的通知》主要是通过两个方面来为失业者提供就业机会：其一，是通过优化劳动力市场信息系统建设提高劳动力市场供求匹配效率；其二，是对于免费为失业人员提供职业介绍服务的职业中介机构，提供职业介绍补贴。

三、失业保险促进就业功能的制度完善

我国虽在立法上已经明确失业保险制度的就业促进功能，但与“保生活”功能相比，失业保险“促就业”的功能尚未充分展现。我国失业保险运行机制应以就业促进为导向，以实现更高质量、更充分的就业为目标。从就业促进的角度，我国失业保险制度还可以考虑进行如下完善：

(一) 加大失业保险基金促进就业支出占比

日本长期实施失业保险的经验认为，失业保险基金积累的最佳规模是当年保险收入的 1~2 倍①。根据上述标准，我国失业保险基金结余额偏高。我国失业保险金结余最低可以支付 3 年的失业保险开支，远超过 6 个月的结余标准，保险基金结余也达到当年失业保险收入 3~4 倍，远超日本的经验值。在失业保险基金大量结余的同时，失业保险基金对就业促进方面的投入比例一直不高。2001—2010 年，促进再就业开支在失业保险金总开支中仅占 10%左右②。说明我国失业保险制度“保生活”的功能明显，“促就业”的功能不足③。

(二) 调整失业保险金给付标准、期限和方式

我国失业保险金是一种“低金额、长期限”的给付模式。“低金额”导致失业保险金不能满足参保失业人员的基本生活需要，也降低了劳动者参保的积极性；而“长期限”导致失业人员对失业保险金产生依赖，从而影响失业人员早日再就业。因此，应调整我国的失业保险给付方式，在更好实现“保生活”功能的同时，有效地促进失业保险金领取人员早日就业。据此，可以考虑做两方面的改善：

1. 调整失业保险金的给付标准

我们可以考虑适当提高我国失业保险金的给付标准，对失业前的工资形成较高的替代

①陈丰元，2011. 失业保险基金大量结余问题分析，河南社会科学(3).

②我国失业保险基金结余从 2001 到 2010 年间从 226.2 亿元增长到 2929 亿元，促进再就业方面支出从 23.5 亿增加 30.5 亿元。参见胡珀，2016. 我国失业保险中促进再就业法律制度的完善，江西社会科学(9).

③张盈华，张占力，郑秉文，2019. 新中国失业保险 70 年：历史变迁、问题分析与完善建议，社会保障研究(6).

率。如德国数据显示，失业者的失业救济水平为以前净收入的 57%，如果没有子女的则占到 53%①。社会保险研究专家弗莱明研究表明，当资本市场很完善时，最优失业保险金替代率小于 50%；当资本市场不充分时，最优失业保险金替代率可高达 75%②。而我国失业保险金的替代率仅为 20%左右③，可见替代率较低。此外，可以建立失业保险金与缴费工资相挂钩的机制，缴费基数越高，缴费期限越长，失业保险金给付待遇越高，以此激发劳动者参保的积极性，使“促就业”功能建立在充足的失业保险基金及良好的“保生活”效果之上。

2. 调整失业保险金的给付期限和方式

第一，缩短失业保险金的给付期限。国际上众多的研究表明，身体健康、有劳动能力的失业者，如果长期享受失业保障待遇，会导致他们脱离社会正常生活，产生严重的社会疏离问题④。国外大部分发达国家失业保险金的给付期限一般不超过 12 个月，一些欠发达国家的失业保险金给付期限仅为 6 个月⑤。我们可以考虑将失业保险金的给付期限由 24 个月缩短到 18 个月。

第二，随着失业保险金领取期限的延长递减发放失业保险金，从而激发失业人员再就业的动力。如上海规定，失业人员第 1~12 个月可以领取依照缴费年限确定的失业保险金标准的 100%，第 13~24 个月领取的失业保险金为其第 1~12 个月领取标准的 80%。北京也规定，失业人员从领取保险金的第 13 个月起，失业保险金月发放标准降低到最低缴费年限区间确定的给付标准。

(三) 严格给付条件

加拿大失业给付获得的前提条件是积极寻找工作，领取失业给付前须在职业介绍所进行登记；同时必须证明非自愿失业，且愿意接受新的就业机会；失业待遇享有期间须定期到有关部门报告求职情况；并定期按预先约定去当地失业保险申领机构报告或面试。中国也应进一步细化规定，强化失业给付与工作给付之间的联系⑥。

(四) 将灵活就业人员纳入失业保险的保障范围

我国目前的失业保险制度以具有劳动关系的劳动者为保障对象。如《失业保险条例》第二条规定，“城镇企业事业单位、城镇企业事业单位职工依照本条例的规定，缴纳失业保险费”，企事业单位的职工成为失业保险保障的主体，即是说，只有具有劳动关系、有用人单位的劳动者才具有缴纳失业保险费、领取失业保险金的资格，而没有用人单位的灵活就业人员被排除在失业保障之外。而现行的失业保险制度日渐不能满足我国快速增长的灵活就业人员的权益保障的需要。据人力资源和社会保障部发布的数据显示，我国灵活就业人员已经高达 2 亿，占我国城镇就业人数的 1/2 左右⑦，这部分人失业时的权益保障问题

①陈丰元，2011. 失业保险基金大量结余问题分析，河南社会科学(3).

②陈天红，2016. 中国失业保险金给付标准：现状、问题及对策思考，广东行政学院学报(6).

③张建民，何宾，2011. 案例研究概推性的理论逻辑与评价体系，公共管理学报(2).

④郑功成，等，2002. 中国社会保障制度变迁与评估，中国人民大学出版社.

⑤胡珀，2016. 我国失业保险中促进再就业法律制度的完善，江西社会科学(9).

⑥谭金可，2016. 从失业保险转向就业保险的加拿大经验与启示，财经问题研究(3).

⑦人社部，我国灵活就业人员已经高达 2 亿 占城镇就业人数五成，http：//co. zgjrw. com/jk/2021/0628/7779. htm，中华工商时报，访问于 2021 年 12 月 13 日。

应当受到关注，应将灵活就业人员纳入失业保障体系。

广东在灵活就业人员的失业权利保障方面做出了有益尝试。2021 年 12 月，广东省财政厅、省税务局联合印发了《广东省灵活就业人员参加失业保险办法(试行)》，在广州、深圳等大湾区 9 市开展灵活就业人员参加失业保险的试点。该办法将网络平台新业态就业人员及无雇工的个体工商户等灵活就业人员作为保障对象。据此，法定劳动年龄内在广东省从业的下列人员，如依托电子商务、网络约车、网络送餐、快递物流等新业态平台实现就业、但未与平台或机构等相关企业建立劳动关系的人员及无雇工的个体工商户等都可以根据自愿原则参加失业保险，依法享受失业保险待遇。上述灵活就业人员首次参加失业保险原则上以其参保前灵活就业 12 个月的平均收入申报失业保险缴费基数，按照国家和省规定的失业保险基准费率(单位和个人费率之和)缴纳失业保险费。灵活就业参保人员满足已经缴纳失业保险费累计满 1 年，或者不满 1 年但本人有失业保险金领取期限，非因本人意愿中断灵活就业的，已办理失业登记并有就业需求的，可以享受失业保险待遇。

案例讨论

王某是智深公司的员工，双方签订了为期两年的劳动合同。在合同的履行过程中，王某发现，智深公司没有为自己缴纳失业保险费。请问，王某可以采取哪些措施维权？可以考虑采用多种方式，同时，尽量利用本章所学的知识回答问题。

第八章　长期照护保险法

导入案例

老人在养老院摔伤，谁该担责？

2020年年初，年逾古稀的吴阿婆与泉港某养老院(以下简称养老院)签订了“养老入住合同”，由养老院为她提供食、宿、护理的全天候服务。协议签订后，她便办理了入院手续，入院后也都按期缴纳了相关费用。同年9月，吴阿婆在养老院宿舍内不慎摔倒受伤，后被送至医院治疗，经诊断为右肱骨中上段骨折等，共花费医疗费4万余元。

事后，吴阿婆认为养老院对她受伤的事实应当承担一定的赔偿责任。养老院则认为其在吴阿婆受伤后确实存在未及时通知家属的过失，但吴阿婆受伤并非养老院看护不当造成。该事件系意外，因此养老院不应承担赔偿责任。双方争执不下，吴阿婆作为原告，将养老院起诉到泉港法院①。

思考题：1. 养老院该承担赔偿责任吗？

2. 为了避免这种情况的出现，养老院主要应当承担的义务有哪些？

第一节　长期照护保险法概述

背景资料

近年日本“护理杀人”案件激增

据日经中文网报道，截至报道时，日本大阪府高槻警察署以涉嫌杀人，将73岁的为清信子逮捕。据报道，为清信子以照顾患老年痴呆症、卧床不起76岁的丈夫非常疲劳为由，从4月下旬开始不再给丈夫食物，而她丈夫由于身体状况，自己无法取得食物，因此死亡。

类似的案件最近在日本层出不穷，日本把此类案件命名为“护理杀人”，这种事件一般都发生在父母子女或夫妻之间。

第二次世界大战以后，日本杀人案件呈减少趋势，但是杀害亲人的比例却在不断增

①贾文婷，王欲然，近年日本“护理杀人”案件激增，人民网-国际频道，http：//world. people. com. cn/n1/2017/0519/c1002-29287061. html，2017年5月19日，访问于2021年7月12日。

高，从1978年至2003年的25年间，在全体杀人事件中亲人相杀事件占40%左右，但是从2004年开始，这个比例大幅上升，2004年为40.5%，2013年达53.5%，可以说，在现在的日本，大多数杀人事件是杀害自己的亲人。

思考：如何解决这类社会问题?

伴随着老龄化社会的进展，需要得到照顾和护理的老年人的数量在大幅度增加。而另一方面，家庭本身的照护机能却因家庭结构的改变而持续减弱。2016年5月27日，习近平总书记在中共中央政治局就我国人口老龄化的形势和对策举行的第三十二次集体学习时指出：人口老龄化是世界性问题，对人类社会产生的影响是深刻持久的。必须着力完善以老年人长期照护保障为核心的老龄政策制度。这是我国最高层首次以公开的形式对未来老龄政策制度的健全和完善提出的行动指南和纲领指导。由于我国进入工业化的时间要比西方发达国家晚100多年，这就决定了西方发达国家进入老龄化社会的时间要比我国早许多，这些国家在有关长期照护保险在内的社会保障制度体系方面在一定程度上要比我国当前更为成熟和齐备。因此，目前我国虽然已经进入老龄化社会、设立照护保险的呼声也很高，但是至今尚未建立起一部直接的长期照护保险法，更无适用全国的相关规定。但是由于当前我国社会保险费用较高的现状已然在我国政界和学界引起了一定的讨论和重视，额外再建立一个新的社会保险险种——长期照护保险制度似乎较为困难。本章节有关长期照护保险和长期照护保险法相关的理论和制度建构，将在不脱离我国国情的大前提下，介绍的有关内容将主要以与我国制度土壤较为接近的德国和日本两个国家的相关制度和理论研究成果作为参鉴。

一、长期照护保险法产生的社会背景

老年人长期照护制度的正式建立可以追溯到20世纪70年代英国的社区照护政策。时至今日，几乎所有的工业化国家都制定了与长期照护相关的政策来应对日益严峻的老龄化问题。其中，荷兰在1968年推出了社会长期照护保险，成为世界上第一个建立长期照护保险制度的国家。德国和日本分别在1995年和2000年将长期照护保险列为其五大社会保险体系中的重要险种组成①。究其主要原因，在于工业化推动引发的经济结构、社会结构、家庭结构、人口结构以及个人价值观念等社会立体式、全方位的变迁与变化背景下的必然产物。

(一)家庭结构的瓦解

传统家庭结构中，妻子和儿媳等承担着家庭成员的主要照护的重担。但是随着女性走向职场，这种传统家庭结构土崩瓦解。因为这意味着如果没有其他援助，她们势必被迫必须放弃个人职业生涯以负担无酬的照护工作。由于家庭无法再发挥过往的照护功能，这就要求社会全体承担照护的责任。即便是受照护者完全接受家庭成员、亲属或者邻居的照护服务，这里的家庭也不再是传统社会一般意义上理解的“家庭”和“家庭照护”，因为照护需求如同养老一样，一旦被定义为“社会贡献”，那么家庭对病人或老人的照护贡献就转化为“社会贡献”的一部分，可以得到国家法律的承认。于是，家庭成员通过照护将获得一笔

①[日]新版・社会福祉学習双書編集委員会，2004. 社会保障論，全国社会福祉協議会.

“照护津贴”，如果家庭成员被迫放弃工作而参与家庭照护，那么其贡献将得到国家法定照护保险制度的承认，不仅获得货币化的现金补贴，而且，因其提供了家庭照护，还具有参加社会保险的权益，获得的照护津贴也不作为一般的工作收入看待，即这笔收入将免除税收义务①。

（二）人口老龄化与失能风险

风险是随机事件不同结果之间的差异，即不确定性的可能结果越多，风险就越大；风险也是可能发生损失的不确定性，即平均期望损失的变动范围越大，风险就越大。由于生活质量的提升、医疗科技的突破，人类的平均寿命呈现着延长的态势，因而导致了老年人口占比特别是高龄老人的占比呈现上升趋势。不同年龄组的人群失能率有差别，通常情况下年龄越大，失能率越高，因而人口老龄化会导致人口的总失能率提升，失能老人量增加，老年人失能风险加大②。人口老龄化与失能的风险明显是呈正相关关系的。联合国报告显示，在目前全球 75 岁以上的人口当中，只有 10%的人成功的保持着健康的体魄，其余大都在遭受各种疾病和伤残的折磨③。每个人并不能预期自己未来是健康状态还是非健康状态，即使预期到自己会失能也难以估算未来的照护服务成本，健康和成本的不确定性就带来财务风险。个人或家庭难以承担失能者长期照护财务损失。

（三）发达国家长期照护保险法的建立

随着我国现代工业化、国家城镇化的推进和社会结构的剧烈变迁，传统以家庭、家族和乡土为典型特征的社会共同体形式也因此开始了新的裂变与重构。我国两千多年以来继承和发扬的“养儿防老”为代表的家庭代际传承与照护模式，也在世界工业化的社会进化浪潮冲击下有逐渐走向衰弱的趋势④。

而几乎所有的工业化国家甚至大部分的发展中国家都不同程度上建立了与长期照护相关的保障制度，成为社会福利制度的重要组成部分。但截至 20 世纪末，全世界范围内却只有荷兰、奥地利、德国、以色列这 4 个欧盟国家和日本总共 5 个国家以具体单行立法的形式将长期照护相关的制度措施建立起来。这就意味着，上述国家改变了以往受制于国家财政预算的窘况，以社会保险项目的形式赋予了公民在必要时有从国家获得相应服务的权利。

二、长期照护、长期照护保险与长期照护保险法

（一）长期照护的含义

不同国家对长期照护有不同的称呼，我国学理上使用的是“长期照护”这一概念，是借用自英美法律体系中的名词“long term care”（缩写为 LTC）。日本称其为介护保险，德国和英国等不同国家的对应名词（表 8-1）。“long term care”的中译有多种，其中，长期护理偏于专业医疗护理，长期照料偏于家庭事务，而长期照护可涵盖专业

①刘涛，2016. 福利多元主义视角下的德国长期照护保险制度研究，公共行政评论(4).

②曹信邦，2019. 中国长期照护财务供给多元主体的融合机制研究，中国行政管理(9).

③施魏巍，2012. 发达国家老年人长期照护制度研究，知识产权出版社.

④李志强，2015. 我国老年人长期照护保险立法研究，兰州学刊(4).

生活护理、专业康复和必要医疗，以及支持家庭和社区提供的多种形式的照料与护理。更重要的是，长期照护不能简单等同于长期的照护，时间维度在长期照护定义中只占一部分，而服务才是本质所在①。

表 8-1 英德日中关于“照护”的翻译对应表

英文	德文	日文	中文
Nursing	Pflege	看護	护理
Care	Krankenpflege	介護	照护
Long Term Care	Langfirstig Krankenpflege	長期介護	长期照护
LTC insurance	Krankenpflege Versicherung	介護保険	照护保险

1. 不同学者对长期照护的定义

美国学者 Kane 夫妇(在 1987 年)首先对长期照护提出了如下的定义：“长期照护是指针对先天或后天失能者，在一定时间内，提供一整套的长期性服务，内涵包含健康及医疗照护、个人照顾、社会支持的照顾；其目的在促进或维持身体功能，增进独立自主的正常生活能力。”日本学者认为，长期照护是指由专门的照护福祉人员根据法律规定，对那些身体上或精神上存在障碍的人给予日常生活上包括入浴、排泄、饮食以及其他照护帮助或指导的服务②。根据日本《介护保险法》的规定，长期照护③为提高国民医疗保健水平、增进国民福利，在以社会连带为核心的基本养老保险制度基础上，对那些随着年龄增长而导致身心变化、引发各类疾病后，在洗澡、如厕、饮食等方面需要必要的看护或功能性训练，或需要专业护理、疗养等其他医疗时，为保持他们的人格尊严和生活独立，国家有义务为此提供一系列的照护帮助和服务。我国台湾地区对长期照护定义为“长期照护是针对身心功能障碍者，提供连续性、综合性的日常照顾服务，目标在促进或维持其独立生活”④。

2. 不同国家、组织或地区对长期照护的定义

我国台湾《长期照顾服务法》第 3 条第 1 款规定“长期照顾是指身心失能持续或预期达 6 个月以上者，依其个人或其照顾者之需要，所提供生活支持、协助、社会参与、照顾及相关医护服务”。因此长期照护是个完整的体系，其核心是支持受照护者享有最大可能的独立、自主、参与、个人充实和人的尊严。

《德国社会法典》第 11 篇“社会照护保险”第 14 条第 1 项将保险给付的“照护需求性”

①杨团，2016. 中国长期照护的政策选择，中国社会科学(11).

②北田信一，2001. 介護保険，ナツメ社.

③与其他国家以功能性障碍为区分标准不同，日本是以年龄为界分标准，长期照护服务主要针对 40 岁以上尤其是 65 岁以上老年人提供。

④邱芝聆，2007. 我国发展长期照护保险的可行性探讨，创新与管理(1).

做如下定义："人们由于身体的、心理的或精神的疾病或伤残，在日常生活中，就各种一般性的以及规律性重复的家居事物，长期或可预见6个月以上的时间中，需要明显的或高程度的协助。"

欧洲经合组织(Organization for Economic Co-operation and Development，简称OECD)在其《经合组织卫生工作文件中》认为：长期照护包括一系列服务，功能性能力(functional capacity)下降、存在躯体(physical)或认知(cognitive)障碍，需要他人长时间的帮助来完成日常基本活动(ADLs)，如洗澡、穿衣、进食、上下床(椅)、浴室辅助性活动等。这一状况决定了长期照护者需要获得一些基本医疗服务，如帮助伤口换药、疼痛管理、药物、健康、监视、预防、康复和姑息(palliative care)治疗服务，还包括一些低级别活动服务，如帮做家务、饮食和交通有关的日常基本辅助类的①。

世界卫生组织(WHO)在2000年的世界卫生报告《建立老年人长期照护的国际共识》②中对长期照护进行了定义。长期照护是由非正式照护提供者(家庭，朋友和/或邻居)和/或专业人员(卫生，社会和其他)开展的活动系统，以确保缺乏完全自理能力的人能根据个人的优先选择保持最高可能的生活质量，并享有最大可能的独立、自主、参与、个人充实和人的尊严。

(二)长期照护的特点

需要受照护者是因不同程度的损伤(impairment)与失能(disability)，至少有一项以上的日常生活活动(activities of daily living，ADL)或工具性日常生活活动(instrumental activities of daily living，IADL)功能不全者而导致无法自我照顾，需要依赖他人照顾者。需要长期照护者的年龄不限，有先天性失能的儿童或幼儿，或是因疾病或意外失能的年青人或中年人，以及常见因衰老、慢性疾病或心智功能障碍等无法自理的老年人。对于该部分群体而言，他们的日常生活自理能力(activities of daily living)部分或完全丧失，因而，长期照护具有以下3个方面的特点。

1. 长期性

长期照护主要是对患有身体疾患或精神障碍的人提供生活照顾、居住服务、必要社交、疾病送医(诊断、康复、预防、治疗)等日常生活和医疗服务，较一般民众对医疗和生活的需求要高很多，通常在短期内难以治愈甚至根本不可能恢复到正常人一样的身体或精神状态。不同程度的损伤与失能会经历慢性的病况演进，需要长时间与持续性的照顾；且随着个案病情及照顾需求的变化，需要提供连续性及个别化的照护。这就决定了该种照护服务需要的时间相当长，甚至是无限期的。

2. 多元性

照护制度不同于现有的监护或赡养制度，更具有集人身与财产、身体与精神、家庭与社会、私密与公开等复合性、多元性的表征，传统意义上的监督与保护、经济支持等手段不足以满足该类群体的日常生活需要。长期照护制度是"以生活照顾为主，医疗长期照护

①Fujisawa, R. and F. Colombo, 2009. The Long-Term Care Workforce: Overview and Strategies to Adapt Supply to a Growing Demand, OECD Health Working Papers, No. 44, OECD Publishing, 14.

②World Health Organization, 2000. Towards an international consensus on policy for long-term care of the ageing, World Health Organization, 6.

为辅”的。照护该类群体的目的一般不再以治愈为目的，而是保障其生活、营养、医疗、护理、康复、心理、精神和情感的陪护等“患者权利”。需要对照护者提供包括健康、医疗、社会服务及支持性的服务，需针对失能者的个别需要，提供跨团队且整合性的服务。

3. 复杂性

老年人的长期照护与一般性需求不同，这需要从家庭到社区、从机构到医院等该类老年人所居住或生活的地方，必须随时可以得到包括日间照护、康复护理、喘息服务和专业医疗等一系列照护服务。“在地老化”或“就地养老”(aging in place)的照护理念和主张不仅可以让社会围绕这一中心区域建立医疗、生活、休闲和购物等服务机构或设施，而且能够因此保证老年人持续性需求得到立体式、全天候的满足①。

(三)长期照护保险与长期照护保险法

综合国内外对长期照护概念内涵与外延的界定，长期照护保险和长期照护保险法等定义如下：长期照护保险系指依据法律规定，由保险人或保险人所委托之机构或个人对出现丧失或未曾拥有日常生活功能情形而参加长期照护保险的人提供包括医疗服务、日常生活照顾和社会服务等长期照护服务的一项社会保险制度。长期照护保险法是指调整长期照护法律关系以及与之密切相关的其他社会关系的法律规范的总称。

三、长期照护保险法的基本原则

(一)全面保护原则

生存权属于公民的基本权利，性质上应属于公法权利。因此，国家也应该采取积极性的立法或给予足够的行政给付，否则无法实现相关的基本权利。长期照护护理服务内容涵盖方面比较庞杂，决定了难以以抽象的法律规范作为依据，也很难对服务内容简单地通过数量来确定。而且，长期照护需求者往往是已经失能到生活不能自理甚至心智已经低于常人之人，他们往往不能与正常人一样与他人尤其是长期照护服务提供者之间进行有效交涉和沟通，如何保证这种场域下照护需求者的人格尊严和照护品质，以避免保护不足的问题。在服务质量的保证方面，立法应要求长期照护服务提供者有义务接受来自外部的质量规范，而且要求照护服务者建立内部包括质量循环检查制度在内的质量体系，以增强长期照护服务提供者提供服务质量反馈的能力及制定标准②。另外，在照护基金和授权提供照护服务主体之间有关服务内容、服务费用、质量保证和监督以及第三方评估等方面，立法应做详细的规定。

当然，我国《宪法》在第14条中规定了“国家建立健全同经济发展水平相适应的社会保障制度”。长期照护保险作为已经为德日等发达国家采用并目前在我国试点施行之政策，其当然属于因应新时期社会变迁并“同经济发展水平相适应”之社会保障制度之建立与健全的重要方面之一。如何衡平现存保护力度不足与经济发展水平之间的关系是需要面临的重大挑战和课题。

①李志强，2015. 我国老年人长期照护保险立法研究，兰州学刊(4).

②裴晓梅，房莉杰，2010. 老年长期照护导论，社会科学文献出版社.

(二)多元参与原则

长期照护是一种公共服务。公共服务市场的供需结构既不同于私人市场，也不同于政府直接操控的行政性市场，而是以新的供需结构关系形成的公共经济市场。这个市场的三方即提供方、生产方和受益方的结构都是多元性的。例如，长期照护的提供者可以是中央政府、地方政府、有关政府部门甚至街道、乡镇、社区，只要其能够提供统一的规划和资源配置，承担起提供方的责任；长照的生产方或者服务方可以是企业、非营利组织、社区非正式组织甚至家庭，只要其具有长照服务的设施、组织长照生产的能力特别是足够的人力资源即可；长照的需求方是失能失智的老年人、需要6个月以上连续照料的残疾人和一次性受伤者和他们的家庭①。

国家公法机构的科层化官僚体制固然可以通过垂直的上下模式迅速为社会提供福利产品，但无法满足对社会多样化服务的需求，而且限制了人们支配自由，削弱了公民自我救助的动机；家庭固然可以提供以亲情为基础的照护服务，但归根结底家庭福利是以部落主义和互惠为基础的福利，无法复制到整个社会，而协会组织提供的福利也难以完全保证服务质量和提供公共产品的有效性。

公权(国家)、市场、家庭、社会网络(如亲戚圈层和熟人朋友圈层)以及会员组织(如教会成员和其他社会组织的成员)都提供了福利产品的来源。一个家庭和一位居民可以从工作市场获得收入以增进个人福利，也可能从国家的社会福利制度那里获得养老金或是国家社会救济，当然也存在着从家庭、亲友和社会网络那里获得社会福利甚至财政转移支付的可能性，进而，作为协会和社会团体的成员，组织也可以为居民和家庭提供广泛的社会服务②。显然，这种多中心的多元的供需结构关系，让各方都有直接参与制度构建和制度选择的可能。长期照护的公共服务市场和公共服务产业并不排斥私人企业和私人服务，而要在长照的整体规划下，将私人企业和私人服务纳入委托、外包、购买等多种公共服务的制度安排中去。这就是说，无论公司还是非营利组织，都可以在国家的统一规划下兴办长期照护服务。这种长照运营即便是公司运作也不能以营利为目的，必须遵循国家规定的政策规范和标准③。

(三)公平正义原则

所谓公平正义原则是指当行为涉及第三者，无论是服务对象的家属、其他服务对象或其他可能直接或间接受到影响的社会大众，都必须公平合理地对待。公平正义分为程序性的公平正义与分配性的公平正义。程序性的公平正义是指运用正确与公正的程序，达到实质正义的目标；分配性的公平正义是指将资源、在人群间做最适当的分配。分配性公平正义意味着相同的人必须被同等的对待，不相同的人则必须被差别对待。换言之，身体、心理与社会条件相当的服务对象，有资格享受相同质量的资源和服务；身体、心理与社会条件较弱势的服务对象，则需要特别的支持与协助，以弥补其身体、心理与社会条件上的弱势。具体而言可从以下4个方面来理解。其一，凡是符合服务资格的对象，即享有平等的权利获得服务或资源；其二，应该依据需求程度来区分分配的优先顺序，最需要者取得优

①③杨团，2016. 中国长期照护的政策选择，中国社会科学(11).

②刘涛，2016. 福利多元主义视角下的德国长期照护保险制度研究，公共行政评论(4).

先获得资源的权利；其三，有限资源应该优先分配给弱势的个人、团体、组织或社区；其四，有限资源的分配，应考量接受者目前或未来可能带来贡献的多寡，包括物质与非物质两方面①。

案例分析

我国长期照护保险制度试点情况

面对我国日益严重的老龄化问题以及衍生而来的对长期照护需求的不断增加，早在中央政府出台相关文件之前，我国部分地市就自发开始了长期照护保险制度的试点工作，当然早期的试点并未脱离基本医疗保险的制度框架，是基本医疗保险待遇范围的延伸。

最早开展相关试点的、有据可查的城市是山东省青岛市，早在2005年，其就通过家庭病床、允许具有医疗资质的养老机构进入医保定点等方式开始了长期医疗护理服务的探索。2012年，青岛市出台《关于建立长期医疗照护保险法律制度的意见(试行)》正式建立长期医疗照护保险法律制度。2014年，青岛市借城乡居民医保整合的契机，颁布《青岛市社会医疗保险办法》将长期医疗护理待遇扩展到农村地区。同期，上海市自2013年起在部分地区试点高龄老人医疗护理保障制度，这一制度仍然依托于基本医疗保险筹资，所提供的待遇开始逐步向生活护理服务延伸，但限于基本医疗保险基金仅能够支付医疗保障相关内容，这一制度仍然称为医疗护理保障计划。2015年，山东省政府印发《关于开展职工长期照护保险试点工作的指导意见》，在省内东营、潍坊、日照、聊城等地市复制青岛模式的长期医疗照护保险。同年，吉林长春和江苏南通分别启动了失能人员医疗照护保险制度试点和基本照护保险制度试点工作。同年，国家的“十三五”规划建议草案和“十三五”规划纲要都提出探索建立长期照护保险制度。为此，2016年国家人社部出台《关于开展长期照护保险制度试点的指导意见》选择15个地市进行长期照护保险试点。

截至2016年12月，试点城市中已有河北承德市、江西上饶市、湖北荆门出台了相应的长期照护保险试点办法。其他试点城市也已经完成了政策制定，提交政府审议中。从试点城市的相应方案看，大致呈现如下特点：第一，各地试点基本以职工医保覆盖人群为先建立制度，职工和城乡居民医保一体化建立的地方较少，未来城乡居民长期照护保险制度建立的困难仍然存在。第二，大部分地区制度资金来源高度依赖医保基金，包括制度启动基金一次性划拨，缴费时的统筹基金划入和个人缴费由个人账户承担等方式，医保基金承担了过半筹资责任，财政投入责任和个人缴费责任未得到明确。第三，保障服务内容主要为机构护理和居家护理，各地普遍强调居家护理有限。第四，待遇支付范围基本为医疗护理服务和生活照料服务两部分内容。第五，费用支付上基本采用按日和按月定额付费的方式。第六，经办服务委托商业保险公司经办和经办机构经办并存，其中探索实践中委托商

①李孟芬，等，2014. 长期照顾概论——社会政策与福利服务取向，洪叶文化事业有限公司.

保公司经办的较多。

从当前已经实施的地区看，制度类型大致可分为4种：一是关注急性期后医疗护理的照护保险法律制度，提供涵盖短期医疗护理和长期医疗护理待遇，强调机构护理，典型城市制度类型为长春的失能人员医疗照护保险；二是提供长期医疗照护保险待遇，依托基本医疗保险划转资金和有限财政支持的青岛长期医疗照护保险模式，山东省内东营、潍坊、日照、聊城几个地市基本也为此模式；三是以长期医疗护理服务为主，兼顾部分生活护理服务、针对高龄老人的上海高龄老人医疗护理保障制度模式；四是提供长期医疗护理服务和生活护理服务待遇的，典型城市如政府、个人、医保基金三方筹资的南通模式。

第二节　长期照护保险法的基本内容

一、长期照护保险的法律关系

长期照护保险法律关系是指长期照护保险法律制度规范调整过程中在长期照护保险参与者之间形成的权利义务关系。任何法律关系都包括了主体、内容、客体三大要素，长期照护保险法律关系也不例外。

(一) 长期照护保险法律关系的主体

长期照护保险法律关系的主体至少应包括三方当事人，即处于长期照护需求者地位的给付受领人、服务提供者和保险人(给付提供者)。

1. 给付受领者

长期照护保险法律关系之被保险人是指在发生长期照护保险法规定的法定事项时，有权利从保险人处请求获得保险给付之人。日本在长期照护保险被保险人的资格设计上，是以年龄为重要标准进行设定的。根据日本《介户保险法》第九条的规定，市町村内有住所的65岁以上人为第一号被保险人，市町村内40岁以上不满65岁的医疗保险加入者为第二号被保险人。德国则根据“照护保险依随健康保险”的原则，将符合法定健康保险和私人健康保险的被保险人都被赋予加入长期照护保险之被保险人的资格，近乎全民皆保。

2. 服务提供者

由于保险人并非照护服务的实际提供主体，保险人会依据法律和相应契约要求，将照护服务事宜委托给符合法定资格条件的第三人(如照护服务机构、养护之家或个人)来履行照护服务义务。对于照护服务机构，应以法人形态呈现，即应按照法律设立且办理社会福利事项或医事服务的财团法人、公益社团法人或医疗法人。同时为了保障长期照护服务提供者的财务状况，应该规定长期照护服务机构不得为保证人，其资金不得贷给任何人，也不得以其资产为任何人提供担保①。国家应制订对人以及对机构之从业管制措施。对人的管制，包含对机构经营者之资格条件、机构服务提供者人数配置与资格

①台湾社会法与社会政策学会，2020. 社会法(第三版)，元照出版有限公司.

的管制；对于机构的管制，则包含机构设立许可、开业、撤销等异动事项的规范，机构类型、规模、设施设置等标准，对机构辅导、监督、检查、评鉴等办法，以及对于定型化契约的间接管制。

3. 保险人

保险人可能为行政机关或公法人，与给付受领者之间是公法关系。即保险人与特约的给付提供者间学说与实务多认为属于公法关系，双方签订的协议为行政协议。保险人需要对照护认定标准与审查、保险给付、费用负担等重要事项进行具体负责①。日本长期照护保险法中将保险人资格赋予市町村与特别区②，而德国长期照护保险制度组织体制继受已有的健康保险制度组织体制，将长期照护保险人资格依附各健康保险合作社，建立照护保险合作社。但是反过来看，虽然德国照护保险合作社是依附已有的健康保险合作社建立的，但其地位却是独立自主的。

(二)长期照护保险法律关系的内容

1. 保险人与被保险人(给付受领者)之间的法律关系

从长期照护保险隶属社会保险以至社会保障的本质来看，长期照护保险具有明显的强制性和国家保障性，保险人与被保险人之间的权利义务均是国家法律强制赋予的，被保险人与保险人之间的保费比例或数额，保险给付的内容、条件与水平也是国家法律明文规定的，这就意味着保险人与被保险人之间的契约关系具有明显的公法色彩③。保险人因签订协议而形成行政合同。双方因保费收缴、管理、给付等方面形成公法上的期待关系和给付关系。同时，国家赋予了保险人履行保险给付义务之外的附加性义务，包括告知义务、回复义务以及保护被保险人个人资料、个人隐私、商业秘密等义务。另外，保险人在对给付受领者资格审查、应缴纳保费金额以及保险给付等具体业务方面也会与被保险人产生各种法律关系。因此，在被保险人履行义务或请求保险人履行给付义务的过程中，如果被保险人认为保险人的行为违法或侵害了其合法权益，那么自然有权通过行政复议或行政诉讼的方式请求公力救济。

在日本长期照护保险法律制度中，要求作为保险人的市町村制定和执行以每5年为一期、每隔3年须重新评估的“市町村照护保险业务计划”④，该计划要求保险人在掌握需要救济或被照护对象的实际情况的同时，掌握未来保险给付的需求，以期为制定政策提供实际参考。

2. 保险人与服务提供者之间的法律关系

保险人应该对服务提供者因资格审查、服务监管等产生管理和监督法律关系。例如，德国和日本为了促进照护服务主体之间的有效竞争、提高照护服务质量和水平，均选择将照护服务以市场化的方式进行运作，但也不能决然防止可能的道德风险等消极后

①台湾社会法与社会政策学会，社会法(第三版)，2020. 元照出版有限公司.

②日本《介护保险法》第三条规定：市町村及特别区，根据法律的规定，进行照护保险；市町村及特别行政区，在政令规定的地方，须设立特别会计。

③郭明政，2003. 社会保险法律关系争议问题之探讨，载葛克昌，林明锵，行政法实务与理论(一)，元照出版有限公司.

④日本《介护保险法》第一百一十七条。

果的产生。保险人应加强对长期照护服务提供者的管理和监督，而且这一管理和监督必须始终贯穿于事前、事中和事后3个阶段。具体而言，保险人事前的管理和监督主要是进行各种政策的制定和工作指导与建议；在事中阶段，保险人有权利对长期照护服务提供者进行合理监督和检查以及根据被保险人对保险人提出的各类申诉与请求对长期照护服务提供者进行有效质询与处理；在事后阶段，如果保险人认为有必要，有权利要求长期照护服务提供者提交有关照护服务事务文件以便进行监察，如果发现长期照护服务提供者有存在弄虚作假或其他不正当行为的情形，保险人除有权要求长期照护服务提供者全部或部分返还已支付的照护服务费外，还可以对长期照护服务提供者进行必要的行政处分。

3. 被保险人与长期照护服务提供者之间的法律关系

被保险人与长期照护服务提供者之间的法律关系，是基于被保险人之自觉与自愿等原则，由被保险人从照护服务市场中选择并与之签订照护服务契约的一种具有明显私法性质的法律关系。长期照护服务主体接受保险人的委托对有照护需求的被保险人履行照护服务义务，与被保险人之间形成了典型的民事契约关系，这就决定了照护服务提供者在履行照护服务义务过程中与被保险人之间发生的争议属民事争议性质，被保险人可以据此通过民事诉讼的途径维护自身合法权益。

长期照护服务契约不仅需要对给付的种类、内容和范围等事项进行约定，还要约定长期照护服务的存续期间、变更或解除的情形、给付提供的类型或方式以及相关资料的保存等事项。在长期照护服务提供者履行照护服务过程中，由于照护服务提供主体不适当履行告知、咨询回复义务，不能按照护需求者的实际情况履行符合法律规定的一般或特殊要求的照护服务等情况，甚至因履行照护服务过程中对照护需求者权益造成侵害的，作为被保险人的照护需求者就有权利通过民事诉讼的方式请求法院要求照护服务提供者承担继续履行或损害赔偿①的后果。如果照护服务提供者的行为触犯刑法，则需要承担相关的刑事责任。

（三）长期照护保险法律关系的客体

长期照护保险法律关系的客体，即长期照护保险法律关系主体权利和义务所共同指向的对象。照护保险所保障的客体，有别于疾病保险的疾病，而是医学上无法医治的障碍即照护需求。长期照护法律关系的各种主体，权利义务均系因心智障碍者自身的身体状况产生的照顾需求而形成的。即被保险人是否因身体、精神、智能上疾病或障碍，对于生活中有关日常性、规律反复进行的必要活动（例如，洗澡、饮食、行动与料理家事等）具有相当程度的援助必要，且持续或预估将持续6个月以上。不过，照护需求不像一般的疾病一般那样明确，需要在提供保险给付之前，保险人依法借由一定的程序予以认定。根据认定的照护状态和照护的等级确定不同的照护方式、照护费用给付等②。在德国，照护需求程度区分为3个等级：等级一：中度；等级二：重度；等级三：极重度。不同等级，每日照护时间不一样（表8-2）。

①国民生活センター，2000. 介护事故例と补偿实态（その2）介护事故の补偿例と裁判例，赁金と社会保障.
②谢荣堂，2008. 社会法治国基础问题与权利救济，元照出版有限公司.

表 8-2　德国照护需求程度与等级①

照护等级	照护范围及频率	照护时间(每日)
Ⅰ：中度	身体照护、营养补充及移动等，单一或数部分有两种活动以上每天至少进行 1 次；此外，每周至少提供数次家事援助	至少 1.5h 未满 3h
Ⅱ：重度	身体照护、营养补充及移动等部分于不同时间里每天至少须进行 3 次，此外每周至少须提供数次家事援助	至少 3h 未满 5h
Ⅲ：极重度	身体照护、营养补充及移动之部分须全天候支援；此外，每周至少须提供数次家事援助	至少 5h

二、长期照护保险的财务运行

长期照护保险财务的运行主要包括保险费的缴纳、保险资金的运行和管理 3 方面。由于长期照护保险法律制度中，财务制度是否健全将直接影响和决定着长期照护保险法律制度能否顺利运行和长期照护保险需求者利益的实现，所以在已经建立长期照护保险法律制度的国家中，都将财务运行作为一项核心内容进行规划和管理。

(一)主要筹资模式

长期照护保险也要和其他社会保险一样考虑可能面临的财政危机。因此，照护保险应强调收支平衡原则。其中包括实施照护保险的各种照护保险人与实际提供各项给付的机构和设施等，所缔结支付的照护费用不能超过保险费的收入。

从现有制度实践经验看，全世界长期照护保险筹资与运行模式主要分为 3 类②，即以税收为筹资来源的长期照护保险模式、商业长期照护保险制度模式和长期照护社会保险制度模式。

1. 所谓以税收为筹资来源的长期照护保险模式

该模式是指不遵循一般保险的权利义务对等原则，长期照护资金主要由中央和地方政府承担，个人不承担或承担很少一部分的照护费用，由政府向适格主体发放补贴或提供服务，或直接购买并提供长期照护服务给长期照护服务需求主体。这一模式主要以英国、瑞典和奥地利等国家为代表。

2. 商业长期照护保险

遵循自愿和权利义务对等原则，在参保人需要照护时，由保险人参照与被保险人之间所签订的保险合同提供照护补助或服务的一种带有典型商业色彩的保险合同。该模式主要以美国为代表。

3. 长期照护社会保险制度模式

在强调权利与义务对等原则的基础上，强化政府的积极作用，突出强制性和互济性的

①Raimund Waltermann，Sozialrecht，1999. §9 Rn. 221；Wolfgang Gitter? Jochem Schmitt，Sozialrecht，5. Aufl.，2001，§14，Rn. 11-13. 转引自谢荣堂，2008. 社会法治国基础问题与权利救济，元照出版有限公司.

②施魏巍，2012. 发达国家老年人长期照护制度研究，知识产权出版社.

特点，要求法定范围的公民必须参加以实现参保人群之间共担风险的效果。德国和日本是这一模式的典型代表国家。

值得注意的是，虽然每个国家都有相对比较突出的长期照护保险筹资模式，但并不意味着其仅有一种模式，而是以某种模式为主、多种模式并存的一种制度建构。比较各国长期照护保险制度中有关筹资模式的特点与利弊，结合我国已有社会保险制度的特点可以看出，德国与日本尤其是日本的长期照护社会保险模式制度实践和经验更值得我国学习和借鉴。

（二）保险费的缴纳

保险费是长期照护保险制度维系与运行的核心组成，也是社会保险固有与独特的财政手段。一般来说，长期照护保险费是由被保险人、雇主与第三人所缴纳的保费，国家辅助和其他收入来源组成。具体比例与负担各国根据本国国情确定的不同的比例，如德国要求长期照护保险的保费由负有投保义务的雇主和受雇者各自承担保费的1/2，而日本则将被保险人分为第一号被保险人和第二号被保险人，不同被保险人的身份承担不同的缴费比例与数额。下面将以日本《介护保险法》有关保险费的缴纳为例对各类被保险人保险费缴纳制度进行说明。

1. 被保险人的分类与保费负担

（1）缴纳对象与缴纳方法

根据日本《介护保险法》第九条的规定，市町村内有住所的65岁以上的为第一号被保险人，市町村内40岁以上不满65岁的医疗保险加入者为第二号被保险人。由于日本照护法强调高龄者须连带地分摊保费原则，且第一号被保险人的收入与经济水平无法与第二号被保险人相提并论，因此在将第一号被保险人进一步细分为5个等级的基础上，分别规定了各个级别群体不同的保险费等级。该类被保险人保险费的计算通过市町村所定的基准额乘以政策所定的标准比例计算确定①。

在征收的方法上，保险费的征收分为普通征收和特别征收两种。其中，特别征收是由照护保险人向各国民年金保险人收取第一号被保险人应缴纳保费的方式完成的，主要包括国民年金之老年基础年金、厚生年金之老年年金和其他退休年金3类②。而普通征收是除特别征收外，由保险人即市町村直接向被保险人本人、家长或配偶征收的方式。从以上两种征收方式的人群比例看，约有80%是通过特别征收完成，剩余约20%是通过普通方式完成的。

由于第二号被保险人是市町村内40岁以上不满65岁的医疗保险加入者，因此对于此类被保险人的收费原则上并入各医疗保险人协助的范围，而不由市町村收取③。该类被保险人的保险费由医疗保险人依据医疗保险法和地方税法确定不同的缴纳比例，以照护纳付金的名义合并收入。

（2）减免与滞纳措施

虽然照护保险费以被保险人缴纳保费为一般原则，但如果出现被保险人不能或难以缴

①日本介护保险法施行令第三十八条。

②日本介护保险法第一百三十一条、日本介护保险法施行法第四十条。

③日本介护保险法第一百二十九条第四项。

纳保费，继续要求该类群体缴纳将造成生活难以为继的情形，可以依法对其采取减免或延缓缴纳保费的措施①。这类情形主要包括：①因地震、洪水火灾或其他自然灾害，造成住宅、收入或其他财产明显受损；②家庭中主要劳动力死亡或因身心遭受重大伤害而长期住院，造成家庭收入明显减少；③家庭中主要劳动力因为企业停产、停业或失业而造成家庭收入明显减少；④家庭中主要劳动者因干旱、霜冻等灾害致使农业、渔业受损而收入明显减少。在被保险人遭受此类情形而难以甚至无法缴纳保费的情况下，法律赋予市町村根据相关条例规范进行具体减免或延缓处理。

因长期照护保险费与一般社会保险费一样，都具有明显的强制性特点。因此，为保证被保险人能够及时缴纳保费而不至于对保险运行造成不必要的财政压力，《介护保险法》除规定对负有缴纳照护保险费义务的被保险人在受到催告仍然不缴纳者给予税收滞纳处分外，还将被保险人故意甚至恶意滞纳行为与给付结果相联系。对于故意或恶意滞纳的被保险人，以及保险人在催告后仍然不予及时缴纳的被保险人，有权要求其出示保险证并给予暂时性“被保险人资格证明书”并记录给付方式变更的说明，甚至给予暂时拒绝或全部拒绝照护服务给付的最终惩罚。

2. *政府负担*

虽然日本与德国都主要采取长期照护社会保险制度模式，但与德国强调雇主与雇员分别半数负担保费不同的是，日本政府为了强调国家在长期照护保险制度中的国家保障责任、减轻市町村负担等因素的考量，将政府作为照护保险资金来源的重要组成主体。根据日本《介护保险法》的规定②，除被保险人应当承担保险费比例的50%外，中央政府、都道府县和市町村应当依法分别承担照护保险费用的比例为25%、12.5%和12.5%③。这一比例的规定不仅体现出照护保险的一般保险性特征，而且也突出了照护保险的社会性本质，具有明显“混合照护”的特征④。

（三）保险费的运行与管理

以保费为核心的财务制度是长期照护保险制度良性运行的重要保障。对于照护保险费的管理与调度如何处理将直接决定着这一制度的持续性与代际间连带责任公平的价值评价。

根据德国《社会法》法典第四编有关财产运行的条款规定，德国为保证长期照护保险资金的安全和效率，要求照护保险合作社践行目的拘束（营运财产仅能履行法定或章程所规定的任务、行政费用、补足准备金以及注入平准基金）原则和经济节约（以最少的财产实现最大的目标或尽可能最大化地利用既有财产）原则，在力求安全和稳健的前提下，对不同的财产采取不同的投资策略，实现对照护保险资金的科学、有效运行与管理。

日本《介护保险法》、地方自治法和国民健康保险法等法律相关条款也对照护保险资金的运行与管理进行了特别的规定，根据日本《介护保险法》第三条第二项的规定，有关照护保险

①日本介护保险法第一百四十二条。

②日本介护保险法第一百二十二条、第一百二十三条、第一百二十四条。

③北田信一，2001. 图解杂学介护保险，ナツメ社.

④二宫厚美，2002. 新自由主义的构造改革のなかの社会保障，法と民主主义.

费的收入和支出，须设立照护保险特别会计制度①，并将照护保险费的收入和支出区分为照护保险业务和照护保险给付两项，让保险人单纯地执行有关照护保险业务，而将有关照护保险支付与审查等事项交由社会保险费用支付基金或国民健康保险团体联合会执行②，同时将支付基金的管理、支付费用的执行以及照护费用协商等业务集中处理，以保证保险人业务简单、专一化的同时，强化对保险业务的监督。

三、长期照护保险的给付

在长期照护保险法律制度中，有关照护给付的内容和规定是最为复杂的。因为对于被保险人而言，除了关心缴纳多少保费外，更多地考虑其能否获得以及获得多少的照护给付。对于照护给付制度的设计，主要包括需要照护认定和保险给付两大环节。

(一)需要照护认定

需要照护认定是指根据《照护保险法》的规定，保险人基于被保险人或他人提出的需要照护申请，根据法定权限对被保险人是否具有照护必要进行判定，被保险人根据保险人对其认定状态和需要照护等级而决定是否需要照护的一种法定行为。由于需要照护认定是被保险人能否接受照护以及接受何种程度的照护的法定前提条件，所以这一环节对于需要照护的被保险人而言至关重要。

1. 认定机关

为科学、合理地确认提出照护申请的被保险人的客观状态和可能需要照护的等级，必须通过独立、专门的第三人根据法定标准进行有效鉴定。日本成立照护认定审查会执行认定业务，德国将这一业务授权给健康保险医事鉴定服务处，从两国的机关和人员设置看，都要求认定机关人员组成必须是包括但不限于有关保健、医疗、福利以及社工等专业人员。

2. 认定程序

根据日本《介护保险法》的规定，被保险人须在提供有关保险证明的前提下向保险人提出照护需求申请，如果被保险人没有能力提出，可以委托其家属或他人代行提出。同时，根据日本《介护保险法》的规定，对于第一号被保险人，无论何种原因均可以向保险人提出照护需求申请；而对于第二号被保险人则局限于法律规定的痴呆、脑血管、脑出血以及闭塞性动脉硬化等15种特殊疾病③方可提出申请。照护认定审查会根据被保险人的申请，委派市町村所属人员进行第一次审查，再由医师、社会福利专家等专家组成的认定审查会进行第二次也是最终的审查判定。

德国《照护保险法》相比较而言较为简单，健康保险医事鉴定服务处仅就法定的被保险人日常事务之功能障碍，扶助需要的种类、范围与可能存续期间进行专业鉴定，并就以下事项提出最终的建议和看法④：①医学上康复给付；②照护给付的种类与范围；③个案照

①日本介护保险法第三条第二项。

②日本健康保险法第四十三条、日本船员保险法第二十八条。

③服部 万里子，1999. 介护保险のしくみ，日本实业出版社.

④Udsching. Soziale Pflegeversicherung：Kommertar. §2. Rn. 4(2000).

护计划；④照护津贴申请案中居家照护的确保。而最终是否提供以及提供何种方式和内容给付的权力则赋予照护保险合作社。

（二）保险给付

1. 保险给付的一般要件

长期照护保险是为应对和消弭照护需求风险而建立的，因此，照护给付的目的是为了扶助照护需求者，以使其能够在自主和自决的基础上维系符合人性尊严的生活。

对于有照护需求的被保险人，如需得到照护认定和保险给付，须符合和履行一般给付要件，即：

（1）投保长期照护保险。

（2）符合法定期间（此处的法定期间是指被保险人从投保到取得给付请求权所必须经过的时间）。

（3）有实际照护需求。

（4）向照护保险人提出申请。

2. 保险给付的种类与方式

从日本照护保险法实践经验看，保险给付的种类主要包括预防给付（要援助状态相关的保险给付）、照护给付（要照护状态相关的保险给付）和特别给付（为了防止或减轻要照护状态或要援助状态的恶化，由市町村根据地方实际自行提供的保险给付）①3 种（表 8-3）。

表 8-3 具体照护服务给付内容对比②

	居家照护服务（在宅サービス）	机构照护服务（施設サービス）
照护给付	家事援助 访问盥洗照护 居家护理、康复 日间照护 居家疗养管理指导 日间照顾 短期收容 失智症对应型共同生活照护 付费入院疗养照护 福利用具购买与借贷 住宅修缮费	照护老人福利机构 照护老人保健机构 疗养型病床群 失智型患者疗养医院 照护强化医院
预防给付	同上（失智症对应型共同生活照护除外）	—
特别给付	市町村根据相关条例自行制定服务	

与德国将保险给付的方式规定为现金支付和实物给付这一混合给付方式不同的是，日本照护保险的主要给付方式基本上都是以实物给付为主，只有在福利用品的购买或住宅修缮费方面可以享受现金给付。其中，需要护理的被保险人须承担所享受照护费用的 10%，其余 90%的费用由照护保险资金承担③。

①日本介护保险法第十八条。

②厚生省，厚生白书（平成 9 年版）1998.

③日本介护保险法第 40~62 条。

第三节　长期照护保险法的权利保障

所有的法律关系都可以归结为“权利”和“义务”这一法学应然的范畴，这一范畴足可以用来分析和解释即使是最为复杂的法律利益问题①。如何将其中理论中应然的权利转化为个体的实然权利，是每一个部门法必须要正视和解决的核心问题。否则，如果权利得不到保障和实现，则立法就成了一句空话。长期照护保险法中的权利保障就是以“缴纳保险费—请求保险给付”这一“权利—义务”关系为法理基础产生和设计的。对被保险人而言，如何保障其在履行缴纳长期照护保险费义务后实现照护保险给付的权利，将关系到其生存权与人格尊严的最终实现。

一、权利保障概述

所谓权利保障，考察已建立长期照护保险法律制度国家和地区的法治实践经验看，主要可以分为程序权利保障、给付请求权利保障与救济权利保障 3 个方面。如何保证在有立法的基础上，实现“有法必依、执法必严、违法必究”这一法治建设目标，保障权利主体的合法权益实现，是各国长期照护保险立法的一个十分重要的环节。虽然我国在 2011 年已经建成“中国特色社会主义法律体系”，但尚未建立长期照护保险基本法，所以作为权利保障的第一步也是最为重要的一步，就是能够结合我国国情，尽快建立和颁布以保护有长期照护需求人群合法权益的基本法，在健全和完善中国特色社会主义法律体系的同时，为该类群体合法权益的正义实现提供现实的立法保障②。

（一）宪法上的生存权

我国《宪法》第 32 条规定了对于人权的保障，即“国家尊重和保障人权”。我国宪法上没有对于生存权的直接规定，但是 2004 年将人权写入了宪法。但在我国发布的人权白皮书中，一贯将“生存权”写做“首要人权”③，强调“生存权、发展权作为首要的基本人权”。我国宪法第 45 条规定“中华人民共和国公民在年老、疾病或者丧失劳动能力的情况下，有从国家和社会获得物质帮助的权利。国家发展为公民享受这些权利所需要的社会保险、社会救济和医疗卫生事业。”长期照护保险，正属于因应“年老、疾病”之时需要物质帮助的情形。宪法第 44 条还规定了“退休人员的生活受到国家和社会的保障”。虽然长期照护保险的照护需求者自身往往具有“高龄、失能”的特征。

目前对生存权保障的具体措施，如以社会救助为例，主要是典型的生活扶助给付乃以低收入户为救助对象，且救助标准的计算以家庭平均收入为计算标准。但是我国现行低收入户的计算标准并未考虑因照护需求所增加的支出，导致长期照护的需求者往往成为“隐

---

①沈宗灵，1992. 现代西方法理学，北京大学出版社.

②李志强，2015. 论我国老年人长期照护保险立法的必要性，社会福利(理论版)(10).

③郭德鑫，《为人民谋幸福：新中国人权事业发展 70 年》白皮书，其中“新中国成立以来，特别是中共十八大以来，奉行以人民为中心的人权理念，始终把生存权、发展权作为首要的基本人权。”具体内容详见《(新中国人权事业发展 70 年白皮书)新华网，http：//www. xinhuanet. com/politics/2019-09/22/c_ 1125025006. htm，2019 年 9 月 22 日，访问于 2022 年 10 月 18 日。

性救助人口”。政府最多是以特殊津贴的方式，多少补贴当事人的开销①。

（二）人格尊严权

私法中对人格尊严的保护一般都是强调消极保护，即国家或者他人没有侵犯。但是，社会法中对私人人格尊严的保护则不仅仅是消极的不侵犯而已，而是国家要通过积极介入，通过各种物质或者服务的主动供给保障人格尊严②。强化对身心障碍者最重要的国家通过积极介入保护其“尊严、角色、自主权和互动”的不受侵犯，希望能够让其达到自立。因为一个人自立才能感受到自己的人格尊严被尊重。日本介护保险制度所提供的支援，系使高龄失能者尽管进入长期照顾需求状态，仍能依其所具备之能力，基于自己意思经营具一定质量且自立的日常生活为原则③。老年人和身心障碍者本身就具有较多的限制和弱势，希冀达到从人格尊严保障到个人自由之实现，需要将长期照护之定义予以整合，成为法律上的为相关给付的基础。

（三）参与决定权

参与决定权主要是指被保险人有权依据自决和自愿等基本原则，对照护服务有知情和发表意见的权利，以及自由选择照护服务提供者的权利。福利产品的作用，国家、市场、家庭、邻里、社会网络、社区和社会公益性组织及社会福利组织等共同提供福利的产品。一位具有照护需求的居民获得的不仅仅是从单一福利组织而来的照护服务，而是从一个不同角色和机构的系列组合中获得社会福利产品。同样，一位具有照护需求的居民也具有一定的支配自由权从这一系列“组合产品”中实施个人选择，决定通过何种方式满足自己的照护需求。这意味着有照护需求的居民既可以选择家庭式照护服务，也可以选择住院式照护服务，而在家庭式照护服务中，可以选择家庭成员、亲属或邻居提供的照护服务(所谓的现金福利津贴选项)，也可以选择来自私人照护机构、社会福利机构和福利协会提供的专业化上门照护服务(所谓的流动照护服务选项)，或是选择现金福利津贴和上门照护服务的一个双边组合(combi-allowances)。在住院照护服务中，既可以选择完全住院照护服务，也可以选择部分住院的照护服务④。

二、行政保障

从行政保障的角度看，主要是针对被保险人在积极参与照护保险过程中，为保障被保险人权利的充分实现而与保险人和照护提供者之间所发生的包括信息知情权、陈述权和申诉异议权等。

（一）事前权利保障

为减少或预防未来争议的发生，立法应当加强对被保险人提供事前权利保障的条款设置。这一阶段的权利保障主要包括被保险人自决权与自愿权这一自由选择的充分实现、保险确认与保险给付过程的积极参与权利保障两部分。

---

①②钟秉正，2010. 社会法与基本权保障，元照出版有限公司.

③翟绍果，马丽，万琳静，2016. 长期护理保险核心问题之辨析：日本介护保险的启示，西北大学学报(哲学社会科学版)(5).

④刘涛，2016. 福利多元主义视角下的德国长期照护保险制度研究，公共行政评论(4).

1. 被保险人自由选择权的保障

被保险人自由选择的前提首先就是要保证被保险人对照护保险制度相关内容与信息享有充分的知情权①。这就要求在立法过程中加强对掌握相关信息的保险人以及照护服务提供者在处理与被保险人关系过程中的主动公开与告知的力度，以保证被保险人及其家属或第三人能够据此做出正确的判断。

具体来说主要包括照护保险费用的缴纳、减免与滞纳，照护保险的申请流程、照护认定，保险给付的种类、内容与方式，照护保险业务计划的做出申诉处理、诉讼程序以及相关照护服务提供者资料占有与公开等。同时，对于失智型或身心障碍者等被保险人，立法应建立相应的辅助制度帮助其在知情权得到保障的基础上，做出最有利于其合法权益的科学判断。

2. 被保险人积极参与权的保障

长期照护的认定与保险给付是照护需求者缴纳照护保险费后最为关心也是最为关键的问题。根据日本介护保险法对照护认定一般流程的规定，当照护需求者认为自身有照护需求时，需要首先向照护认定审查会提交照护需求申请，经过照护认定委员会认定后方能决定能否享受以及享受哪种程度的照护服务。同时，照护需求者在接受照护需求之前，照护服务提供者需要根据被照护者的实际情况制定具体的照护计划。因此，只有赋予被保险人积极参与的权利，才能保证其在照护认定审查会进行照护认定以及照护服务提供者制定照护计划的过程中参与并陈述意见，以做出对被保险人科学的照护认定判断，并进而制定和提供最有利于照护需求者实际照护需求的照护计划和内容。

（二）事后权利保障

当被保险人认为有照护需求而向照护认定审查会提出申请和照护需求者接受实际保险给付的过程中遭遇权益损害时，如何能够保证其合法权益得到及时、有效的维护是照护权利保障的重要内容。虽然被保险人可以通过司法救济等途径需求权益保护，但毋庸置疑的是司法救济相较行政救济方式，其效率难以得到保证。因此，为保证这一涉及被保险人生命与健康的重要问题能够得到及时、有效的解决，有必要设置并赋予被保险人行政申诉、行政复议权等权利保障条款②，以保证被保险人权利受到损害时能够得到及时的救济。

三、其他权利保障制度

长期照护保险不同于一般社会保险制度，其面向的群体为身体、精神或智力有残障而难以自我维系正常生活的人。如果按照一般的行政、民事或刑事诉讼的方式对其进行权益救济，不仅耗时、耗力，而且因其自身客观情况决定了现实生活中几乎难以行使上述权利，加之享有全天候的照护服务是这类群体的迫切需求，如何能够在保证简单、便捷、效率的前提下，达到争议解决的正义实现，是建立长期照护保险保障制度必须科学设计的一个重要课题。

从域外立法和司法实践看，赋予照护需求群体的被保险人尽可能多的多元权利维护机

①［日］本沢巳代子，1998. 公的介護保険―ドィツの先例に学ぶ，日本评论社.

②［日］田村和之，1996. 情报公开・不服申立て，ジユリスト.

制是有效保护该类群体合法权益的必然选择①。除却行政保障作为主要权利保障制度外，目前国外还有包括申诉制度、行政监察制度和代理人制度作为保障长期照护需求被保险人权益的主要制度设计。

（一）申诉制度

所谓申诉制度是指有照护需求的被保险人对照护服务提供者在履行照护服务过程中出现的不当或违法行为，以书面或口头的形式向法定部门进行投诉，以维护其合法权益的一种简易制度。从法律性质角度看，有照护需求的被保险人与照护服务提供者之间的法律关系属不具有公权力性质，无法通过行政复议或诉讼等手段实现权利救济。因此，在照护服务提供者因提供照护服务过程中出现不当行为甚至违法行为，有违双方协议甚至损害有照护需求的被保险人合法权益时，如何快速、及时地解决其中争议或问题，是及时、有效维护被保险人合法权益、保障其日常正常生活需求的现实要求②。

从照护服务运行实践看，由于照护服务提供者可能会存在如服务态度恶劣、方式方法粗鲁、照护时间偏短甚至虐待被照护者等情形，通过仲裁或诉讼的救济途径虽然最终会得到正义的裁判，但由于此类方式往往耗时耗力，对被照护者而言，即使最终胜诉也会失去了实际效用。而申诉制度具有简单、便捷的特点，恰好能够弥补这一缺陷，申诉人可以通过自己或他人、以书面或口头的形式投诉，接到申诉的相关部门可以在接到被保险人投诉的第一时间进行快速处理，以有效维护被保险人的合法权益。

（二）行政监察制度

行政监察制度，是一种与申诉制度相关联的制度，行政监察机关可以依法对照护服务提供者进行主动监察或根据申诉人的投诉进行针对性的监察。监察官制度源于1809年瑞典宪法第96条到第100条有关司法监督官的条款规定。第二次世界大战以前，作为瑞典宪法体制下特别创设的一种制度仅仅局限在北欧诸国施行，第二次世界大战以后，这一制度开始在全世界推广开来。

第二次世界大战以后，随着许多发达国家、福利国家的诞生，福利国家的理念越来越渗透到包括生活环境的改善、国民医疗健康和保险、生活保护等社会福利领域，并成为行政国家的重要组成部分。随着行政职能的不断膨胀，即使在三权分立的国家也难以对不断膨胀且日益专门化、特殊化的行政机关进行有效监督和制衡，而作为行政机关重要组成的行政监察机关凭借其对问题处理的快速与便捷，以及相对于司法诉讼而言更小的救济成本负担优势，越来越受到社会大众的欢迎。与此同时，这一监察制度也被引入到企业活动等非公权力机构领域，在处理社会弱势群体、消费者、残疾人、高龄者和劳动者等权利保障方面发挥着越来越重要的作用。相比较行政救济和司法救济而言，行政监察制度不仅能够以中立的角色妥善处理问题，而且其可以提供高效、便捷服务的同时，积极发挥预防和科学说服的机制优势，大大弥补了行政救济和司法救济的制度缺陷。在瑞典、美国和日本等国家，行政监察制度也因此被积极引入到了有长期照护需求群体的权利保障领域③。

①〔日〕佐藤进，河野正輝，1999. 介护保险法，法律文化社.

②〔日〕佐藤进，河野正輝，2000. 新现代社会福祉法入门，法律文化社.

③〔日〕北场，勉，等，2001. 介护保险下における苦情対応及び不服申立に关する调查研究，日本社会事业大学.

(三)权利代理制度

权利代理制度，与民法中的监护制度其实质上是一致的。作为民事法律制度中的一项重要制度设计，监护制度在保护未成年人和处于特殊情况下的成年人合法权益方面发挥着重要的功用。尤其是随着老龄化人口的增加，需要进行监护的有心神丧失、失智或失能老年人口数量也急剧增加，如何更好地保护这类以老年失智或失能群体为核心的人群的合法权益，是现在和未来很长一段时间亟待解决的一项重大课题。德国和日本为代表的大陆法系国家①，都已经相继建立了具有明显公法化和社会化色彩的相对比较完善的成年人监护制度或权利代理制度，为有效实现有照护需求者自决权和人格尊严提供了相对灵活和可操作性的权利制度保障。

随着社会结构的转型和社会制度的变迁，以社会法的思维健全和完善民法中的监护制度仍然是未来有待努力的方向。例如监护人对一般被监护人和有长期照护需求的被监护人之间如何区分规范？作为法定代理人的主体权限与义务如何确定？如何对其行为进行有效的法律规范？在被照护主体法定代理人缺失的情况下如何确定其权利代理人？该类代理人的资质如何规范、权益如何保障等问题，都需要在未来健全和完善民法中监护制度尤其是成年人监护制度过程中予以细化和系统的解决。

案例讨论

照护机构内的邻居杀人与护工伤人案件如何预防②

2020 年 7 月 9 日晚，内蒙古赤峰，悦心老年公寓内，一位八旬老人持剪刀行凶，一夜之间，造成三死四伤的后果。

行业内议论的是，管理存在漏洞，工作人员有无 24 小时值班，及时干预问题，以及日常生活中琐事的调节、刀具等的管理问题。

另一个更深远的问题或许是随着大量老年人涌入尚不成熟的民营养老机构，如何管理“问题”老人？又如何避免悦心养老公寓的此类惨剧再发生。

2018 年 8 月 18 日，山西省襄汾县福利养老院招聘的 37 岁厨师张某刑满释放刚刚一年后的一个月时间里，先后杀害两人，其中一名是政府签署集中供养特困人员委托照料服务协议的 66 岁老人，此人最终于 2020 年 11 月 17 日被山西省高院维持死刑判决。

本案关注的焦点，更多是养老机构招聘用人时，应该维持什么样的标准？日常应该如何运营和管理？

---

①李昊，2013. 大陆法系国家(地区)成年人监护制度改革简论，环球法律评论(1).

②孙倩，赤峰老年公寓杀人案再调查：村民眼中的 81 岁杀人嫌犯，环球时报，https：//baijiahao. baidu. com/s?id=1672244005335517332，2020 年 7 月 15 日，2022 年 11 月 18 日；李华：养老院员工勒死两人，竟有前科！家属索赔 27. 8 万，法院：养老院不存在过错，华商连线，https：//www. sohu. com/a/447775970_ 120067607，2021 年 1 月 31 日，访问于 2022 年 5 月 18 日。

第九章　社会救助法

导入案例

低保户隐瞒收入被取消资格 到手低保难追回①

家住雨花台区的居民林明(化名)，离异后与女儿共同生活，目前女儿正在读大学，全家收入就靠他一人。今年2月，林明向社区居委会提出低保申请，当时他提供的收入证明为每月468元，根据收入证明上提供的电话，社区居委会也向其单位进行了核实，收入确实为468元。根据当前南京的低保标准每人每月400元，两口之家就是每月800元的标准，该家庭总收入比低保标准低332元，符合享受最低生活保障待遇的条件，每月领取332元的补差。

但是日前有人举报该家庭骗保，称林明在外面打零工，月收入1200元左右。社区居委会工作人员找到林明核实情况，要求其提供单位的工资卡或工资单，但是他却不愿提供。根据《南京市城乡居民最低生活保障条例实施细则》第二章第五条第二项规定，"拒绝配合社区居民委员会、村民委员会和管理机关进行调查、核查，致使无法核实收入的家庭，不能享受最低生活保障待遇"。南京市民政局昨天作出决定，7月起取消该家庭的低保待遇。

"尽管现在社区严格把关，但还是存在混吃低保的现象。"该人士说，一些单位为了推卸责任和缓解自身压力，将自身负担推向社会，在为低保户开具家庭收入证明时有意隐瞒造假，在有关部门对低保管理人员进行调查核实时也不予配合，有时甚至出现了单位和"低保对象"互相勾结骗吃低保的情况。

思考题：1. 为何现在很多混吃低保的现象？

2. 民政部门在核对资产收入方面存在哪些困境？

第一节　社会救助法律制度概述

一、社会救助的概念

社会救助(social assistance)，是从传统的贫民救济和社会救济这一对范畴中演变而来的，西方国家在20世纪以前习惯于使用"贫民救济"一词，英国1601年颁发的《伊丽莎白

①项凤华，低保户隐瞒收入被取消资格 到手"低保"难追回，现代快报，http://news.sohu.com/20110610/n309797167.shtml，2011年6月10日，访问于2022年7月20日。

济贫法》是西方最早以法律形式确定的社会救助保障法。中国则把1949年前的一切贫民赈济措施称为“社会救济”，并一直沿用至今。无论是“贫民救济”还是“社会救济”，都是对宗教慈善事业、国家政府救济以及民间其他互济行为的概括。把社会救助纳入社会保障体制的，则首推美国1935年通过的《社会保障法案》，这部立法把对老人、孤儿、盲人、伤残者和病人的“社会救助”列为社会保障的三大部分之一。第二次世界大战之后，“社会救助”一词在全世界被普遍接受。社会救助是最古老的社会保障形式，在调整社会资源配置、矫正市场失灵、实现社会公平、维护社会稳定等方面发挥着重要的不可替代的作用。社会救助是指国家或其他社会主体对于遭受自然灾害、失去劳动能力或者其他低收入公民给予的物质帮助或服务帮助，以维持其基本生活需求，保障其最低生活水平的一项社会保障法律制度①。日本学者认为，从运作方式上而言，社会救助具有须经过资产调查、以补充性为原则、给付具有无因性、财政系来源于国家税收等4项特征②。

二、社会救助权

1. 社会救助权的概念

社会救助权是这样一项权利：当公民因遭受不可抗的自然危险或社会危险，不能获得必要的物质生活手段，从而导致基本生存需要无法满足时，有从国家和社会获得生存保障、享受福利救助的权利③。社会救助权的作用不在于提升个人的生活水平或生存质量，而在于帮助受困者摆脱自然或社会危险状态(包括贫困、伤残、疾病、灾害等事实)，保障其实现“免于匮乏的自由”，是一项救急救难的应急性权利④。

2. 社会救助权的作用

(1)区分传统社会救济与现代社会救助制度

公民是否有社会救助的权利，是现代社会救助制度与传统社会救济的重要区别之一。历史上的社会救助表现为对救济者的施舍和恩赐，使受惠者受到人格和尊严的损害，如君主对臣民的恩赐，富人对穷人的恩赐，或者“救世主”对芸芸众生的恩赐。中国古籍中的“赐田”“施舍”“施粥”等记载便是恩赐性的一种体现。穷人和灾民得到恩赐，不得不接受丧失人格尊严的惩罚，在中世纪的英国，接受救济者同时要受到体罚、鞭打、关进牲畜栏等惩罚。现代社会救助由专门的政府机构实行，有严格的科学管理制度，由专门技术人员按照法律规定的标准实行救助。

(2)区分历史救灾赈济和现代社会救助动机

在救助动机方面，历史上的救灾救济与现代社会救助也存在明显区别，历史上的救灾救济的目的更偏向于维护统治秩序，当统治秩序没有危机时，统治者一般不会对贫民和灾民进行救助；在现代社会救助制度下享受救助是公民生存的基本权利，消灭贫困，保障低收入阶层和各种不幸者的基本生活是政府不容推卸的责任。现代社会救助的范围也比以前的济贫范围要广得多，凡在一国规定的最低生活标准以下的相对贫困者都可享受救助，而

①林嘉，2012. 社会保障法学，北京大学出版社.

②郝凤鸣，2008. 新学林分科六法——社会法，新学林出版有限公司.

③④占美柏，2012. 论社会救助权，暨南学报(哲学社会科学版)(8).

且社会救助的标准按国家经济发展水平而不断调整。历史上的社会救济基本上是临时性、随意性较强的救灾济贫活动，并未形成一种经常性的社会救助制度。现代意义的社会救助是社会保障制度的有机组成部分和基本手段之一，社会救助法律制度的本质是保障公民最基本的生存需求①。现代社会救助是国家和社会义不容辞的责任与义务；而获得社会救助是公民所应享有的权利。

3. 社会救助权在宪法上的依据——保障生存权

生存权本是伴随着人的出生而必然具有的自然权利，但国家和法律产生后，如果不对生存权加以确认和保护，公民个人仅凭自身的力量很难实现这种权利，于是，生存权有了转化为法定权利的必要。奥地利法学家门格尔·安东最早把生存权提到"法的权利"的高度。1819 年德国首次在宪法(即《魏玛宪法》)中明确规定了生存权。联合国大会 1948 年通过的《世界人权宣言》第 25 条规定："人人有权享受为维持他本人和家属的健康和福利所需的生活水准，包括食物、衣着、住房，医疗和必要的社会服务；在遭到失业、疾病、残废、守寡、年老或者在其他不能控制的情况下丧失谋生能力时，有权享有社会保障。"1966 年通过的《经济、社会、文化权利国际公约》也确认了人人免于饥饿的基本权利，承认人人有权为他和其家人获得相当的生活水准，包括足够的食物、衣着和住房，并能不断改进生活条件，并且承认人人有权享有能达到的最高的体质和健康的标准，国际社会对于人的生存权给予了高度的关注②。目前，世界上大多数国家的宪法都规定了生存权保障的内容和原则。生存权是最基本的人权，是享受其他人权的前提，而对于遭受各种生活困境的人来说，其基本的生存条件都不具备时，国家和社会必须为处在贫困状态的公民提供最基本的物质帮助即社会救助，社会救助也成为贫困者生存权保障的物质基础。

作为基本权利的社会救助权有其宪法上的依据，我国《宪法》第 14 条和第 45 条是社会救助法律制度的间接依据与直接依据。《宪法》第 14 条规定"国家合理安排积累和消费……逐步改善人民的物质生活和文化生活""国家建立健全同经济发展水平相适应的社会保障制度"。根据《宪法》第 14 条的表述，国家建立的社会保障制度应当是"同经济发展水平相适应的"。即国家应当根据本国的经济发展水平不断对社会保障制度的内容进行调整，既不能超出经济发展水平给国家造成负担，也不能提供低于经济发展的保障制度。我国《宪法》第 45 条第 1 款规定："中华人民共和国公民在年老、疾病或者丧失劳动能力的情况下，有从国家和社会获得物质帮助的权利。国家发展为公民享受这些权利所需要的社会保险、社会救济和医疗卫生事业。"该条规定是我国社会救助权的直接宪法依据。

4. 社会救助权的主体

社会救助权是宪法上的基本权利之一。作为宪法权利，社会救助权的权利主体是中华人民共和国公民，即凡是中华人民共和国公民不分民族、种族、性别、职业、家庭出身、宗教信仰、教育程度和职位高低，不管出于何种原因，只要处于需要救助的生活状态，就有获得救助的权利。社会救助权本身蕴涵着平等权属性，只要是公民，不论其是农民还是

①徐显明，2012. 人权研究(第 11 卷)，山东人民出版社.

②夏勇，1992. 人权概念起源，中国政法大学出版社.

城镇居民，在享有社会救助权利方面，应该是平等的、不受歧视的①。从规范意义上看，社会救助权是普惠式权利，所有人平等享有；但从社会救助权的具体实践上看，其权利主体是特定的，即处于贫困状态、遭受生存威胁的公民个人②。

5. 社会救助权的规范构造

(1)社会救助权的防御权功能

防御权功能首先是自由权的一项权能，指公民有权利要求国家不侵犯该基本权利，并且，若国家对该基本权利进行侵害，公民可以请求排除国家的侵害。就社会救助权而言，当社会救助权主体具有有效选择条件时，享有按照自己意愿行为且不受外界干预的权利，并负有不侵害他人利益和社会公共利益的义务，同时也必须对自己的行为负责。在日常生活中，公民有权利决定自己的生活方式，有权利决定自己是否接受救助，接受何种救助。任何个人和组织不得以"为了公民的好处"而代替公民个人行使权利③。防御权功能对应的是国家的消极义务，即不侵害义务。实际上正是由于社会救助权高度依赖于国家和社会的给付，公权力对基本权利的侵犯更加便利④。

(2)社会救助权的受益权功能

受益权功能对应的是国家积极义务，即公民要求国家为基本权利的实现提供给付或者服务。社会救助权作为一项典型的社会权，主要的功能是受益权功能，即公民在符合法律规定的情形下，可以申请国家给予物质帮助或服务。受益权功能对应的是国家给付义务，最为基础的给付内容是物质方面的给付，除此之外，服务等精神性给付和法律程序也包含其中。社会救助权的给付义务是国家为符合条件的公民提供救助金或服务等基本生活条件。具体何为"基本"，根据我国《宪法》第 14 条的规定，应当与"经济发展水平相适应"⑤。

三、社会救助的特征

社会救助不同于社会保险，也不同于社会福利。社会救助的目标是保障社会成员的最低生活，因而其采用的是"选择性"的"须经家庭经济调查"的手段；而社会保险的目标是保障社会成员的基本发展，故其采用的是"投入—返还"式的"与就业关联"的手段⑥。它的基本特征如下。

1. 社会救助的对象较广

社会救助法调整的是因自身、自然或社会原因，生活发生困难或需要帮助的公民；而社会保险法虽提出"广覆盖、保基本"的方针，但其救济对象仍是以劳动者为中心，保障的是有劳动能力并且可以自食其力的社会成员，与用人单位建立劳动关系，有稳定收入来源的劳动者，也包括已退休的人员。

---

①杨思斌，2008. 社会救助权的法律定位及其实现，社会科学辑刊(1).

②占美柏，2012. 论社会救助权，暨南学报(哲学社会科学版)(8).

③[英]约翰·斯图尔特·密尔，2017. 论自由，顾肃，译，译林出版社.

④⑤李燕林，2021. 社会救助权的规范构造，河北法学(4).

⑥唐钧，1998. 中国城市居民贫困线研究，上海社会科学院出版社.

2. 社会救助关系的发生是基于贫困事实

国家应制定法定的贫困标准，按照该标准发放社会救助待遇，贫困是社会救助的事实要件，救助对象获得救助的前提，也是社会救助制度所要解决的问题。为此，当发生贫困现象是相关部门依申请或职权对申请人的家庭收入状况，财产状况进行调查核实，调查的内容包括收入状况、财产状况、劳动力、赡养人口数等。一般而言，社会救助的对象主要有以下几类：没有劳动能力又无生活来源的人，如孤儿、残疾人以及没有参加社会保险且无子女的老人；收入来源不足，生活水平低于法定最低生活标准的个人；遭遇意外的自然灾害或社会灾害，个人生活暂时无法维持的人等。若符合国家制定的法定贫困标准，应当予以社会救助。

3. 社会救助的资金来源于国家财政和地方财政

社会救助的资金是来源于财政，列入国家总预算支出，社会成员无需缴纳费用，符合条件即可获得社会救助，主要是以政府为责任主体。而社会保险主要表现为单方缴费的原则，体现为权利义务的统一，因此，社会保险的给付可被视为“集体的互助”和“工资的延长”，而社会救助的给付则被视为“国家责任”和“贫穷的救助”，我国《宪法》第 45 条规定：“中华人民共和国公民在年老、疾病或者丧失劳动能力的情况下，有从国家获得物质帮助的权利。”

4. 社会救助提供的是最低生活保障

社会救助提供的是维持最低生活标准所需的实际费用，而社会保险和社会福利都可以在此标准之上，如社会保险金的给付可以依照工资的一定比例或按一个平均的金额发放，还可以是按缴纳积累的数额。

第二节　社会救助制度的立法沿革

一、社会救助法的历史渊源

(一)社会救助法的萌芽和发展(16 世纪至 19 世纪)

社会救助是人类社会最古老的一种保障形式，在社会保障的诸多方式中，其时间最为久远。历史上英国国王亨利八世于 1536 年制定了《济贫法》，规定地方团体负责办理济贫事务，年老、失业及贫困病患者可以申请救济，这是济贫的起源，该法于 1563 年、1572 年和 1576 年经过 3 次修正补充，使济贫制度建立起来①。1601 年伊丽莎白女王颁布了闻名世界的《伊丽莎白济贫法》规定由地方政府负责办理救济贫民的工作。此后，英国历代国王执政时也都颁布或修订《济贫法》，使济贫成为当时政府的一项重要事务。到 1834 年英国通过了《济贫法修正案》，该法规定对于身体健康者停止院外救济，废止各教区救济行政，实行中央督导制，主管全国济贫工作，这使得救济行政在中央政府获得了独立的地位。工业革命尾声之际，斯宾汉姆兰德制被废除，《济贫法修正案》即新济贫法于 1834 年正式出台。1948 年英国颁布《国民救助法》，正式宣告了济贫法制度的终结②。这个时期的

①赵静，2007. 英国济贫法的历史考察，河南大学硕士论文。

②谭磊，2010. 英国济贫法制度的批判与反思——基于近代自由主义的角度，学习与实践(12).

社会救助法的核心理念是惩戒和规训人，严格审查救济对象的资产与财产状况，严格限制救济对象的人身自由①。从本质上看，这种救济仍属于传统的社会救助方式，建立在慈善的、施舍的基础上，而不是把它作为一项人民的权利。

英国的济贫法受到自由主义经济学派的几位学者的批判。其中，亚当·斯密对济贫法批判的主要对象，是1662年针对流动人口所颁布的"住所法"。批判的理由是，"住所法"和学徒法令、行会一样，阻碍了上升时期的资本主义对劳动力自由流动的迫切需求，从而也阻碍了资本的流动。在马尔萨斯看来，济贫法至少存有三大弊端：第一，济贫法重大的、根本性的缺陷是增加了人口，却没有增加养活人口的生活资料。在食物数量既定的前提下，济贫院的食物消耗，必然使得不依靠济贫院生活的穷人应享有的份额减少，甚至被迫去依赖他人，这样"各种济贫法养活了穷人，在某种程度上也在造就穷人"②。第二，济贫法削弱了节制、勤勉、追求幸福的美德。为激励穷人保留这些美德，马尔萨斯甚至认为济贫法不应当淡化耻辱色彩。第三，济贫法破坏了个人独立性，有损个人自由。马尔萨斯的上述论述直接为1834年新济贫法的问世提供了理论支撑。

赫伯特·斯宾塞(Herbert Spencer)认为，第一，济贫法干涉了优胜劣汰的自然进化过程。自然界存在严格而残酷的戒律，例如，通过肉食动物来除掉食草动物中劣质个体的繁殖，从而保证了优质个体的物种进化。人类福利要达到完美的境地，也要依靠这一戒律，而济贫法导致的结果，却相当于鼓励无能之人繁殖，阻碍优势人种的繁殖。第二，济贫法摧残了人类同情和仁慈的美好天性。救助穷人应当基于发自内心的同情，而非依靠法令的强制。第三，济贫法助长了贫困问题。在特定人口中，依靠恩赐而生的人的数量越大，依靠劳动生活的人的数量就愈小；劳动者数量的减少直接导致食品和其他必需品的生产减少，这样贫困问题就产生了③。

在霍布豪斯看来，新济贫法虽保障了老人和穷人免受饥饿，承认了每个人都有获得最低限度生活必需品的权利，但它只是当个人处于赤贫状态，接受政府的严格审查并符合条件时，才能行使这种权利，因此新济贫法损害了个人的尊严。另外，新济贫法施行院内救济原则，损害了个人自由，而且救济标准过低，未能帮助那些曾经自食其力的人，这些都不足以促进个人自立。霍布豪斯谈到，新济贫法下的贫民命运比独立劳工还差④。

(二)社会救助法的发展(19世纪至20世纪)

到19世纪末20世纪初，社会救助制度才发生本质的变化，1899年英国学者朗特里(Rowntree)教授在调查约克郡平民状况之后，提出了"贫穷文化"的相关理论，他认为贫穷的原因不在于个人或家庭，而在于社会，济贫并不是一种施舍、慈善或恩惠，而是国家的责任，应当由政府来办理这份工作。1905年英国成立了"济贫法和济贫事业皇家委员会"，从事济贫的一般调查工作。1908年英国国会通过了《养老金法》，该法规定对70岁以上的老人实施免费养老金制，这成为英国现代社会救助制度的开端。之后，英国陆续颁布了有关的社会福利法，其中相当的部分涉及社会救助的内容。例如，1911年颁布的《国民保险

①刘苏荣，2011. 战后英国社会救助制度研究，云南大学.

②〔英〕马尔萨斯，2007. 人口原理，黄立波，译，陕西人民出版社.

③④谭磊，2010. 英国济贫法制度的批判与反思——基于近代自由主义的角度，学习与实践(12).

法》，其中规定工人在患病、失业时可以获得安全保障；1925 年颁布的《养老和遗嘱保险法》，对鳏寡孤独老年者提供了必要的保障；1925 年制定的《地方政府法》，把社会救助和福利事业作为地方行政，由地方政府负责主持。与英国的社会救助发展几乎同时，其他国家如德国、法国、丹麦、荷兰、意大利等的社会救助制度也得到了发展。

这里特别要提到的是美国，美国的社会救助制度与社会保障制度的发展是同步的。1935 年美国颁布《社会保障法》，规定了 10 项具体的社会保障制度，其中就包括了社会救助制度，有老人救助、盲人救助、孤儿救助等。美国的《社会保障法》的颁布，使现代社会救助制度进一步规范化。然而，更完善的社会救助制度仍然是在英国。1943 年的贝弗里奇爵士提出了著名的《贝弗里奇报告—社会保险及相关服务》，拟定了一套社会保障制度，其中包括贝弗里奇报告—社会救助方案，该方案主要是对社会保险制度不能保护的人给予救助。1946 年英国通过了《国民救助法》，最终取代了已经实施 300 多年的《济贫法》，建立了有福利国家色彩的现代社会救助制度。

现在社会救助制度从本质上说不同于传统的社会救济，它是基于保障公民生存权的思想而发展起来的，改变了社会救助的慈善恩惠的观念。将原来由受教会、私人或地方政府办理的济贫行动，变成了国民的一项权利，并且树立起了政府的责任观念，将对社会贫困群体的救助，视为国家的责任①。社会救助成为一项法律制度，而不再是任意的行为，随着社会的进步，建立规范的社会救助制度已成为各国的一项重要社会政策，并成为国际社会积极推广的一项制度。1948 年联合国大会通过的《世界人权宣言》就庄严的宣布，“人类有脱离恐惧和贫困的自由”，消除贫困获得有保障的生活，成为一项基本人权。

二、中国社会救助的立法变迁

社会救助是一项保民生、促公平的托底性、基础性制度安排。它作为社会保障制度的最后一道防线，在消除贫困、保障公民基本生存权利、维持社会稳定、促进经济发展等方面发挥着不可替代的作用。我国社会救助自思潮萌芽至制度建立，历经千年的实践与发展，已经初具规模，取得了一定的成就。但一直以来，我国社会救助事业的建设和发展主要靠政府政策推进，即便到今天，多项社会救助也全靠政府政策来规范，而社会救助政策有着自身的局限性，限制了社会救助功能的发挥。

考察国外社会救助的发展史，不难发现，在社会救助制度发达的英国、美国、日本等国家均建立了较为完善的社会救助的法律制度，立法成为社会救助制度化的必由之路，每一项救助条件、每一个社会救助项目都是以立法的先行为前提的。实践证明，法律能弥补政策的不足，社会救助工作的开展必须有一套系统可行的法律依据和制度支撑，社会救助立法是建设社会主义法治国家的必然要求。

（一）中华民国时期社会救助法的萌芽

中国的社会救助立法始于中华民国。中华民国政府在 1915 年仿照英国的《伊莉莎济贫法》颁布了《游民习艺所章程》。1943 年颁布的《社会救济法》以及之后的一系列配套规定逐

①余少祥，2008. 弱者的权利——社会弱势群体保护的法律研究，社会科学文献出版社.

渐形成了一套中华民国时期的济贫法律法规体系①。中华民国时期的社会救助立法象征着中国社会救助制度从传统向近代法治化转型的萌芽②。有学者称该《社会救济法》的立法理念及制度体系更开创了中国社会救助法制现代化之先河。该立法已经强调国家责任理念。孙中山就曾指出，“新世界国家，与以前国家不同，通常国家仅能保民，而不能教民养民……今日所抱改造新世界之希望，则非徒保民而已，举凡教民养民，亦当引为国家之责任③。”首先，民国社会救助立法在救助理念上已突破传统施舍恩赐思想。其次，在救助责任主体上，强调责任主体的多元化。民国时期社会救济充分发挥了各种社会力量的作用。再次，在救助方式上，强调激发被救助主体的积极性，发挥造血功能。民国时期对被救助主体实施工赈、农赈、贷款、技能培训等积极的救助措施，激发了被救助主体的自我造血能力。最后，注重救济过程的法制化、常规化、程序化。民国时期对不同主体的不同社会救济行为制定了不同的规范；社会救济行为由应急性规定向常规化转变；社会救济程序机制也日益完善，如《社会救济法》对救济常规程序和特殊程序的规定④。

(二)新中国成立初期社会救助法的发展

中华人民共和国成立初期，社会救助是稳定社会、恢复生产的重要政策内容。1949—1950 年，中共中央、政务院发布了《关于生产救灾的指示》《中共中央关于举行全国救济失业工人运动和筹措救济失业工人基金办法的指示》《中共中央关于失业救济问题的总结及指示》。社会救助主要是通过文件的形式，对失业人员的救助。计划经济时代的社会保障是以就业为核心的单位保障，社会救助主要针对孤老残幼病、麻风病人及其他城乡贫困户，救助形式主要是临时救助。在农村则形成了由农村集体负责救助的“五保”供养，即对无法定养扶人、无劳动能力、无可靠生活来源的老年人、残疾人和孤儿进行的“保吃、保住、保穿、保医、保葬(保教)”的“五保”制度⑤。

(三)改革开放后社会救助法的完善

党的十一届三中全会以后，我国实行改革开放，社会救助逐步从单位中分离出来，企业原来承担的社会救助功能逐步消失，改为主要由政府进行社会救助。国务院于 1997 年发出了《关于在全国建立城市居民最低生活保障制度的通知》决定在全国建立城市居民最低生活保障制度。1999 年，国务院正式颁布实施了《城市居民最低生活保障条例》，对保障对象、保障标准、资金来源、申请程序做了明确的规定。2001 年，国务院办公厅下发了《关于加强城市居民最低生活保障工作的通知》，要求贯彻属地管理原则，加大财政投入力度。农村最低生活保障制度也得到推进，1996 年，民政部印发《关于加快农村社会保障体系建设的意见》，2007 年，国务院发布《关于在全国建立农村最低生活保障制度的通知》等，使“五保户”特困户之外的一些生活困难、家庭人均收入低于当地生活标准的群众的基本生活也得到了保障。此外，其他社会救助工作也继续得到巩固和完善。

2014 年，国务院出台《社会救助暂行办法》，这是我国第一部统筹各项社会救助制度的行政法规，是推动社会救助工作向法制化、体系化、科学化、现代化转型和改革发展的

①⑤林莉红，孔繁华，2008. 社会救助法研究，法律出版社.

②④蒋悟真，詹国旗，2012. 社会救助立法的近代转型及其启示，江西财经大学学报(6).

③孙中山，1973. 中华民国之意义，载王昇，三民主义研究，黎明文化事业股份有限公司.

重要法规支撑。《社会救助暂行办法》共13章70条，不仅将我国长期以来行之有效救助制度及政策提升至法律层面，还首次将救急难、疾病应急救助、临时救助等方针政策纳入法制安排，是我国统筹构建社会救助制度体系的标志，具有重大现实意义和深远历史意义。2018年9月8日全国人大常委会通过的立法规划把《社会救助法》作为条件比较成熟，任期内拟提请审议的立法项目。2020年9月《社会救助法(草案征求意见稿)》出台，在之前国务院《社会救助暂行办法》的框架下，成立一部新的社会救助法，将社会救助制度上升至法律层面。

第三节　社会救助的原则和程序法律制度

一、社会救助的原则

(一)保障生存权原则

生存权是基本的人权，生存权是基本人权内容的核心，生存权如其字面所代表的意思，它是人之为人都有生存下去的权利。1984年联合国大会通过了《世界人权宣言》，该宣言第25条规定："人人有权享受为维持本人和家属的健康和福利所需的生活水准……在遭到失业、疾病、残废、守寡、衰老或在其他不能控制的情况下丧失谋生能力时，有权享受保障。"作为"生命安全得到保障和基本生活需要得到满足的权利。"①当一个人，陷入贫困或发生生存危机，他拥有从国家和社会获得救助以维持生存的权利。这一权利，正是社会救助权，很多国家的宪法文本中，都将这种权利称为"公民在生存危机时享有获得经济或物质帮助的权利"。应该注意到一点，社会救助权早已从人权的范畴上升为一种法律权利。人权不是具体的法律权利，它是一种自然权利，人权的实现只能基于人类的道德与良知。而通过法律对社会救助予以确认，将社会救助提升为法律权利，社会救助权便拥有了合法性，公民救助权利的实现，也因此有了制度和法律的保障。

社会救助权是法律赋予每个公民的一项基本权利，是国家对贫弱群体生存权保障的重要内容。作为一项由制度规范的权利，最低生活保障权维持了贫困人员的最低生活水平，在保障生存权、消减贫困、化解社会危机等方面为公民提供了权利支撑。我国现行《宪法》第45条规定："中华人民共和国公民在年老、疾病或者丧失劳动能力的情况下，有从国家和社会获得物质帮助的权利。国家发展为公民享受这些权利所需要的社会保险、社会救济和医疗卫生事业。" 2004年《宪法》第四修正案第14条又明确提出"国家建立健全同经济发展水平相适应的社会保障制度"。第33条还增加规定了"国家尊重和保障人权"的条款。这些条款首次将人权保障纳入法律范畴，强调国家应建立和发展包括社会救助制度在内的社会保障制度，并从保障公民物质帮助权开始，将最低生活保障权纳入宪法保障的范围，表明了保障公民最低生活保障是国家的基本义务。我国低保制度是对宪法公民生存权保障的回应，是贫困人口所享有的一项基本制度安排，国家应自觉履行职责，通过制度设计为遭受生存危机的公民提供保护，以维护其人格尊严。

---

①王家福，刘海年，1995. 中国人权百科全书，中国大百科全书出版社.

(二)兜底保障原则

我国台湾地区部分学者称之为补充性原则①。在社会保障体系中，社会救助制度是社会经济安全的最后一道防线，如果仅从社会救助制度本身去认识它的定位，难免有所偏差，因此需要从国家整体的社会保障体系架构的角度认识社会救助的定位。后工业时代将人类带入了一个充满风险的社会，社会保障体系的建立，就是要帮助每一个公民去应对将要发生或者已经发生的社会风险。社会救助制度提供了最后一道社会安全网，一旦其他各种社会保障制度都不能发生相应作用的时候，它可以在公民落地遇险的时候网住他们，以免他们坠地②。

社会救助是社会保障体系中的最后一道安全网，在适用社会保障相关制度时，一般情况下应当优先发挥社会福利、社会保险的作用，在其他制度都无法发挥相应作用时，社会救助制度才能启动。社会救助兜底性功能，不能简单地理解为对社会中的贫困群体进行无偿救助，救助的贫困对象中，不同的贫困个体有不同的情况，在贫困群体内部应针对不同的个体有所划分。对于没有劳动能力或者劳动能力不足的个体，社会救助应无条件的进行救助，为他们提供生活保障，这也是目前实践中“低保”制度关注的重点。

(三)选择性和普遍性相结合的原则

“选择性原则是一些强调效率优先的国家与发展中国家在社会保障制度安排中遵循的一项原则。其含义在于根据国家财政的承受能力和受保障群体的经济收入状况及对最低生活保障的需求程度，有区别的安排制度对象范围、待遇水平等③。”作为发展中国家，我国低保制度强调低保对象范围，其选择性表现为将低保对象限定为低于最低生活保障线的家庭，意味着超出此标准的家庭都无法享受最低生活保障。因此，享受社会救助必须经过资产调查，符合相应的标准才能领取到相应的补助。

普遍性原则符合社会保障制度对社会公平、公正的追求体现了人类社会的终极目标。它强调社会保障的全体公民共享，而低保制度中的普遍性原则中的“普遍”，强调的是最低生活保障标准的普遍适用，这意味着这一标准是开放的，所有的社会成员都适用这一标准，无论所处的区域，无论身份地位，无论有无职业，也无论性别年龄差异，只要低于最低生活保障标准都享有获得低保保障的资格，享有平等的被保障权。低保制度的选择性原则和普遍性原则的结合，一方面在经济发展水平允许的前提下满足贫困人口的最低生活保障的要求；另一方面也推进了低保制度的公平和公正。这将有利于我国最低生活保障法律制度的建立与完善。

(四)保障水平与经济社会发展水平相适应的原则

“中外社会保障制度的发展实践表明，社会保障制度只有与社会经济发展相适应，才能在解决相关社会问题的同时获得健康、持续的发展④。”社会经济的发展在对社会保障制度提出回应要求的同时，也为制度回应提供了财力支撑。因为社会保障水平受到社会经济发展水平的制约，经济社会发展决定了社会保障水平的高低，是社会保障制度的物质基础。最低生活保障作为社会保障的一项重要内容，其保障水平也需要与社会经济发展的水

---

①②钟秉正，2010. 社会法与基本权保障，元照出版有限公司.

③④郑功成，2005. 社会保障学，中国劳动社会保障出版社.

平相适应，既不能滞后也不能超前。保障水平滞后会影响低保功能的有效发挥，无法真正解决贫弱人群的生存危机；保障水平超前不仅会让国家和社会背上沉重的财政负担，也会让受助者产生制度依赖，甚至形成贫困陷阱，最终影响整体社会经济的发展。因此，保障水平要适应经济社会的发展水平，随着经济社会发展水平的提高逐步调整提高。社会经济的发展带动了人们生活水平的普遍提高，及时调整最低生活保障标准，一方面，可以保证贫弱人群能够共享社会经济发展成果，维护社会的稳定和谐；另一方面，考虑到社会经济的发展总会伴随着物价的上涨，而“同一标准的保障待遇，在不同的物价水平下，享受的物质生活资料和服务是不同的”①，还应将保障标准的调整与物价挂钩，及时、主动、适当的调整低保标准，保障贫弱人群能获得足够维持其基本生存的物质救助。可见，保障水平与经济社会发展水平相适应的原则是低保制度实施的一项重要原则。

二、社会救助的程序法律制度

为保障受助人的利益，我国社会救助法应该规定以下程序制度。

(一)启动程序

启动程序可以分为由接受救助者提起的程序和由社会救助提供者发起的程序制度安排。由接受救助者提起的程序表现为接受救助者主动申请救助，体现为社会救助对象的积极权利诉求，由社会救助提供者发起的程序制度则表明救助对象被动接受救助，体现为救助提供者的一种积极义务给付。社会救助多数是一种授益性和应申请的行政行为，因此，一般是由需要救助的人向社会救助机关提出申请。申请的形式有口头和书面两种形式。在社会救助对象文化水平低、没有书写能力情况下，口头申请有其存在的合理性。申请人口头申请的，社会救助机构工作人员应将当事人的基本情况和述申请内容记录在案。此外，当紧急事项发生时，如不采取紧急措施将会危及公民的生存权时，社会救助机构可依职权启动社会救助程序，主动实施社会救助。

(二)审查(审核)程序

社会救助机构收到申请人的申请后，应及时对其基本情况进行审查，对符合救助条件的，及时作出批准决定并通知申请人。经审查认为不符合救助条件的，社会救助机关应说明理由并及时通知申请人。

按照我国《城市居民最低生活保障条例》第7条的规定，调查核实手段仅仅限于入户调查、邻里访问以及信函索证等，这些手段具有很大的局限性、模糊性。在实际工作中，工作人员只能依靠入户调查、定期公示、群众举报等原始的、经验的方式来审核申请人是否具有低保资格。公示制度的实施在很大程度上有助于缓解调查困难所带来的问题，从而在很大程度上减少了低保制度运行的行政成本。公示的做法有不尊重社会救助对象的隐私权的嫌疑，并且容易造成社会救助特有的“羞辱效应”，但是，这一做法本身还是受到基层民政工作者以及一般公众的欢迎。

(三)说明理由程序

社会救助机关对相对方救助申请的批准或驳回都需要说明理由。我国《城市居民最低

①钟仁耀，2013. 社会救助与社会福利，上海财经大学出版社.

生活保障条例》第 8 条规定，县级人民政府民政部门经审查，对不符合享受城市居民最低生活保障待遇条件的，应当书面通知申请人，并说明理由。《城市生活无着的流浪乞讨人员救助管理办法》第 6 条第 2 款规定：“救助站对属于救助对象的求助人员，应当及时提供救助，不得拒绝；对不属于救助对象的求助人员，应当说明不予救助的理由。”我国的社会救助法应该坚持并完善社会救助说明理由制度，阐明选择运用法律规范的理由，取得社会救助对象的信任、支持与配合。

（四）听证程序

最低生活保障标准的制定涉及国民收入的分配，既然最低生活保障标准反映了生存权的具体实现程度，关注公民的基本权利保障。所以，社会救助法应该规定最低生活标准制定过程需要听证程序，这有利于加强公民对公共政策制定的参与和监督，也有利于防止政府的专断、恣意或推卸责任。在社会救助听证中，申请人具有得到告之和通知、参加公开听证、提出证据和进行辩护以及查阅救助机关制作的听证笔录的权利。听证程序可由民政部门主持，财政部门、劳动部门、街道办事处或村民委员会人员等工作人员、居民或村民代表及当事人参加，共同审查确定社会救助是否合乎法律规定。

（五）监督程序

社会救助机构在实施救助行为之后，要跟踪审查救助对象的经济状况是否已经好转，当危及公民基本生存权的事项已经不存在，或者公民已经能够维持最低生活标准时，社会救助机构应及时停止救助行为，如果社会救助实施后，不进行不定期的审查监督，使人们都依赖国家和政府，则不利于培养和激励人的自立精神和自强能力，甚至会导致被救助者陷入“贫困陷阱”。监督程序有助于建立社会救助的退出机制，也是发现弄虚作假骗取社会救助行为的重要机制。因此，社会救助法应该规定监督程序。除了规定社会救助机关的行政监督外，还应规定社会救助的行政复议和行政诉讼制度，处理并裁决当事人因政府不予发放、较少发施和停止发放社会救助款物的纠纷。

案例讨论

全国首例！残疾人低保被取消，状告民政局胜诉了！①

大连市民张先生（化名）是一名重度残疾人，因为无劳动能力，无固定生活收入，靠父母供养，符合单独申请低保的资格，于 2016 年 3 月向大连市西岗区日新街道申请低保，并自 2016 年 4 月享受城市最低保障待遇，每月领取低保金 640 元。

然而，到了 2017 年 7 月，张先生的低保突然被取消了，社区低保专干告诉他，因为在核查中，他的母亲有一套住房，这样他的家庭合计有两套住房，不符合条件，故他的低保待遇被取消了。

张先生通过查阅相关文件，获悉了大连市在 2016 年出台了《大连市人民政府关于加快

①余宗明，低保就该“不养懒汉”，新民晚报，人民政协网，http：//www.rmzxb.com.cn/c/2017－10－11/1832174.shtml，2017 年 10 月 11 日，访问于 2023 年 3 月 9 日。

推进残疾人小康进程的实施意见》，该文件明确了重度残疾人可以单独申请低保，张先生认为他的低保待遇被取消，相关部门违反了法律规定，没有将他列入单独申请低保的情形，遂将西岗区民政局和西岗区日新街道办事处作为共同被告，起诉至大连市旅顺口区人民法院，要求撤销两被告的停保通知书的行政行为，责令法院判决两被告给予其低保待遇。

起诉后，西岗区民政局在答辩过程中，认为张先生的家庭包括他本人和父母，他本人不能够和父母作切割，他们家庭属于三人家庭而非张先生一人家庭，他本人有一套住房，他母亲有一套住房，他家庭因有两套住房，违反了《大连市居民最低生活保障操作规范(暂行)》的有关规定，故不能享受低保待遇。

大连市旅顺口区人民法院经过审理后，认为张先生是否享受低保待遇应该向相关有职权的部门提出申请，不属于法院审查范围，对张先生要求法院判决给其低保待遇的请求不予支持，但是，法院认为被告大连市西岗区日新街道办事处给张先生出具的《停保通知书》所作的行政行为系适用法律错误，2018 年 1 月 9 日，旅顺法院作出一审判决，判决撤销了该份《停保通知书》，并责令两被告重新对张先生是否应撤销其低保重新待遇作出行政行为，并承担 50 元诉讼费。该案件经过一审、二审判决后，二审维持原判而结束。

思考题：1. 如果社会救助相关权利受侵犯，需要走什么样的法律程序予以权利救济？

2. 讨论我国社会救助法存在的问题。

第四节　社会救助法律制度的内容

我国社会救助法律制度主要包括 4 类内容：其一，长期生活类救助最低生活保障(城市和农村)制度、特困人员救助制度；其二，专项分类救助制度，分为医疗救助、教育救助、住房救助、就业救助 4 个方面；其三，临时应急类救助制度，分为受灾人员救助和临时救助；其四，补充救助，主要是通过慈善法予以救助(图 9-1)。

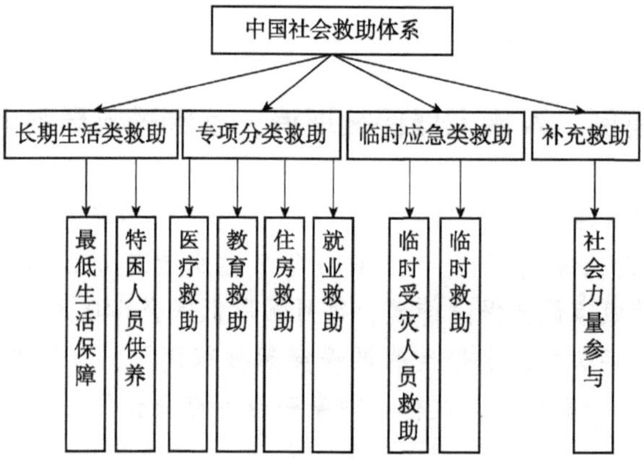

图 9-1　中国社会救助体系示意

一、最低生活保障制度

最低生活保障制度简称“低保”，是国家为保障公民基本生存权而设立的制度，当公民的生活水平低于最低生活保障线时，有权按照法定程序和标准从国家或政府得到救助。获得救助是公民的一项基本权利，设立最低保障制度的目的是保障公民的生存权。

最低生活保障制度是社会救助的核心内容，2014 年之前，我国没有全国统一适用的最低生活保障制度，而是分为城市居民最低生活保障制度和农村居民最低生活保障制度两大部分，并由《城市居民最低生活保障条例》和《国务院关于在全国建立农村最低生活保障制度的通知》等分别规定。2014 年 2 月 21 日颁布的《社会救助暂行办法》，在形式上对我国最低生活保障制度作了统一规定，这符合国民待遇平等的基本原则。为此，本书将摒弃传统上将城镇居民最低生活保障制度和农村居民最低生活保障制度分别评述的城乡二元化观念，立足于城乡一体化的先进理念对其内进行介绍。

1. 保障对象

户籍状况、家庭收入和家庭财产是认定最低生活保障对象的基本条件，为此，《社会救助暂行办法》第 9 条规定，国家对共同生活的家庭成员人均收入低于当地最低生活保障标准，符合最低生活保障家庭财产状况规定的家庭，给予最低生活保障。换言之，以下对象应当纳入社会保障对象的范围：①无经济来源、无劳动能力、无法定赡养人或抚养人的居民；②领取失业救济金期间或失业救济期满仍未能重新就业，家庭人均收入低于当地最低生活保障标准的居民；③在职和下(待)岗人员在领取薪资或最低工资、基本生活费后，以及退休人员领取养老金后，其家庭人均月收入仍低于当地最低生活保障标准的居民；④其他家庭人均月收入低于当地最低生活保障标准的城乡居(村)民。

2. 保障标准

《社会救助暂行办法》第 10 条规定：最低生活保障标准，由省、自治区、直辖市或者设区的市级人民政府按照当地居民生活必需的费用确定、公布，并根据当地经济社会发展水平和物价变动情况适时调整。“当地”一般指各自不同的“城市”和县政府所在地的城镇。

影响最低生活保障标准制定的因素主要有两个：一是基本生活费支出水平；二是当地财政的承受能力。直辖市、设区的市的最低生活保障标准，由市人民政府民政部门会同财政、统计、物价等部门制定，报本级人民政府批准并公布执行；县(县级市)的城市居民的最低生活保障标准，由县(县级市)人民政府民政部门会同财政、统计、物价等部门制定，报本级人民政府批准并报上一级人民政府备案后公布执行。

3. 保障资金

最低生活保障所需资金由地方政府列入财政预算，纳入社会救助专项资金支出项目，专项管理，专款专用。国家鼓励社会组织和个人为最低生活保障者提供捐赠、资助。财政部门、审计部门依法监督最低生活保障资金的使用情况。

二、专项救助制度

1. 医疗救助制度

医疗救助是指国家和社会针对那些因为贫困而没有经济能力进行治病的公民实施专门的帮助和支持①。它通常是在政府有关部门的主导下，社会广泛参与，通过医疗机构针对

①周德民，邻文开，刘志红，2008. 社会保障概论，中国轻工业出版社.

贫困人口的患病者实施的恢复其健康、维持其基本生存能力的救治行为。

（1）救助对象

根据《社会救助暂行办法》以及相关法律规定，医疗救助对象须同时符合以下条件：①须为贫困人员；②须为伤病患者；③须无力支付医疗费用。具体的范围包括：最低生活保障家庭成员；无劳动能力、无生活来源、无法定赡养、抚养、扶养义务人等特困供养人员；伤残军人，孤老复员军人及孤老烈属等重点优抚对象；县级以上人民政府规定的其他特殊困难人员。

（2）救助方式

《社会救助暂行办法》规定了两种医疗救助形式：①对救助对象参加城镇居民基本医疗保险或者新型农村合作医疗的个人缴费部分，给予补贴；②对救助对象经基本医疗保险、大病保险和其他补充医疗保险支付后，个人及其家庭难以承担的符合规定的基本医疗自负费用，给予补助。此外，还规定医疗救助标准，由县级以上人民政府按照经济社会发展水平和医疗救助资金情况确定、公布。

2. 教育救助制度

教育是促进社会平等的基本手段，政府、社会应努力创造条件，让人们有同等受到教育的机会，教育救助的目的就是保障贫困家庭子女的受教育权。

（1）救助对象

救助对象主要包括：①最低生活保障家庭成员；②特困供养人员；③不能入学接受义务教育的残疾儿童。对于最低生活保障家庭成员、特困供养人员而言，教育救助不仅存在于义务教育阶段，且还包括高中教育（含中等职业教育）和普通高等教育阶段。

（2）救助形式

教育救助形式包括：①减免收费，即对贫困生应当缴纳的学杂费、书本费、住宿及其他生活费等少收或不收的救助形式；②现金救助，包括补助金（如寒衣补助）、奖学金、助学金、助学贷款等；③勤工俭学，即利用业余时间做工赚取报酬。

3. 就业救助制度

国务院《社会救助暂行办法》①明确了我国就业救助的主体、形式和内容，具体如下：

（1）就业救助主体

就业救助主体包括就业救助的提供主体和就业救助的对象。政府、再就业服务中心、职业培训机构、职业介绍机构、以招收失业、无业人员为主的劳动就业服务企业或其他企业等都是参与就业救助的主体。就业救助的对象并非所有的无业人员，而应当符合以下条件：①生活贫困，符合最低生活保障条件；②有劳动能力，且是法定劳动年龄内的人员；③处于失业状态，是由于自身生存能力差、社会竞争激烈等客观原因造成的而非主观原因而失业的。

（2）就业救助的形式与内容

①公共就业服务，即由各级劳动保障部门提供公益性就业服务，包括职业介绍、职业培训、就业训练、社区就业岗位开发服务等。②创业优惠，包括税收优惠、行政性收费优

①参见2014年5月1日实施的《社会救助暂行办法》。

惠、贷款贴息等。③安置就业，政府可以直接提供一些公益性岗位，安置就业特困人员。④资金补贴，具体形式有岗位补贴、培训补贴、社会保险补贴等。

4. 住房救助制度

住房救助制度主要是指对城乡特殊困难居民和因灾倒房户在住房修缮、重建和租房方面给予现金与物质补助的制度。住房救助已逐步成为一种独立的专项救助制度。2003 年 12 月，建设部、财政部、民政部、国土资源部、国家税务总局联合下发《城镇最低收入家庭廉租住房管理办法》，规定符合市、县人民政府规定的住房困难的低收入家庭，可以申请城镇最低收入家庭廉租住房。保障方式以发放租赁住房补贴为主，以实物配租、租金核减为辅。2014 年 2 月 21 日，《社会救助暂行办法》规定，对住房困难的最低生活保障家庭、分散供养的特困人员，给予住房救助；明确住房救助通过配租公共租赁住房、发放住房租赁补贴、农村危房改造等方式实施。虽然《社会救助暂行办法》只规定了医疗救助、教育救助、住房救助等专项制度，并不代表只有这些救助法律制度，完善的社会救助法律体系还应当包括法律援助制度、司法救助制度。

三、特殊救助制度

1. 特困人员供养制度

《社会救助暂行办法》第 14 条规定，国家对无劳动能力、无生活来源且无法定赡养、抚养、扶养义务人，或者其法定赡养、抚养、扶养义务人无赡养、抚养、扶养能力的老年人、残疾人以及未满 16 周岁的未成年人给予特困人员供养。这实际上是将传统的农村“五保”供养制度与城市“三无”人员救助制度统一为特困人员供养制度。特困人员供养的内容包括：提供基本生活条件；对生活不能自理的给予照料；提供疾病治疗；办理丧葬事宜。

2. 灾害救助制度

灾害救助是对公民因自然灾害而造成生活困难时，国家或社会对灾民进行抢救和援助，在衣、食、住、行、医等基本生活方面给予其最低生活水平的保障，同时使灾区的生产和生活方面尽快恢复正常秩序的一项社会救助制度①。灾害救助制度包括对基本生活因自然灾害受到影响的人员应提供资金、物资、服务等方面的救助。具体而言，灾害救助制度的主要内容如下：

(1)灾害救助体系及职责

国家减灾委员会负责组织、领导全国的自然灾害救助工作，协调开展重大自然灾害救助活动。国务院民政部门负责全国的自然灾害救助工作，承担国家减灾委员会的具体工作。国务院有关部门按照各自职责做好全国的自然灾害救助相关工作、县级以上地方人民政府或者人民政府的自然灾害救助应急综合协调机构组织、协调本行政区域的自然灾害救助工作。县级以上地方人民政府民政部门负责本行政区域的自然灾害救助工作。县级以上地方人民政府有关部门按照各自职责做好本行政区域的自然灾害救助相关工作。

(2)救灾工作分级管理

根据自然灾害影响范围、危害程度的不同，灾害救助工作由不同层级的人民政府负

①郭捷，2008. 劳动法与社会保障法，法律出版社.

责。一般的或较大的自然灾害救助工作，由发生地县级人民政府统一领导，重大的和特别重大的自然灾害救助工作，由发生地省级人民政府统一领导，影响全国、跨省行政区域或者超出省级人民政府救助能力的特别重大的自然灾害救助工作，由国务院统一领导。

(3)救灾资金分级负担

发生自然灾害后，有关部门应及时组织灾情评估，属于特大自然灾害的，按照中央财政补贴项目和标准安排中央补助资金。对发生一般自然灾害的地区，则由地方政府安排救灾资金用于灾民生活救助。各级人民政府安排的自然灾害救助资金纳入财政预算。受灾地区人民政府应当在确保安全的前提下，采取就地安置与异地安置、政府安置与自行安置相结合的方式，对受灾人员进行过渡性安置。

3. 临时救助制度

临时救助制度是指国家对因火灾、交通事故等意外事件，家庭成员突发重大疾病等原因，导致基本生活暂时出现严重困难的家庭，或者因生活必需支出突然增加超出家庭承受能力导致基本生活暂时出现严重困难的最低生活保障家庭，以及遭遇其他特殊困难的家庭，给予临时性救助的制度。

(1)临时救助的对象和范围

①在最低生活保障和其他专项社会救助制度覆盖范围之外由于特殊原因造成基本生活出现暂时困难的低收入家庭，重点是低保边缘家庭；②虽然已纳入最低生活保障和其他专项社会救助制度覆盖范围，但由于特殊原因仍导致基本生活暂时出现较大困难的家庭；③当地政府认定的其他特殊困难人员。

(2)临时救助的标准和方式

《社会救助暂行办法》第49条规定，临时救助的具体事项、标准，由县级以上地方人民政府确定、公布。为此，各地要根据临时救助的非定期、非定量特征，针对困难家庭的特殊情况和维持当前基本生活的需要，结合本地实际，依照规范的程序合理确定救助方式、救助数额，并注意协调安排有关社会专项救助与其他社会救助政策衔接配套。

(3)临时救助受理程序

申请临时救助的，应当向乡镇人民政府街道办事处提出，经审核、公示后，由县级人民政府民政部门审批；救助金额较小的，县级人民政府民政部门可以委托乡镇人民政府、街道办事处审批。情况紧急的，可以按照规定简化审批手续。

案例讨论

宁吃低保也不工作？低保制度可不养懒人①

据新华社报道，浙江省政府近日正式发布省政府令，公布修订后的《浙江省最低生活保障办法》(以下简称《办法》)。该办法指出，有劳动能力但拒绝劳动者，将被取消其最低

①参见低保就该“不养懒汉”-法治传真-中工网，http://right.workercn.cn/158/201710/11/171011151729256.shtml，2017年10月11日，访问于2022年4月18日。

生活保障资格。这一地方性的“最低生活保障办法”引发不小的舆论关注。近年来，不时有新闻报道提到，部分地区有些劳动者在获得低保后，就不再去找工作，一心“吃低保”。

有劳动能力者“宁吃低保也不工作”，一直以来都在困扰着我国低保制度。这里面，有的是真的“懒汉”，对工作毫无兴趣；另外有些人，则是觉得自己找的工作或者街道介绍的工作薪水太低，比低保也强不到哪去，而且低保户还有其他福利，工作后也都会失去。

我国低保制度当中是否形成“福利依赖”，在学术界尚存在争议。发达国家在20世纪七八十年代所集体出现的“福利超载”及相关的经济、政治问题，跟部分劳动力长时间离开劳动力市场、形成“福利依赖”密切相关。

第十章　社会补偿法

导入案例

2018年年中，国家食品药品监督管理总局发布通告确认，长春长生公司和武汉生物制品研究所有限责任公司生产的多种疫苗不合格，引发社会恐慌。数月后，长春长生公司在承担相关的行政处罚责任后，设立了专项赔偿金，对接种造成的关联损害后果予以赔偿。联系到近年来发生的多起疫苗接种致害事件，学者提出了摒弃社会保险制度，由国家无过错补偿计划先行支付，而后向承担民事责任的疫苗企业追偿的建议①。但是，补偿计划的范围是什么？与民事责任的关系又是什么？补偿计划的主体是哪一级政府财政？与社会保险制度的职能分工又当如何界定？

第一节　社会补偿法概述

一、社会补偿的内涵和基本法律特征

（一）社会补偿的内涵

社会补偿在发展初期是为了弥补特定事件所造成的缺憾，由国家推行的一种“社会衡平”措施②。德国有学者认为，社会补偿是建立在事实要件之上：对于个人因应由集体负责的原因或者法律规定应由集体承担责任的原因而受到的损害，根据损害以及承担损害事故的责任给予补偿③。我国台湾地区有学者认为，社会补偿是社会法的内容之一，是政府对人民因为战争、公权力等造成的损害予以填补，即使合法行使公权力，或虽无违法行为但未善尽职责，以致人民受到损害，在社会正义的考量下，政府通过立法方式对该损害予以填补。社会补偿原理建立在“共同体责任”的基础上，也是对遭受特别损害者之损害予以衡平，由政府以税收提供此项给付④。德国社会法中认为社会补偿是指基于国家整体上存在特别牺牲补偿或基于照顾法上的原则等理由，对于人民健康等方面受到的损害或者经济照顾方面的人身损害方面的请求权给予衡平⑤。

我国大陆地区有学者认为，社会补偿是基于社会连带理论，对于战争、意外事件等特

①冯珏，2016. 民事责任体系与无过错补偿计划的互动——以我国疫苗接种损害救济体系建设为中心，中外法学(6)；娄宇，2021. 论社会补偿权，法学(2).

②钟秉正，2005. 社会保险法论，三民书局股份有限公司.

③〔德〕汉斯·察赫，2014. 福利社会的欧洲设计：察赫社会法文集，刘冬梅，杨一帆，译，北京大学出版社.

④台湾社会法与社会政策学会，2015. 社会法，元照出版有限公司.

⑤〔德〕艾伯哈特·艾亨霍夫，2019. 依据联邦照抚原则之社会补偿，钟秉正，译，载林谷燕，邵惠玲，孙迺翊等，德国社会法，新学林出版股份有限公司.

定因素给个人造成的损害，在传统侵权损害赔偿及其他社会保障制度无法救济的情况下，由社会共同体分担风险、填补损失，保证受害人不因特定因素造成的损害而影响其基本生活的一项社会保障制度①。社会补偿是国家对于战争、意外事件以及其他应由国家承担责任的原因导致的个人损害，在受害人无法通过侵权损害赔偿及其他社会保障制度获得救济的情况下，由国家和社会给予受害人特定损害补偿，以维持其基本生活安全的社会保障制度。社会补偿是基于衡平性的考虑，对受害人所遭受的损失主动给予一定补偿，借以实现社会正义的制度，具有浓厚的社会福利性质，但又与传统的社会保险、社会救助不同。

（二）社会补偿的基本法律特征

社会补偿制度既能对风险起到预防分担作用，又能及时对受害人的损失起到补偿作用，保障受害人的基本生活不因特定风险的损害而发生重大变故。在突发公共卫生事件中引入社会补偿制度，本质上是国家为了预防突发公共卫生等事件导致的损害，在受害人无法通过社会保险、社会救助、侵权损害赔偿等制度获得救济时，以社会整体力量分担受害人的损失，通过损害赔偿的社会化维持受害人的基本生活。就社会补偿的特征而言，主要包括 4 个方面：一是补偿的有因性。不同于社会救助给付的无因性，社会补偿始终以发生损害的特定原因为前提，即由某个特定事由引起损害的补偿，如在突发公共卫生事件中有受害人基于特别牺牲原因的补偿。二是补偿的法定性。社会补偿属于照顾保护的法律，是对受害人生命健康及基本生活安全的补偿，这决定了社会补偿的给付原因、给付标准及给付内容都需由法律严格规定，并且应当符合我国经济社会发展的水平。三是补偿的社会性。补偿对象的社会性，即只要基于特定原因遭受生命、健康等损害的社会成员都可成为补偿对象；经费来源的社会性，即社会补偿资金的来源是多元的，除了通过税收负担外，还可从慈善捐款等其他社会化渠道获得；基金管理的社会性，即社会补偿基金需要由政府、社会组织等多个机构共同管理。四是补偿的无偿性。社会补偿无需社会成员预缴费用②。

（三）社会补偿与社会救助、社会保险、社会福利的区别

社会保险制度以参保资格和缴费为给付前提，社会救助制度以现实需求为给付前提，社会福利虽然给付项目广泛，但是以全部社会成员和特殊弱势群体为给付主体③。在功能上，社会保险旨在预防风险，在风险产生时通过给付来保障个人生活水平不会急剧下降，因此设置社会保险的目的是保障社会安全；社会救助旨在帮助个人摆脱困顿的生活状况，因此设置社会救助的目的是保障基本生存；社会福利旨在改善个人、家庭或社会群体内部的社会状况，促进全体国民，尤其是弱势群体共享发展成果，因此设置社会福利权的目的是实现机会平等④。社会补偿是指为了实现社会团结，对受害者通过社会救助、社会保险、社会福利无法涵盖受损的社会利益的补偿。社会补偿是因国家作为或者不作为或者是为了促进公共利益而在重大事件如战争或为整体利益要求对公民遭受

---

①郑尚元，2019．社会保障法，高等教育出版社．

②林嘉，张韵，2020．突发公共卫生事件社会补偿制度的构建，中国人民大学学报（5）．

③尚晓援，2001．“社会福利”与“社会保障”再认识，中国社会科学（3）．

④娄宇，2021．论社会补偿权，法学（2）．

的人身损害提供的给付①。

二、社会补偿的种类

针对社会补偿的种类，不同的学者有不同的看法。有学者提出目前我国法律中存在一定的社会补偿制度，例如，发放独生子女费、移民补偿、退伍补偿、军烈属抚恤等。但是仍然有诸多社会补偿问题需要在立法层面上得到解决，包括：犯罪被害人补偿问题、退伍军人补偿问题、民办教师补偿问题、事业单位改革下岗分流人员的补偿问题、重大突发事件受影响人补偿问题、计划生育受影响公民的社会补偿问题、受伤害见义勇为者和志愿服务者的补偿问题、医事意外受伤害者补偿问题②。这里结合国内学者的论述，主要就普遍性的几个方面的社会补偿种类予以列举。

(一)不真正工伤补偿

我国《工伤保险条例》第15条第2项规定，职工在抢险救灾等维护国家利益、公共利益活动中受到伤害的视同工伤。工伤系职工在工作时间和工作场所内，因工作原因受到的事故伤害，上述情形不满足工伤认定的要件，因此在法律性质上不是工伤，可以称为“不真正的工伤”。就法律性质而言，不真正的工伤补偿实为社会补偿的一种类型，解决的是为了维护公益抢险救灾的受害社会成员与客观受益的社会成员之间的利益平衡问题③。德国社会法中，将职工在捐血、器官捐赠、从事志愿服务等方面受到的伤害都归之为不真正工伤的范畴。甚至，对于幼儿园儿童、学生以及大专院校的学生在教育机构发生意外事故，建筑由官方资助的住宅而受伤，即便是为自己或协助邻居建造，也受不真正职业灾害保险保障④。

(二)犯罪受害人补偿

有观点认为国家垄断了惩罚犯罪的公权力，因此负担预防和制止犯罪的义务，犯罪是未尽此义务时发生(于国家而言)的客观结果，所以国家负有补偿损害结果的责任⑤。此观点也可视为受害人补偿权的正当性基础，即在现代社会，国家扩大了对公民生存保障的职能，对不积极作为(有时甚至是没尽到积极预防义务)时对受害者履行的一项利益补偿责任。即当受害人无法从罪犯或者其他来源得到充分补偿时，可以要求社会补偿。在犯罪行为造成受害人健康权损害时，实施国家财政先行给付和向犯罪人代位求偿救治费用的机制，此项社会补偿以医疗救治为主，而由于对生命权和健康权的诉求没有人群的差异，所以不应当区分受害人的财产状况和经济承受能力，而给予与社会医疗保险待遇相仿的给付⑥。

(三)疫苗接种健康受损补偿

一般来讲，预防接种有两种类型：一类是强制性的预防接种，即当事人接受预防接种不仅是自身身体健康所必需，也是对大众健康的支持，预防接种是义务；另一类是自愿性预防接种，即当事人根据自身情况，进行特别的预防接种。按照《预防接种异常反应鉴定

①④〔德〕艾伯哈特·艾亨霍夫，2019. 依据联邦照抚原则之社会补偿，钟秉正，译，载林谷燕，邵惠玲，孙迺翊等，德国社会法，新学林出版股份有限公司.

②董文勇，2016. 我国社会建设时代的社会法及其体系论纲，河北法学(10).

③⑥娄宇，2021. 论社会补偿权，法学(2).

⑤程滔，2011. 刑事被害人的权利及其救济，中国法制出版社.

办法》《全国疑似预防接种异常反应监测方案》等行政法规规定，既非因疫苗生产与流通环节的问题，又非因疫苗接种不规范引起的异常反应，受害人可以请求一定的无过错补偿①。即疫苗接种健康受损是在合格疫苗接种前提下的不良反应所致，对于疫苗生产厂家而言，不产生民事损害赔偿责任。但是对于当事人而言，却因疫苗接种健康受损。对于该受损，社会保险待遇是对参保人群体缴费的对价给付，对于非参保人群不能适用。在此情形下，通过社会补偿对受害人予以权利救济是最佳选择。

(四)药物受害补偿

随着现代医疗制度的发展，大量新药的上市，很多西药在治疗人疾病的同时，都有一定的副作用。而不同的个体，其副作用反应不一。合法药品上市，造成特定的药害虽然是偶然因素，但大数概率的偶发导致的受害人伤残却是客观存在的。受害人在这种情形下，无法得到制药企业的赔偿，也不能申请社会保险的给付，除特殊情形外，也不一定是能获得社会救助的低收入人群。社会补偿通过对该类受害者予以补偿，有助于体现社会的公正②。

(五)高空抛(坠)物致害补偿

高空抛(坠)物受害，在现实中有很多时候查不到侵权人。在查不到侵权人的情况下，一般有两种情形。第一种案件情形是民事案件。通过经由法院提起民事诉讼是最为常见的方式。第二种案件情形是刑民交叉案件。如果确认是刑民交叉案件，但同时又无法查明侵权人的，那么在司法程序上就会陷入一种窘境。由于案件未能侦破，故而无法找到可为案件负责的罪犯。如前所述，依据《刑事诉讼法》第104条的规定，附带民事诉讼的审理不可能早于刑事案件的审理，更不可能早于刑事案件的侦破，所以，附带民事诉讼就只能一拖再拖，成为难以企及之选项。那么，受害人的处理方式就会如同第一种情形那样，转向直接提起民事诉讼。但是，一旦进入诉讼程序，整个过程会非常冗长复杂，诉讼过程将消耗大量的人力物力，且诉讼结果有相当的不确定性。而且对于整个社会而言，这项法律制度的运行成本会非常之高，效率十分低下。通过社会补偿来填补高空抛(坠)物所产生的伤害，便捷、高效，成本低廉，而且体现了受害人权利本位，符合风险承担社会化的趋势。有学者提出，以专项维修基金来作为该项社会补偿基金来源更符合我国现实。目前我国专项维修资金的资金沉淀较为严重。以北京市为例，至2020年年底，全市商品住宅专项维修资金的银行存款账面余额就已经高达604.75亿元，而该年度使用金额仅为7.70亿元③。为了提高资金的使用效率和减轻业主的财务负担，建议可以将专项维修资金更名为“建筑物公共安全基金”，不仅可以实现房屋维修的社会化，还可以提取一定比例作为高空抛(坠)物受害人社会补偿的主要资金来源④。当然，针对该点是否应该纳入社会补偿范围，学界尚未形成共识。

(六)突发公共安全卫生风险受害补偿

随着社会的发展，各种公共安全卫生风险越来越多，新型冠状病毒、非典型肺炎等带

---

①娄宇，2021. 论社会补偿权，法学(2).

②郑尚元，2019. 社会保障法，高等教育出版社.

③参见2020年度北京商品住宅专项维修资金归集使用情况的报告，社保网 https://m.shebao.southmoney.com/gongjijin/202105/114836.html，2021年5月，访问于2021年2月18日。

④潘羿嘉，2020. 社会补偿视角下高空抛(坠)物致害的救济，法学(10).

来的社会风险就在于会因为政府采取的疫情防控措施导致员工被隔离而无法正常提供劳动。在该期间员工的工资性收入损失应该由谁来承担？2020 年 2 月 7 日人社部联合全总、企联(企协)、工商联联合发布《关于做好新型冠状病毒感染肺炎疫情防控期间稳定劳动关系支持企业复工复产的意见》，要求企业不得在职工被实施隔离措施或紧急措施期间，解除因受相关措施影响不能提供正常劳动职工的劳动合同或退回被派遣劳动者；对因依法被隔离导致不能提供正常劳动的职工，要指导企业按正常劳动支付其工资。但是，应当认识到传染病防控行为具有强烈的正外部效应，隔离行为产生的效益为社会每一个人所享受，而其损失也应由全社会共同承担①。

2003 年，加拿大联邦政府修订了其就业保险条例，使因隔离而失业和中断就业者，取消提供医学证明和 2 周等待期的要求，即可领取失业保险金；同时还通过联邦收入救济计划，针对没有资格获得失业保险金的人员，提供全职工人每周 400 加元，兼职工人每周 200 加元，最高 6000 加元的补偿。为应对新冠肺炎疫情，新加坡卫生部 2020 年 1 月 27 日宣布实施强制休假计划(Leave Of Absence，LOA)，被令居家隔离者每天可获 100 元新币补贴，受雇员工的补贴直接给予雇主，自雇人士则能直接获得这笔钱。我国台湾地区“特别条例”对疫情防控所涉劳动者的薪资保障与社会救助给予细致化区分与规定。首先，接受居家隔离、居家检疫、集中隔离或集中检疫者，于隔离、检疫期间(包括家属为照顾生活不能自理之受隔离者、检疫者而请假者)，其任职单位应给予“防疫隔离假”，单位可就给付其“防疫隔离假”薪资金额的 200%，自申报当年度所得税之所得额中减除②。因此，认为企业履行对被隔离人员的工资给付义务是在为国家承担责任，还是企业应天然承担此项义务的观点和规范都不合理③。

第二节　社会补偿制度的完善

一、明确社会补偿制度的立法理念

(一)确立基本生活安全保障的立法目的

社会补偿制度的功能在于对为社会公共利益作出贡献和承担损失的公民，以及对受突发事件影响而遭受损失的公民提供利益平衡的手段，使社会发展的成本不会任由公民独自承担，恢复其社会权利的完整性。在整个法律体系中，社会补偿既具有民事责任的担保功能，又具有填补社会保障漏洞的功能，亦具有弥补国家赔偿和补偿制度不足的功能。社会法视野下的突发公共卫生事件受害人的社会补偿和其他社会保障制度类似，都是建立在社会连带理论基础之上，为适应现代社会衍生的社会风险，以社会团结为手段所采取的社会政策，具有浓厚的以公力救济个人的衡平色彩，这决定了社会补偿以保障受害人生命、健康安全及基本生活安全为目的④。

(二)建立基于风险结果的国家责任

尽管社会补偿法中的国家责任也被称为“公法上的责任”，但并非对应国家损害赔偿责

---

①②③肖竹，2020．重大疫情防控中工资给付风险负担与社会补偿的法制完善，行政法学研究(3)．

④林嘉，张韵，2020．突发公共卫生事件社会补偿制度的构建，中国人民大学学报(5)．

任或国家补偿责任。社会补偿法中的国家责任划分主要有两个标准：间接性与普遍性。间接性是指行政行为与损害结果之间的关系，国家应该对特定危险导致的损害结果给予制度保护，因为获得社会补偿的权利与这种危险导致的损害情况有关；普遍性是指社会补偿涉及的危险是不可控制的，造成的损害人数也是不可预测的，一旦发生重大损失，受害人都是普遍的，不存在与特定国家行为致害对应的特殊受害人①。因此，面对个人无法以自身能力克服或排除的危险与风险，为了保护特定社会公共利益，我们无需将损害承担与肇事主体的违法行为进行连接，而是应突破传统国家责任被动式、个别式的填补损害赔偿或损失补偿路径，以社会正义和安全作为制度目标，构建全体社会成员共同分摊的机制，才能填补民事侵权损害赔偿、国家赔偿、国家补偿之间的制度漏洞。毕竟面对突发公共卫生事件，建立社会安全正义的价值要远高于对个人正义的矫正。以《宪法》第45条规定的社会保障责任为规范依据，从整体社会资源分配正义的角度，我们需要建立国家积极主动的基于风险结果的责任，即当人民遭受损害的原因并非直接源自行政行为，而是源自自然事实或社会风险等时，国家以受害人的损害需求和风险应对为基础，由国家对受害人维持、重建基本生活提供各项社会保障②。

(三)明确社会补偿的辅助性原则

从责任原因来看，法律上的损害赔偿或补偿包含两类：一是侵权行为所致的损害赔偿或补偿，既包含个人行为也包含国家行为；二是基于法律规定的特定事由所致的赔偿或补偿，并以此形成民事责任、传统国家责任与共同体责任3种责任类型。如果将责任原因视为同心圆，核心就是基于侵权行为所导致的赔偿、补偿责任，包含民事侵权损害赔偿责任和国家赔偿、补偿责任，邻近的圆圈则由作为社会补偿权基础的共同体责任组成，同时共同体责任的圆圈又被责任自负的圆圈包围，使得共同体责任要承认和尊重责任自负的法律秩序。这意味着共同体责任无法轻易应对一般性的社会生活风险，原则上不得随意通过社会补偿任意地将风险社会化，即如果不是基于公共利益，国家无法将财政资金用于补偿金给付。因此，从本质上讲，国家补偿责任的范围与辅助性原则的要求相一致。此外，社会补偿给付属于纯粹的单向行政给付，必须考量财政给付的能力和水平。社会补偿给付资金来自政府编列的预算资金及社会捐赠的特点，决定了社会补偿只是对特定生命、健康及基本生活损失的分散与补偿，并非是对个人损害的绝对完全填补，至于损害的完全填补仍需通过其他损害赔偿制度或者社会保障制度的救济路径实现③。

二、确定社会补偿的法律关系主体

(一)社会补偿的对象

社会补偿制度保护的对象是普遍且广泛的，所有国民都有权获得社会补偿；而获得突发公共卫生事件社会补偿给付的对象则是遭受突发公共卫生事件影响，导致生命、健康、基本生活等非财产损害的自然人及其遗属。若以突发公共卫生事件中损害发生的原因为标准对给付对象进行类型划分，可以包括：①基于社会连带原因的补偿对象。对于确诊患者、疑似患者遭受生命健康损害的，可给予诊疗救治费用的补偿；对于强制接受医疗隔

①②③林嘉，张韵，2020. 突发公共卫生事件社会补偿制度的构建，中国人民大学学报(5).

离、居家隔离或集中隔离的家庭或个人，可给予防疫补偿；对于突发公共卫生事件中无任何过错的自然人被传染患病导致死亡、重伤的，可对受害者及其遗属给予必要生活补偿；由于疫情原因导致未成年人所在的学校无法开学，监护人因需要照顾儿童而停止劳动的家庭，可对收入损失部分给予生活补偿；对于流浪乞讨人员可给予防疫补偿。②基于特别牺牲原因的补偿对象。对于因参与疫情防控工作而导致伤病、死亡的人员，除了工伤保险等损害赔偿制度救济以外，应给予受害人及其遗属相应的优待抚恤补偿；对于在志愿服务、见义勇为过程中，导致自身健康、生命遭受损害，应给予受害人及其遗属相应的优待抚恤补偿；对于参加疫苗临床试验的志愿者，若因疫苗接种导致健康、生命遭受损害，应给予受害人及其遗属相应的损害补偿。③基于社会道德原因的补偿对象。对于参加疫情防治的医务人员和其他从事防疫的人员，可给予工作补偿；对于积极参与各项防控工作的志愿者以及见义勇为者，应予以防疫奖励补偿；对于参加疫苗临床试验的志愿者，可给予奖励补偿；对于从事疫情防控工作表现突出的人员，可给予奖励补偿等①。

（二）社会补偿的机构

社会补偿制度的核心是行政给付，这决定了社会补偿的主体是政府或其授权组织机构。如根据《中共中央关于深化党和国家机构改革的决定》《深化党和国家机构改革方案》《国务院机构改革方案》的规定，国家卫生健康委员会负责组织落实疾病预防控制规划、国家免疫规划以及严重危害人民健康公共卫生问题的干预措施，制定检疫传染病和监测传染病目录，负责卫生应急工作，组织指导突发公共卫生事件的预防控制和各类突发公共事件的医疗卫生救援。结合该职能分工，国家卫生健康委员会可作为突发公共卫生事件社会补偿的主管行政部门②。

三、建立社会补偿给付机制

社会补偿制度功能的发挥依赖社会补偿给付的实现，这就涉及社会补偿的方式、标准以及社会补偿基金的问题。

（1）确定补偿方式

社会补偿方式可以包含金钱给付、实物给付及服务给付。金钱给付包括一次性金钱给付和持续性金钱给付。一次性金钱给付可包含医疗补助金、诊疗救治费、收入损失补贴、生活护理费、伤残死亡补助费、供养亲属抚恤金等；持续性金钱给付可包含按特定周期领取伤残补贴、传染病后遗症患者的诊疗救治费用及基本生活补贴等。实物给付是指提供各类防疫所需的医疗卫生用品。服务给付是指提供各类诊疗康复服务及维持基本生活所必需的其他服务。其中，建立治疗救助补偿请求权的目的是尽可能消除健康损害后果，保证受害者恢复身体健康。当然，这部分治疗救治请求可结合医疗保险、工伤保险、社会救助等制度协同分担，对于其他社会保障制度无法覆盖的，可由社会补偿兜底负担。

（2）明确补偿标准

当个人遭受特定应由社会共同体负担的风险而受到损害时，国家通过履行照顾义务，

①林嘉，张韵，2020．突发公共卫生事件社会补偿制度的构建，中国人民大学学报（5）．

②韩德培，1995．人权的理论与实践．武汉大学出版社．

概括承受特定风险事件导致的损害后果，一般抽象地将风险事件与损失结果的因果关系联系起来，依据风险大小与受害人需求多少来决定补偿给付标准，但始终要以能够维持受害人基本生活、保持生命健康安全为标准；同时，该补偿标准应与我国经济社会发展水平相一致，以公平可持续的适当给付为原则。

(3)设立社会补偿基金

突发公共卫生事件的社会补偿制度作为公共事务的一部分可纳入国家财政预算，社会慈善捐款及其孳息收益等也可作为补偿基金的重要来源。在新冠肺炎疫情防控中，国家对新冠肺炎患者、疑似患者发生的医疗费用进行兜底补助，事实上具有极强的社会补偿给付属性。未来在社会补偿制度建立后，突发公共卫生事件中受害人的诊疗救治费用可由社会补偿基金统一支出，无需再对其他社保基金支出范围进行临时调整，这将有效保证社会保险基金的精算平衡与资金安全，有序发挥各类社会保障制度的作用。

案例讨论

公共安全卫生风险是否应由地方财政买单？①

2020 年，新冠肺炎疫情肆虐全国，财政部与国家医保局要求对确诊新型冠状病毒感染的肺炎患者发生的医疗费用，按规定在基本医保、大病保险、医疗救助等支付后，个人负担部分由地方财政给予补助，实现全免费。

思考题：1. 医保基金支付后由财政补贴的法律依据何在？

2. 补贴的主体为什么是地方财政，而不是中央财政？

3. 武汉市为了打好防疫攻坚战，将各发热门诊留观病人的门诊费也由政府负担，基本医保基金的支付项目甚至也由地方财政支付，这是否存在法律依据？

①娄宇，2021. 论社会补偿权，法学(2).

第十一章　社会福利法与社会优抚法

导入案例

如何保障困境儿童的福利？

全国共有孤儿50.2万人，在事实上无人抚养的儿童达61万人，14岁的残疾儿童达387万人，加上其他类型的困境儿童，民政部估计全国困境儿童数量数百万①。

第一节　社会福利法概论

一、社会福利的概念

社会福利的概念有广义和狭义之分。从广义的角度来理解，社会福利是一种以满足社会公众需求、改善人的福祉为目的社会支持机制，是包括社会保障在内的，一切旨在改善民众生活水平，提高民众生活质量的社会救助、社会服务等措施的总和②。在我国，社会福利的概念需要从狭义的角度进行理解，即社会福利是指国家和社会通过各种制度建构和保障措施，让全体社会公众或部分社会成员获得高于基本生活水平的一系列物质支持和服务支持的总和。我国的社会福利从属于我国的社会保障体系，兼具"补缺型"和初步的"普惠型"社会福利制度的特点。在我国，社会福利、社会保险和社会救助三者共同构成了我国社会保障制度的三大核心支柱。

二、社会福利政策的演变

社会福利政策经历了从"消极型""消费型"福利向"积极型""投资型"福利的转变。吉登斯指出，"我们应当提倡一种积极的福利，公民个人和政府以外的其他机构也应该为这种福利作出贡献，而且，他还有助于财富的创造"，因为"它关乎人的幸福"③。

其特征可归纳：其一，"无责任即无权利"。按照吉登斯的观点，传统福利制度下的出现福利依赖现象，其原因是没有把权利和责任结合起来即过分强调公民福利权利，而忽视公民应尽的责任和义务。其二，权利和责任是统一的，既没有不享受权利的单纯的

①国家统计局，第二次全国残疾人抽样调查领导小组，第二次全国残疾人抽样调查主要数据公报，国家统计局网，http：//www. stats. gov. cn/tjsj/ndsj/shehui/2006/html/fu3. htm，2007年5月28日，访问于2022年7月15日。

②周沛，2014. 积极福利视角下残疾人社会福利政策研究，东岳论丛(5).

③［英］安东尼，吉登斯，2000. 第三条道路——社会民主主义的复兴，郑戈，译，北京大学出版社.

责任，也没有不承担责任的单纯的权利。“领取失业救济金的人，应当履行主动寻找工作的义务”“改革了的国家将是一个社会投资型国家，在风险与安全、个人责任和集体责任之间建立了新的关系……在任何可能的情况下，要投资于人力资本，而不是直接给予利益”①。

三、社会福利的特征

社会福利具有社会保障的一般特征，与社会保险、社会救助相比，其具有以下特征：

（一）保障对象的普遍性

社会福利是面向全体国民，具有普惠性。当然，特殊群体的福利虽然是针对特定群体，但是只要属于该群体就可以普遍享有，没有任何前置性条件，因而也具有普遍性。这不同于社会保险，要求以参保、缴费为前提，而社会救助待遇的享有则需要符合经济甄选标准为条件。

（二）保障水平的高层次性

社会救助、社会保险和社会福利的保障水平，在整个社会保障体系中呈现由低到高、不断递进提升的层次分布。社会救助以保障最低生活水平为目标，对生活难以维系的贫困者属于“雪中送炭”，社会保险是使参保人不会因风险而降低既有生活水平，从而“风雨无忧”。而社会福利的目标是普遍提高生活质量，使全体国民在既有生活水平之上“锦上添花”。

（三）待遇标准的一致性

社会福利待遇的给付标准，与国民个体的劳动贡献、经济状况、职业角色等无太多关系，而是强调公平和人人有份。而社会保险标准则与参保人缴费和自身状况有关，社会救助待遇则与保障对象的贫困程度有关。

（四）保障方式以提供服务为主

社会福利的保障方式具有多样性，除少数情形中的专项补贴外，更多的是通过提供社会福利设施和相应福利来提升生活质量。而社会保险和社会救助则以提供保险金、救助金（或实物）为主。

四、社会福利的种类

现代国家的社会福利是以公共福利为基础，职业福利为补充。公共福利包括专项公共福利和特殊群体福利。

（一）专项公共福利

专项公共福利是指在某一专项领域向全体国民提供的福利，如义务教育、公共图书馆等。公共福利一般为免费提供，但有些项目也会收取一定的费用，该收费并非基于收回成本或获取利润的考虑。在我国，专项公共福利主要有教育福利、卫生福利和文化福利等。

1. 教育福利

教育福利是对国民受教育权的保障。百年大计，教育为本，教育是民族振兴、社会进

---

①于素芳，2007. 吉登斯的积极社会福利思想，淮北煤炭师范学院学报（6）.

步的基石。我国针对教育方面投入了大量的财政资金，实现了免费的九年制义务教育，在高等教育中施行设立奖学金、师范生免费制度等社会福利措施。

2. 卫生福利

卫生福利是对国民健康权的保障，包括医疗、饮食、防病等涉及人体健康等各方面内容。我国不断扩大公共卫生服务项目的覆盖面，完善重大疾病防控体系和突发公共卫生事件应急体系建设，建立健全食品安全卫生监测评估预警、食品安全标准和事故应急处置与调查处理体系。加强农村三级卫生服务网络建设，建立社区卫生服务机构与大医院、专业公共卫生服务机构之间上下联动、分工明确、协作密切的城市医疗卫生服务体系。

3. 文化福利

文化福利是对国民文化权利的保障。国家不断完善大中城市公共文化设施，加强图书馆、博物馆、文化馆、美术馆等公共文化基础设施的建设，实现国有博物馆、美术馆等公共文化设施及有条件的爱国主义教育基地的公共文化设施、群众体育运动设施等向社会免费或优惠开放制度。

(二)特殊群体福利

特殊群体福利又称专门福利，是指向老年人、妇女、儿童等特定群体提供的福利。相关内容将在下面详细介绍。

(三)职业福利

职业福利又称职工福利、集体福利，是指已经就业的职工所能享受的所在单位提供的各种福利，包括职工集体福利和职工个人福利。职工集体福利是指面向本单位全体成员的普遍性或集体性的职业福利，如单位食堂、职工子弟学校。职工个人福利是指针对特定条件下的职工个人的职业福利，多为福利性补贴，如交通费补贴、通信补贴等。

第二节　儿童福利法

2018年民政部成立儿童福利司，标志中国现代、普惠性儿童福利时代来临①。贵州毕节流浪儿童闷死于垃圾箱、河南兰考孤儿葬身火海、南京女童饿死家中、北京红黄蓝幼儿园虐童警示保护儿童福利权、儿童福利立法的重要性。

一、儿童福利权

儿童福利权是《儿童权利公约》《经济、社会与文化权利国际公约》等诸多国际人权公约中规定的一项儿童人权。从宪法人权角度看，儿童福利权是儿童在生存、发展的过程中，因儿童之为人的尊严而从国家、社会和家庭获得保障或服务，以满足其基本生存、提高生活质量之需求的基本权利②，需要国家的尊重与保障。然而，中国始终秉承“养不教，父之过”的理念，认为家庭照顾是儿童福利权实现最直接且最重要的模式，儿童福利权国

①刘继同，2022. 中国特色现代儿童福利观的范围内容、层次结构与制度灵魂角色，人文杂志(1).

②吴鹏飞，2015. 儿童福利权国家义务论，法学论坛(5).

家义务鲜有提及，政府唯有在儿童完全丧失家庭抚育时方才介入①。从儿童权利的角度而言，儿童是具有独立人格的生命个体，理所应当地拥有获得国家帮助与照顾的权利。儿童福利权作为儿童的一项社会权利，追求平等与自由的价值，需通过儿童福利立法予以确认，实现权利由自然性向规范性的转变。儿童不仅是国家未来的主人翁，更是拥有自由权益的市民及国民，当儿童身心受到伤害时，家庭、社会甚至国家需要保障其身心权益，保证儿童受教育权。儿童福利立法的目的主要在于保护未成年人的身心健康，维护未成年人的合法权益，促进未成年人的健康发展。

哈丁(Harding)依据国家和家庭在儿童照顾上的分工情况以及人们对待儿童权利的态度，将儿童福利政策的取向分为自由放任主义、国家干预主义、尊重家庭及双亲权利、尊重儿童权利与自由4种类型②。自由放任主义主张父母对子女的教养方式有充分的决定权，政府对家庭的干预应减至最低。此种观点起源于19世纪，至今仍然深植于西方社会中，即使政府介入家庭事务中也往往较易于接受双亲的解释而不轻易使用强制权。国家干预主义观点与19世纪末、20世纪初政府介入福利事务密切相关。其认为儿童是社会的公共资产，而非父母的财产③。在所有的人力资本中，儿童作为“100%国家的未来”应成为社会投资战略的首要关注对象，这就是所谓的“以儿童为中心”的社会投资战略。该战略拥有个体层面和国家层面双重效益：投资于儿童可以提升个体未来获取收入的能力，使个体的未来更有保障；作为未来公民、国家的希望，每一个孩子都代表着一定的经济价值，象征着今后几十年的国家繁荣④。因此，儿童受到不适当的照顾时，政府应提供高品质的替代性照顾，可对不适任的父母采取强制带离孩童的措施。尊重家庭及双亲权利的政策取向与第二次世界大战后福利国家的扩张有密切关系。其主张家庭是儿童成长的最佳场所，即便因特殊原因而使亲子分离，也应尽可能努力维持儿童与家庭的关系，因此，虽然政府介入家庭事务，但其角色在于为家庭提供支持⑤。尊重儿童权利与自由则认为儿童如成人一般是独立的个体，有权自己做决定，应保证儿童的自我权利不被成人剥夺。由于儿童是否足够成熟到能独立做决定受到广泛质疑，因而该政策取向很难真正落实。目前，力倡儿童权利的国家有瑞典和挪威，并在其立法、政策或实务上强调儿童的自主权和其他权利⑥。

(一)儿童生存与发展权

人的生存与发展是一种状态和事实，既包含其本义拥有的生命及其延续，也含有尊严地活着的内涵；对儿童而言，其既包括儿童身体上的发育成熟，也包括精神、情感、认知、社会与文化能力上的发展。所谓儿童生存与发展权是指儿童生命安全得到保障、基本生活得到满足及其全部体能和智能得到充分发展的权利。其中，生存权的核心是最大限度地存活，发展权的主要内容是获得适当信息的权利以及思想和宗教自由、文化和社会生活参与权等。具体而言，儿童生存与发展权主要包括但不限于以下内容。

①吴鹏飞，2015. 儿童福利权国家义务论，法学论坛(9).

②⑥Harding, L F, 2014. Perspectives in child care policy, Routledge(9).

③杨志超，2017. 加拿大儿童保护制度演进的基本导向及启示，宁夏社会科学(6).

④刘云香，朱云鹏，2017. 向儿童投资：福利国家社会政策的新转向，中国行政管理(6).

⑤彭淑华，2005. 以家庭处遇为基础的儿童保护工作之检视，儿童及少年福利(9).

(1)儿童享有最大限度存活的权利

母亲怀孕阶段，此时的最大限度存活权的意义在于“善种”，要求婚前检查及产前筛检确保排除不良遗传，最大限度地分散出生缺陷和死亡风险。出生后发育期，也就是儿童有了生命后，最大限度存活权最直接地体现在尊重儿童生命的两个方面：安全——儿童的生命不得受到任何的侵害与剥夺；延续——儿童作为人应当具备最基本的生存条件，如衣、食、住、行等方面基本的物质生活保障。

(2)儿童享有获得适当信息的权利

儿童享有获得促进其社会、精神和道德福祉及身心健康的信息和资料的权利。从积极方面而言，凡是儿童需要且能促进身体、精神、心智和道德等方面发展的信息和资料，均是适当的。从消极方面而言，损害儿童福祉的信息和资料均为不适当信息(也称不良信息)，即某些单位或个人为了牟取利益或实现其他目的，利用通信工具、计算机网络、广播、电视、出版物等信息媒介散布的，通过程序、图像、文字、声音等一种或多种形式呈现的，含有危害儿童思想、道德、心理和行为等方面健康发展的信息和资料。因为儿童不具备筛选信息的能力，故获得适当信息权利的保障依赖于政府、社会及家庭的合力，既要确保儿童能从多种途径获取信息和资料，又要保护儿童免受不良信息的侵害①。

(二)儿童健康与保健服务权

(1)享有健康预防保健的权利

儿童预防保健权是要求国家、社会和家庭为保障儿童健康成长，在现有医疗水平之下，尽最大努力向儿童提供专业性和基础性的预防保健服务。涵盖儿童出生缺陷综合防治、婴幼儿死亡率的控制、获得适当医护人员的护理、儿童营养状况的改善、主要传染病的预防及清洁安全的饮用水等内容②。

(2)获得健康与保健教育的权利

开展儿童健康与保健服务教育，有利于人们改变其有害行为，加强自我保健能力，改善日常行为和周围环境，能促进健康、减少疾病和死亡。《儿童权利公约》要求国家开展预防保健对父母的指导，确保他们得到有关儿童保健和营养、母乳育婴优点、个人卫生和环境卫生及预防意外事故的基本知识。

(3)获得必要医疗援助的权利

《儿童权利公约》第 24 条第 2 款确立了儿童有权获得必要医疗援助的权利。首先，儿童享有获得基本药物的权利。从国家角度而言，就是要保障儿童药物的充足性(数量供应充足)、可及性(非歧视以及经济上可以负担)、可接受性(符合医疗道德和社会规范)和高质量(达到最与当时科学和医学技术相匹配的质量标准)。其次，儿童有获得医疗救助的权利，也就是要求国家建立健全医疗救助制度，保障患有白血病、先天性心脏病等儿童重大疾病及家庭经济困难的儿童获得基本医疗卫生服务③。

(三)儿童受教育权

《儿童权利公约》规定，凡 18 周岁以下的自然人，均享有接受教育的权利。从宪法学

①③吴鹏飞，2015. 儿童福利权体系构成及内容初探——以宪法人权理论为视角，政治与法律(2).

②孙修真，2012. 儿童健康权保障研究，西南政法大学.

原理来看，儿童受教育权主要包括以下 2 个方面的内容。

(1)义务教育的无偿化

根据《中华人民共和国义务教育法》的有关规定，国家对接受义务教育的学生免收学费，并设立助学金，帮助贫困学生就学。尤为值得一提的是“两免一补”政策，即近年来我国政府对农村义务教育阶段贫困家庭学生就学实施的一项资助政策，主要内容是对农村义务教育阶段贫困家庭学生“免杂费、免书本费、逐步补助寄宿生生活费”。此项政策从 2001 年开始实施，其中中央财政负责提供免费教科书，地方财政负责免杂费和补助寄宿生生活费。此外，2011 年国务院启动实施农村义务教育学生营养改善计划，中央每年拨款逾 160 亿元，按照每生每天 3 元的标准为农村义务教育阶段学生提供营养膳食补助。

(2)接受教育的平等化

儿童之间，不应该因性别、出生地、身体状况在受教育方面机会不均等。从接受教育的平等的本义而言，并不排除人们根据不同权利主体的适应性和能力平等，这种差别对待正是有利于真正实现儿童受教育权的平等①。我国《教育法》《妇女权益保障法》《残疾人保障法》均规定了儿童享有平等接受教育的权利。

(四)残疾儿童特别照顾权

残疾儿童是指在心理、生理及人体结构上，某种组织、功能丧失或不正常，全部或部分丧失以正常方式从事某种活动的能力，可能阻碍其在与他人平等的基础上充分和切实参与社会活动的未满 18 周岁的人②。首先，根据卢梭不平等理论可知，残疾儿童之身体障碍、生理残疾或精神残疾是自然上的不平等，要实现其平等参与社会生活，就应在制度上给予残疾儿童特殊的照顾；其次，残疾儿童是“弱势中的弱势”——他们是儿童，又是生理、心理、智能或情绪等方面存在缺陷或功能障碍的残疾人③。因此，《儿童权利公约》和《残疾人权利公约》均确认了残疾儿童特别照顾权④。

案例 1：汪某(女方)与钱某(男方)经人介绍于 2011 年认识，汪某是全球五百强企业财务人员，月薪 3 万，丈夫无固定工作，曾借高利贷抵押贷款输掉一套 400 万的房子。汪某 2018 年起诉要求离婚，一审判决离婚，双胞胎儿子(7 岁)归母亲抚养，父亲每个月支付抚养费 3000 元，房产补偿 182 万给男方，对方上诉，二审发回重审。双方在持久的离婚诉讼中争夺子女的抚养权和财产权，因为爷爷奶奶喜欢双胞胎哥哥，经常被接到爷爷奶奶家，男方争夺老大的抚养权，双方撕拉下哥哥出现心理问题和异常行为，不断用牙齿咬自己的衣服，咬别人的衣服，把很多东西放在舌头上舔⑤。请问，该儿童的什么权利受到了侵害？

二、儿童福利法的立法模式

儿童福利立法模式是指在儿童福利立法过程中，立法机关为实现立法目标所采取的方

①林来梵，2001. 从宪法规范到规范宪法——规范宪法学的一种前言，法律出版社.

②唐久来，等，2009. 中国残疾儿童康复事业发展 60 年，安徽科学技术出版社.

③[法]卢梭，2009. 论人类不平等的起源，高修娟，译，三联书店.

④吴鹏飞，2015. 儿童福利权体系构成及内容初探——以宪法人权理论为视角，政治与法律(2).

⑤杨旭，2021. 照亮隐秘的角落：家事案件的社会工作服务与未成年人权利保障，河北法学(8).

法、结构、体例及形态的总称。因政治因素、经济水平、立法传统、价值理念等诸多方面存在差异，各国儿童福利立法的模式呈现多样化的特征，同一国家不同历史时期的儿童福利立法模式不尽相同①。

（一）以法律的保障范围为划分标准：普惠式、救助式

1. 普惠式立法模式

普惠式立法模式是指一国儿童福利立法目标在于保障全体儿童的各项福利，惠及儿童的所有生存发展需求，以英国和瑞典为典型代表。此种立法模式：一是强调福利主体的普遍性；二是福利内容的全面性。

2. 救助式立法模式

救助式立法模式，亦可称为补缺式立法模式，即该国儿童福利立法仅以少部分困境儿童为对象。早期日本儿童福利则采取此种立法模式，如1947年《儿童福利法》第二章“福利措施”针对的是残疾儿童。直到20世纪末《日本儿童福利法》修改，开始重视全体儿童福利①。

（二）以福利责任主体为划分标准：福利国家式、社会参与式

1. 福利国家式立法模式

福利国家式立法模式是指把国家（政府）作为儿童福利责任的主体，由国家提供广泛的儿童福利服务的模式。20世纪中叶以后，“福利国家”思潮盛行，经济高度发达的西方福利国家大幅提高儿童福利支出，政府在儿童福利供给中发挥了越来越重要的作用，主要代表是瑞典、丹麦、挪威等北欧国家。

2. 社会参与式立法模式

社会参与式立法模式不是一味强调政府的责任，而是注重家庭、社会、政府多元化的责任划分，提倡家庭、社会、政府在儿童福利领域共同参与、共存发展，以日本、韩国、美国为代表。强调家庭作为儿童福利保障的基本单位提供福利服务，这种模式的优点在于将政府的干预与市场的效率结合起来，政府并不直接提供服务，而是委托社会组织对家庭和儿童提供具体服务并对这些组织进行指导、监督和管理，这样引入了民间资本，减轻了政府财政负担②。

三、儿童福利法的内容

（一）家庭保护

依据《未成年人保护法》的规定，父母或其他监护人应当履行以下监护职责：

（1）父母或其他监护人应当创造良好、和睦的家庭环境，依法履行对未成年人的监护职责和抚养义务；禁止对未成年人实施家庭暴力，禁止虐待、遗弃未成年人，禁止溺婴和其他残害婴儿的行为，不得歧视女性未成年人或者有残疾的未成年人。

（2）父母或者其他监护人应当关注未成年人的生理、心理状况和行为习惯，以健康的思想、良好的品行和适当的方法教育和影响未成年人，引导未成年人进行有益身心健康的活动。父母或者其他监护人应当学习家庭教育知识，正确履行监护职责，抚养教育未成年人。

（3）父母或者其他监护人应当尊重未成年人受教育的权利，必须使适龄未成年人依法

①②吴鹏飞，2018. 中国儿童福利立法模式研究，江西财经大学学报（1）.

入学接受并完成义务教育，不得使接受义务教育的未成年人辍学。

(4)父母或者其他监护人应当根据未成年人的年龄和智力发展状况，在作出与未成年人权益有关的决定时告知其本人，并听取他们的意见。

(5)父母或者其他监护人不得允许或者迫使未成年人结婚，不得为未成年人订立婚约。

(6)父母因外出务工或者其他原因不能履行对未成年人监护职责的，应当委托有监护能力的其他成年人代为监护。

(二)学校保护

1. 教育职责

依据《未成年人保护法》的规定，学校应当全面贯彻国家的教育方针，实施素质教育，提高教育质量，注重培养未成年学生的独立思考能力、创新能力和实践能力，促进未成年学生全面发展。学校应当尊重未成年学生受教育的权利，关心、爱护学生，对品行有缺点、学习有困难的学生，应当耐心教育、帮助，不得歧视，不得违反法律和国家规定开除未成年学生。学校应当根据未成年学生身心发展的特点，对他们进行社会生活指导、心理健康辅导和青春期教育。

2. 人身保护职责

学校、幼儿园、托儿所的教职员工应当尊重未成年人的人格尊严，不得对未成年人实施体罚、变相体罚或者其他侮辱人格尊严的行为。学校、幼儿园、托儿所应当建立安全制度，加强对未成年人的安全教育，采取措施保障未成年人的人身安全。

3. 管教职责

教育行政等部门和学校、幼儿园、托儿所应当根据需要，制定应对各种灾害、传染性疾病、食物中毒、意外伤害等突发事件的预案，配备相应设施并进行必要的演练，增强未成年人的自我保护意识和能力。学校对未成年学生在校内或者本校组织的校外活动中发生人身伤害事故的，应当及时救护，妥善处理，并及时向有关主管部门报告。对于在学校接受教育的有严重不良行为的未成年学生，学校和父母或者其他监护人应当互相配合加以管教；无力管教或者管教无效的，可以按照有关规定将其送专门学校继续接受教育。

(三)社会保护

1. 政府及有关部门的职责

(1)保障未成年人受教育权利

各级人民政府应当保障未成年人受教育的权利，并采取措施保障家庭经济困难的、残疾的和流动人口中的未成年人等接受义务教育。

(2)对流浪未成年人救助义务

县级以上人民政府及其民政部门应当根据需要设立救助场所，对流浪乞讨等生活无着落未成年人实施救助，承担临时监护责任；公安部门或者其他有关部门应当护送流浪乞讨或者离家出走的未成年人到救助场所，由救助场所予以救助和妥善照顾，并及时通知其父母或者其他监护人领回。对孤儿、无法查明其父母或者其他监护人的以及其他生活无着落的未成年人，由民政部门设立的儿童福利机构收留抚养。

(3)对儿童预防接种职责

卫生部门应当做好对儿童的预防接种工作，国家免疫规划项目的预防接种实行免费；

积极防治儿童常见病、多发病，加强对传染病防治工作的监督管理，加强对幼儿园、托儿所卫生保健的业务指导和监督检查。

(4)发展托幼服务职责

地方各级人民政府应当积极发展托幼事业，办好托儿所、幼儿园，支持社会组织和个人依法兴办哺乳室、托儿所、幼儿园。各级人民政府和有关部门应当采取多种形式，培养和训练幼儿园、托儿所的保教人员，提高其职业道德素质和业务能力。国家依法保护未成年人的智力成果和荣誉权不受侵犯。

(5)发展职业教育职责

未成年人已经完成规定年限的义务教育不再升学的，政府有关部门和社会团体、企业事业组织应当根据实际情况，对他们进行职业教育，为他们创造劳动就业条件。

2. 企事业组织及其他社会组织和个人的职责

(1)对未成年人免费或优惠开放

爱国主义教育基地、图书馆、青少年宫等应当对未成年人免费开放；博物馆、纪念馆等场所，应当按照有关规定对未成年人免费或者优惠开放。

(2)支持创作有利于未成年人健康成长作品

国家鼓励新闻、出版等单位和作家、艺术家等以及其他公民，创作或者提供有利于未成年人健康成长的作品。国家鼓励科研机构和科技团体对未成年人开展科学知识普及活动。国家采取措施，预防未成年人沉迷网络，鼓励研究开发有利于未成年人健康成长的网络产品，推广用于阻止未成年人沉迷网络的新技术。

(3)食品或服务要有利于未成年人健康

生产、销售用于未成年人的食品、药品等，应当符合国家标准或者行业标准，不得有害于未成年人的安全和健康；需要标明注意事项的，应当在显著位置标明。中小学校园周边不得设置营业性歌舞娱乐场所、互联网上网服务营业场所等不适宜未成年人活动的场所。营业性歌舞娱乐场所、互联网上网服务营业场所等不适宜未成年人活动的场所，不得允许未成年人进入，经营者应当在显著位置设置未成年人禁入标志；对难以判明是否已成年的，应当要求其出示身份证件。

(4)劳动要有利于未成年人身心健康

任何组织或者个人不得招用未满16周岁的未成年人，国家另有规定的除外。任何组织或者个人按照国家有关规定招用已满16周岁、未满18周岁的未成年人的，应当执行国家在工种、劳动时间、劳动强度和保护措施等方面的规定，不得安排其从事过重、有毒、有害等危害未成年人身心健康的劳动或者危险作业。

(5)任何组织或者个人不得披露未成年人的个人隐私

对未成年人的信件、日记、电子邮件，任何组织或者个人不得隐匿、毁弃；除因追查犯罪的需要，由公安机关或者人民检察院依法进行检查，或者对无行为能力的未成年人的信件、日记、电子邮件由其父母或者其他监护人代为开拆、查阅外，任何组织或者个人不得开拆、查阅。

(6)学校、幼儿园、托儿所和公共场所发生突发事件时，应当优先救护未成年人

禁止拐卖、绑架、虐待未成年人，禁止对未成年人实施性侵害。禁止胁迫、诱骗、利用未成年人乞讨或者组织未成年人进行有害其身心健康的表演等活动。

（四）司法保护

依据《未成年人保护法》的规定，公安机关、人民检察院、人民法院以及司法行政部门，应当依法履行职责，在司法活动中保护未成年人的合法权益。

第一，未成年人的合法权益受到侵害，依法向人民法院提起诉讼的，人民法院应当依法及时审理，并适应未成年人生理、心理特点和健康成长的需要，保障未成年人的合法权益。在司法活动中对需要法律援助或者司法救助的未成年人，法律援助机构或者人民法院应当给予帮助，依法为其提供法律援助或者司法救助。人民法院审理继承案件，应当依法保护未成年人的继承权和受遗赠权；人民法院审理离婚案件，涉及未成年子女抚养问题的，应当听取有表达意愿能力的未成年子女的意见，根据保障子女权益的原则和双方具体情况依法处理。父母或者其他监护人不履行监护职责或者侵害被监护的未成年人的合法权益，经教育不改的，人民法院可以根据有关人员或者有关单位的申请，撤销其监护人的资格，依法另行指定监护人。被撤销监护资格的父母应当依法继续负担抚养费用。

第二，对违法犯罪的未成年人，实行教育、感化、挽救的方针，坚持教育为主、惩罚为辅的原则；对违法犯罪的未成年人，应当依法从轻、减轻或者免除处罚。公安机关、人民检察院、人民法院办理未成年人犯罪案件和涉及未成年人权益保护案件，应当照顾未成年人身心发展特点，尊重他们的人格尊严，保障他们的合法权益，并根据需要设立专门机构或者指定专人办理。公安机关、人民检察院讯问未成年犯罪嫌疑人、未成年证人、被害人，应当通知监护人到场；公安机关、人民检察院、人民法院办理未成年人遭受性侵害的刑事案件，应当保护被害人的名誉。对羁押、服刑的未成年人，应当与成年人分别关押；羁押、服刑的未成年人没有完成义务教育的，应当对其进行义务教育；解除羁押、服刑期满的未成年人的复学、升学、就业不受歧视。对未成年人犯罪案件，新闻报道、影视节目、公开出版物、网络等不得披露该未成年人的姓名、住所、照片、图像以及可能推断出该未成年人的资料。

第三节　妇女福利法

根据社会学研究，一个国家或地区的生育率越高，女性的劳动参与率就越低①。一个家庭的子女数目越多、年龄越小，女性所花费在他们身上的时间越多，退出劳动市场的机率也越高②。根据社会公平和正义原则，女性因为“社会”贡献而“市场”受损是不公平的。这种受损几乎完全由女性承担更是不公平。另一个问题是，女性的贡献是为全社会，为人类的繁衍和繁荣，然而在市场中的受损却要由其个人来承担③。马克思主义妇女观认为妇

①张素梅，1988．妇女劳动参与率的研究——联立模型分析，经济论文丛刊(2)．

②Wait L J, Working Wives and The Family Life Cycle, American Journal of Sociology, 1980, 88(2): 272-294; Felmlee D H, Causes and Consequences of Women's Employment Discontinuity, 1967-1973, Work and Occupations , 1995, 22(2): 167-187.

③许叶萍，石秀印，2009．在“社会”上贡献，于“市场”中受损——女性就业悖论及其破解，江苏社会科学(3)．

女解放的程度是衡量人类普遍解放的天然尺度①。赫内斯(Hernes)和沃尼斯(Werness)认为家庭生活的非私人化是从公共机构开始承担传统上归于家庭的功能后开始的②。由于公共支持手段的扩展，国家能为妇女提供一定的收入保障，而这一责任以往是由丈夫承担的③。

我国目前尚未有专门的妇女福利法，在《宪法》《婚姻法》《劳动法》《社会保险法》《刑法》等法律文件中都包含有专门条款，而关于妇女福利的规定主要集中在《妇女权益保障法》及《母婴保健法》之中。

一、生育福利

国际劳工大会于1952年通过了《生育保护公约》和《生育保护建议书》。2000年5月，国际劳工组织在日内瓦举行的第88届会议通过了新修订的《生育保护公约》和《生育保护建议书》。《生育保护公约》和《生育保护建议书》在国际范围内确定了照顾妇女生育的立法框架，其宗旨就是确保女性劳动者在产前产后使其本人及婴儿得到照顾和保护。我国对职业妇女实行生育保险制度，建立健全与生育有关的其他保障制度，地方各级政府和有关部门应为贫困妇女提供必要的生育救助。

二、保健福利

由于妇女的生理与心理特点，在经期、孕期、产期、哺乳期(即通常所称的女性“四期”)，需要得到特殊的保护和照顾。我国《宪法》《劳动法》和《妇女权益保障法》均明确规定，妇女享有特殊劳动保护的权利。

任何单位均应根据妇女的特点，依法保护妇女在工作和劳动时的安全和健康，不得安排不适合妇女从事的工作和劳动；妇女在经期、孕期、产期、哺乳期受特殊保护，任何单位不得因结婚、怀孕、产假、哺乳等情形降低女职工的工资，辞退女职工，单方解除劳动(聘用)合同或者服务协议，但女职工要求终止劳动(聘用)合同或者服务协议的除外。怀孕7个月以上的女职工和哺乳未满12个月婴儿的女职工，不上夜班，禁止怀孕和哺乳未满12个月婴儿的女职工加班加点。

第四节　老年人福利法

老年人福利主要包括老年经济保障、老年生活照顾、老年服务等内容。老年经济保障是指对退出劳动领域或无劳动能力的老年人给予养老年金或老年津贴等保障措施；老年生活照顾是指对年事已高而在生活中存在困难的老年人所进行的生活照料，包括家庭照顾、机构照顾和社区照顾等形式；老年服务也称养老服务，是社会服务的重要内容，包括老年人心理和社会服务、老年人教育服务和老年人就业服务等。我国目前虽然没有出台有关老年人福利的专门法律，但1996年颁布实施的《老年人权益保障法》对老年人福利作出了具体规定。《老年人权益保障法》于2012年、2015年先后两次进行修正。

---

①②③林卡，唐琳，2006. 妇女与社会政策——论妇女地位在北欧国家的变迁，妇女研究论丛(2).

一、老年人家庭照顾权

老年家庭照顾也称家庭养老，是指由家庭赡养和扶养老年人。《老年人权益保障法》规定，老年人养老以居家为基础，家庭成员应当尊重、关心和照料老年人。国家建立健全家庭养老支持政策，鼓励家庭成员与老年人共同生活或者就近居住，为老年人随配偶或者赡养人迁徙提供条件，为家庭成员照料老年人提供帮助。

(一) 老年家庭照顾的主体

老年家庭照顾的主体包括赡养人和扶养人。赡养人、扶养人不履行赡养、扶养义务的，基层群众性自治组织、老年人组织或者赡养人、扶养人所在单位应当督促其履行。扶养人是指老年人的配偶及由其扶养成年的有负担能力的弟、妹。《老年人权益保障法》第二十三条规定，老年人与配偶有相互扶养的义务；由兄、姐扶养的弟、妹成年后，有负担能力的，对年老无赡养人的兄、姐有扶养的义务。

赡养人是指老年人的子女以及其他依法负有赡养义务的人，赡养人的配偶应当协助赡养人履行赡养义务；赡养人不能亲自照料的，可以按照老年人的意愿委托他人或者养老机构等照料。赡养人的赡养义务不因老年人的婚姻关系变化而消除，赡养人不得以放弃继承权或者其他理由拒绝履行赡养义务，赡养人不得要求老年人承担力不能及的劳动；赡养人不履行赡养义务，老年人有要求赡养人付给赡养费等权利。经老年人同意，赡养人之间可以就履行赡养义务签订协议。赡养协议的内容不得违反法律的规定和老年人的意愿。基层群众性自治组织、老年人组织或者赡养人所在单位监督协议的履行。

(二) 老年家庭照顾的内容

老年家庭照顾的内容主要包括经济上供养、生活上照料和精神上慰藉 3 个方面。根据《老年人权益保障法》的规定，具体包括如下方面：①赡养人应当使患病的老年人及时得到治疗和护理；对经济困难的老年人，应当提供医疗费用。②对生活不能自理的老年人，赡养人应当承担照料责任。③赡养人应当妥善安排老年人的住房，不得强迫老年人居住或者迁居条件低劣的房屋；老年人自有的或者承租的住房，子女或者其他亲属不得侵占，不得擅自改变产权关系或者租赁关系；老年人自有的住房，赡养人有维修的义务。④赡养人有义务耕种或者委托他人耕种老年人承包的田地，照管或者委托他人照管老年人的林木和牲畜等，收益归老年人所有。⑤家庭成员应当关心老年人的精神需求，不得忽视、冷落老年人；与老年人分开居住的家庭成员，应当经常看望或者问候老年人。用人单位应当按照国家有关规定保障赡养人探亲休假的权利。

二、老年人社会保障权

《老年人权益保障法》规定：“国家建立多层次的社会保障体系，逐步提高对老年人的保障水平。”其第三章从社会保险、社会救助、护理保障、住房保障、社会福利等方面对老年人的社会保障作出了细致规定。

(一) 老年社会保险权

根据《老年人权益保障法》的规定，国家通过基本养老保险制度，保障老年人的基本生活。国家通过基本医疗保险制度，保障老年人的基本医疗需要。享受最低生活保障的老年人和符合条件的低收入家庭中的老年人参加新型农村合作医疗和城镇居民基本医疗保险所需个人缴费部分，由政府给予补贴；有关部门制定医疗保险办法，应当对老年人给予照顾。老年人依法享有的养老金、医疗待遇和其他待遇应当得到保障，有关机构必须按时足额支付，不得克扣、拖欠或者挪用。国家根据经济发展以及职工平均工资增长、物价上涨等情况，适时提高养老保障水平。

（二）老年社会救助权

根据《老年人权益保障法》的规定，国家对经济困难的老年人给予基本生活、医疗、居住或者其他救助。老年人无劳动能力、无生活来源、无赡养人和扶养人，或者其赡养人和扶养人确无赡养能力或者扶养能力的，由地方各级人民政府依照有关规定给予供养或者救助。对流浪乞讨、遭受遗弃等生活无着落的老年人，由地方各级人民政府依照有关规定给予救助。

（三）老年护理保障权

根据《老年人权益保障法》的规定，国家逐步开展长期护理保障工作，保障老年人的护理需求。对生活长期不能自理、经济困难的老年人，地方各级人民政府应当根据其失能程度等情况给予护理补贴。

（四）老年福利保障权

国家建立和完善老年人福利制度，根据经济社会发展水平和老年人的实际需要，增加老年人的社会福利。国家鼓励地方建立 80 周岁以上低收入老年人高龄津贴制度。国家建立和完善计划生育家庭老年人扶助制度。农村可以将未承包的集体所有的部分土地、山林、水面、滩涂等作为养老基地，收益供老年人养老。

三、老年人社会养老服务

《老年人权益保障法》规定：“国家建立和完善以居家为基础、社区为依托、机构为支撑的社会养老服务体系。”其中，对于老年社会服务形式与内容、老年社会服务机构与设施以及老年人宜居环境等作出了详细的规定。

从服务形式来说，依据《老年人权益保障法》的规定，主要包括：一是城乡社区养老服务，地方各级人民政府和有关部门应当采取措施，鼓励、扶持专业服务机构及其他组织和个人发展城乡社区养老服务；二是互助服务，发扬邻里互助的传统，提倡邻里间关心、帮助有困难的老年人，倡导老年人互助服务；三是慈善志愿性服务，鼓励慈善组织、志愿者为老年人服务。

从服务内容来说，依据《老年人权益保障法》的规定，主要包括：一是为居家的老年人提供生活照料、紧急救援、医疗护理、精神慰藉、心理咨询等多种服务；二是国家基本公共卫生服务，各级人民政府和有关部门应当将老年医疗卫生服务纳入城乡医疗卫生服务规划，将老年人健康管理和常见病预防等纳入国家基本公共卫生服务项目；三是保健、护理、临终关怀等服务，国家鼓励医疗机构开设针对老年病的专科或者门诊，医疗卫生机构应当开展老年人的健康服务和疾病防治工作；四是适应老年人需要的用品及相关服务，国家采取措施，发展老龄产业，将老龄产业列入国家扶持行业目录，扶持和引导企业开发、生产、经营适应老年人需要的用品和提供相关的服务。

四、老年人社会优待

《老年人权益保障法》倡导"全社会优待老年人"，并明确了"同等优待"原则，即县级以上人民政府及其有关部门根据经济社会发展情况和老年人的特殊需要，制定优待老年人的办法，逐步提高优待水平，对常住在本行政区域内的外埠老年人给予同等优待。各级人民政府和有关部门应当为老年人及时、便利地领取养老金，结算医疗费和享受其他物质帮助提供条件。

各级人民政府和有关部门办理房屋权属关系变更、户口迁移等涉及老年人权益的重大事项时，应当就办理事项是否为老年人的真实意思表示进行询问，并依法优先办理。农村老年人不承担兴办公益事业的筹劳义务。

此外，老年人还享有如下社会优待：

(1)法律援助

老年人因其合法权益受侵害提起诉讼，交纳诉讼费确有困难的，可以缓交、减交或者免交；需要获得律师帮助，但无力支付律师费用的，可以获得法律援助。鼓励律师事务所、公证处、基层法律服务所和其他法律服务机构为经济困难的老年人提供免费或者优惠服务。

(2)医疗优待

医疗机构应当为老年人就医提供方便，对老年人就医予以优先。有条件的地方，可以为老年人设立家庭病床，开展巡回医疗、护理、康复、免费体检等服务。提倡为老年人义诊。

(3)生活优待

提倡与老年人日常生活密切相关的服务行业为老年人提供优先、优惠服务。城市公共交通、公路、铁路、水路和航空客运，应当为老年人提供优待和照顾。博物馆、美术馆、科技馆、纪念馆、公共图书馆、文化馆、影剧院、体育场馆、公园、旅游景点等场所，应当对老年人免费或者优惠开放。

第五节　残疾人福利法

我国《残疾人保障法》《残疾人就业条例》《残疾人教育条例》等法律法规对残疾人福利作出了比较全面的规范。中共中央、国务院在2008年发布的《关于促进残疾人事业发展的意见》中明确要求，健全残疾人社会保障制度，加强残疾人服务体系建设，缩小残疾人生活状况与社会平均水平的差距，实现残疾人事业与经济社会协调发展。为加快推进残疾人社会保障体系和服务体系（以下简称"两个体系"）建设，国务院办公厅于2010年发出了《转发中国残联等部门和单位〈关于加快推进残疾人社会保障体系和服务体系建设的指导意见〉的通知》。中国残联等部门和单位在《关于加快推进残疾人社会保障体系和服务体系建设的指导意见》（以下简称《指导意见》）中指出，残疾人是一个数量众多、特性突出、特别困难的社会群体，是社会保障和公共服务的重点人群。

一、残疾人福利与残疾人社会保障的区别

残疾人社会福利是一个从更为宏观、更为广泛的角度，为残疾人提供包括制度化与非

制度化、物质型和精神型、现金式和服务式等多方面福利的系统。相比较目前通用的“残疾人社会保障”概念与实践，“残疾人社会福利体系”在福利主体、福利内容、福利手法、福利效果、福利政策基本理念及实施等方面，都具有完全不同的特征。

(一)责任主体的差异

残疾人社会福利体系的主体是一个多元化的综合体，包括政府、社会、第三部门以及社区支持网络等，而残疾人社会保障制度的责任主体则是政府。

(二)内容的差异

残疾人社会福利体系中的福利内容包括物质保障、精神支持以及公共服务、社会服务、文体生活等方方面面；而残疾人社会保障制度则以社会救助与社会保险为主要内容，是单一物质性的援助与保障，精神支持与社会服务并不属于制度性社会保障的内容。

(三)实施方式的差异

残疾人社会福利体系主体的多元性、内容的全面性决定了其福利实施方式的多样性，如社会保障通过政策的落实，社会服务通过专业的手法，康复等通过技术的保证等。而残疾人社会保障制度主要通过的手法则较为单一，主要表现为强制性的社会保险和政策性的社会救助。

(四)目标的差异

社会保障的目标是保证基本生活，只能是生存型福利；而残疾人社会福利体系的目标则是在保障基本生活的基础上，不断地改善残疾人的生活水平，提高其生活质量。

(五)理念视角的差异

囿于制度框架，残疾人社会保障是一种消极的、被动的、事后的补救政策。即只有在残疾人遇到诸如贫困、失业、生病、年老等困难时，残疾人社会保障制度才可以介入，正因为如此，我们才把这称之为“生存性福利”。而包括基本保障、社会服务、能力建设在内的残疾人社会福利体系，则是一种积极的、主动的、事先的、综合的保障与福利系统，是“发展性福利”①。

二、残疾人福利权

(一)康复权

依据《残疾人保障法》的规定，国家保障残疾人享有康复服务的权利，各级人民政府和有关部门应当采取措施，为残疾人康复创造条件，建立和完善残疾人康复服务体系，并分阶段实施重点康复项目，帮助残疾人恢复或者补偿功能，增强其参与社会生活的能力。康复工作应当从实际出发，将现代康复技术与我国传统康复技术相结合；以社区康复为基础，康复机构为骨干，残疾人家庭为依托；以实用、易行、受益广的康复内容为重点，优先开展残疾儿童抢救性治疗和康复；发展符合康复要求的科学技术，鼓励自主创新，加强康复新技术的研究、开发和应用，为残疾人提供有效的康复服务。

①周沛，2014. 积极福利视角下残疾人社会福利政策研究，东岳论丛(5).

（二）平等受教育权

《世界人权宣言》第26条规定，“教育的目的在于充分发展人的个性并加强对人权和基本自由的尊重”。《残疾人权利公约》第24条提倡，缔约国促进主流学校中的包容性教育或融合教育。依据《残疾人保障法》的规定，国家保障残疾人享有平等接受教育的权利，各级人民政府应当将残疾人教育作为国家教育事业的组成部分，统一规划，加强领导，为残疾人接受教育创造条件。政府、社会、学校应当采取有效措施，解决残疾儿童、少年就学存在的实际困难，帮助其完成义务教育。

残疾人教育实行普及与提高相结合、以普及为重点的方针，保障义务教育，着重发展职业教育，积极开展学前教育，逐步发展高级中等以上教育。残疾人教育应当根据残疾人的身心特性和需要，按照下列要求实施：①在进行思想教育、文化教育的同时，加强身心补偿和职业教育；②依据残疾类别和接受能力，采取普通教育方式或者特殊教育方式；③特殊教育的课程设置、教材、教学方法、入学和在校年龄，可以有适度弹性。

（三）残疾人就业权

1. 保障残疾人就业权的方式

（1）集中就业

政府和社会举办残疾人福利企业、盲人按摩机构和其他福利性单位，集中安排残疾人就业，地方各级人民政府应当开发适合残疾人就业的公益性岗位。

（2）分散就业

国家实行按比例安排残疾人就业制度。国家机关、社会团体、企业事业单位、民办非企业单位应当按照规定的比例安排残疾人就业，并为其选择适当的工种和岗位。达不到规定比例的，按照国家有关规定履行保障残疾人就业义务。

案例2：

无锡盲人严女士开设的黑暗世界的咖啡店，既让健全人在全黑情境下用餐来体验盲人生活之不易，更让人们体味其自强不息的精神，增进了健全人对残疾人的认识、认知、认可，其社会效益更胜于经济效益①。通过该条例，你受到什么启示？

国家鼓励用人单位超过规定比例安排残疾人就业，对安排残疾人就业达到、超过规定比例或者集中安排残疾人就业的用人单位和从事个体经营的残疾人，依法给予税收优惠，并在生产、经营、技术、资金、物资、场地等方面给予扶持。政府采购在同等条件下应当优先购买残疾人福利性单位的产品或者服务。

（3）自主就业

国家鼓励和扶持残疾人自主择业、自主创业。地方各级人民政府和农村基层组织，应当组织和扶持农村残疾人从事种植业、养殖业、手工业和其他形式的生产劳动。国家对从事个体经营的残疾人，免除行政事业性收费。对申请从事个体经营的残疾人，有关部门应当优先核发营业执照。对从事各类生产劳动的农村残疾人，有关部门应当在生产服务、技术指导、农用物资供应、农副产品购销和信贷等方面给予帮助。

---

①李静，2019．美国残疾人就业支持的经验与启示——以波士顿为例，西北大学学报（哲学社会科学版）（4）．

2. 平等就业权

《残疾人权利公约》第27条提出残疾人享有工作和就业的权利。《残疾人权利公约》要求缔约国采取适当步骤，“在一切形式就业的一切事项上，包括在征聘、雇佣和就业条件、继续就业、职业提升以及安全和健康的工作条件方面，禁止基于残疾的歧视”。国家保护残疾人福利性单位的财产所有权和经营自主权，其合法权益不受侵犯。在职工的招用、转正、晋级、职称评定、劳动报酬、生活福利、休息休假、社会保险等方面，不得歧视残疾人。残疾职工所在单位应当根据残疾职工的特点，提供适当的劳动条件和劳动保护，并根据实际需要对劳动场所、劳动设备和生活设施进行改造。任何单位和个人不得以暴力、威胁或者非法限制人身自由的手段强迫残疾人劳动。

美国在《康复法案》中首次提出适格制度。适格指残疾人具有能够适合应聘工作要求的职业资格，适格即应雇佣，否则就构成歧视。美国在残疾人就业立法中，还充分考虑了资方利益，允许雇主提出不雇佣残疾人且不构成歧视的抗辩理由。当残疾人应聘者或者在职残疾员工提出受到歧视申诉时，雇主可以根据法律规定的合法抗辩理由说明其行为的合法性。法案还专门规定，对于雇员超过50名以上(含50名)并获得超过五万美元政府采购合同的用人单位，需书面提供反就业歧视方案。在实际中，有时难以判别是用人单位因为残疾歧视拒绝聘用残疾人还是残疾求职者确实不符合岗位要求，适格制度可以较好地解决这一问题。判别残疾人是否适格的基本标准有两个：是否具备岗位要求的相关条件，是否会对他人安全构成直接威胁①。

(四)生活保障权

依据《残疾人保障法》的规定，国家保障残疾人享有各项社会保障的权利，政府和社会采取措施，完善对残疾人的社会保障，保障和改善残疾人的生活。残疾人及其所在单位应当按照国家有关规定参加社会保险；残疾人所在城乡基层群众性自治组织、残疾人家庭，应当鼓励、帮助残疾人参加社会保险；对生活确有困难的残疾人，按照国家有关规定给予社会保险补贴。

各级人民政府对生活确有困难的残疾人，通过多种渠道给予生活、教育、住房和其他社会救助；县级以上地方人民政府对享受最低生活保障待遇后生活仍有特别困难的残疾人家庭，应当采取其他措施保障其基本生活；各级人民政府对贫困残疾人的基本医疗、康复服务、必要的辅助器具的配置和更换，应当按照规定给予救助；对生活不能自理的残疾人，地方各级人民政府应当根据情况给予护理补贴。地方各级人民政府对无劳动能力、无扶养人或者扶养人不具有扶养能力、无生活来源的残疾人，按照规定予以供养；国家鼓励和扶持社会力量举办残疾人供养、托养机构；残疾人供养、托养机构及其工作人员不得侮辱、虐待、遗弃残疾人。

县级以上人民政府对残疾人搭乘公共交通工具，应当根据实际情况给予便利和优惠。残疾人可以免费携带随身必备的辅助器具；盲人持有效证件免费乘坐市内公共汽车、电车、地铁、渡船等公共交通工具；盲人读物邮件免费寄递；国家鼓励和支持提供电信、广播电视服务的单位对盲人、听力残疾人、言语残疾人给予优惠；各级人民政府应当逐步增

①李静，2019. 美国残疾人就业支持的经验与启示——以波士顿为例，西北大学学报(哲学社会科学版)(4).

加对残疾人的其他照顾和扶助。政府有关部门和残疾人组织应当建立和完善社会各界为残疾人捐助和服务的渠道，鼓励和支持发展残疾人慈善事业，开展志愿者助残等公益活动。

(五)无障碍环境权

依据《残疾人保障法》的规定，国家和社会应当采取措施，逐步完善无障碍设施，推进信息交流无障碍，为残疾人平等参与社会生活创造无障碍环境，各级人民政府应当对无障碍环境建设进行统筹规划、综合协调，加强监督管理。

无障碍设施的建设和改造，应当符合残疾人的实际需要，新建、改建和扩建建筑物、道路、交通设施等，应当符合国家有关无障碍设施工程建设标准。各级人民政府和有关部门应当按照国家无障碍设施工程建设规定，逐步推进已建成设施的改造，优先推进与残疾人日常工作、生活密切相关的公共服务设施的改造；对无障碍设施应当及时维修和保护。

国家采取措施，为残疾人信息交流无障碍创造条件，各级人民政府和有关部门应当采取措施，为残疾人获取公共信息提供便利；国家和社会研制、开发适合残疾人使用的信息交流技术和产品；国家举办的各类升学考试、职业资格考试和任职考试，有盲人参加的，应当为盲人提供盲文试卷、电子试卷或者由专门的工作人员予以协助。

公共服务机构和公共场所应当创造条件，为残疾人提供语音和文字提示、手语、盲文等信息交流服务，并提供优先服务和辅助性服务；公共交通工具应当逐步达到无障碍设施的要求。有条件的公共停车场应当为残疾人设置专用停车位。组织选举的部门应当为残疾人参加选举提供便利；有条件的，应当为盲人提供盲文选票。国家鼓励和扶持无障碍辅助设备、无障碍交通工具的研制和开发。盲人携带导盲犬出入公共场所，应当遵守国家有关规定。

第六节　社会优抚法

由于军人和警察高压力、高风险的职业特点和在保卫国家、维护社会秩序中的重要作用，以及烈士、军人、警察及其家属等群体所作出的特别贡献和牺牲，国家和社会通过社会优待、社会抚恤和安置保障等保障其权益，鼓励并褒扬其行为。

一、社会优抚的基本理论

(一)社会优抚的概念

社会优抚是指国家和社会向优抚对象提供的各种优待、抚恤或就业安置等优惠待遇和优先服务。优抚对象根据优抚内容的不同而有所区别，一般而言包括以下人员：烈士遗属，军人、警察及其家属。依《烈士褒扬条例》第8条规定，烈士是指依法查处违法犯罪行为、执行国家安全工作任务和抢险救灾等情形中牺牲的公民。军人及其家属是指中国人民解放军军人、服现役或者退出现役的残疾军人以及复员军人、退伍军人、因公牺牲军人遗属、病故军人遗属、现役军人遗属等。警察是指公安机关(含铁路、交通、民航、森林公安机关和海关缉私部门)、国家安全机关、司法行政机关的人民警察和人民法院、人民检察院的司法警察。

（二）社会优抚的特征

1. 优抚对象的特定性

社会优抚仅针对具有特殊贡献和牺牲的主体，在身份上具有特定性。

2. 优抚待遇的优厚性

社会优抚保障水平较高，待遇较优厚。社会优抚的目的不仅是提供基本生活保障，还在于褒扬和激励。

3. 优抚内容的综合性

社会优抚是一项综合性的制度安排，包括社会优待、社会抚恤和安置保障，优抚待遇种类包括各类优待服务和抚恤金，还包括就业安置这一特殊保障形式。

二、社会优待

根据《烈士褒扬条例》《军人抚恤优待条例》《人民警察抚恤优待办法》等法律规范的规定，社会优待主要包括5种。

（一）教育优待

烈士子女接受学前教育和义务教育的，应按规定享受优待。在公办幼儿园接受学前教育的，免交保教费；烈士子女报考普高、中职、高校研究生的，同等条件下优先录取；报考高等教育本专科的，可按规定降低分数要求投档；在公办学校就读的，免交学费杂费，并享受规定的各项助学政策。义务兵和初级士官退役后，报考高等学校和中等职业学校，同等条件下优先录取。

（二）医疗优待

烈士遗属、残疾军人、复员军人、带病回乡退伍军人以及因公牺牲军人遗属、病故军人遗属享受医疗优惠待遇。国家对残疾军人的医疗费用，根据残疾等级及不同情形分别规定了保障措施。

（三）就业优待

烈士子女符合公务员考录条件的，同等条件下优先录用。烈士遗属享受就业服务优待；已经就业的，用人单位经济性裁员时应优先留用。军人随军家属有权享受就业安置的优待。

（四）生活优待

现役军人、残疾军人凭有效证件参观游览公园、博物馆、名胜古迹享受优待。符合住房保障条件的烈士遗属、残疾军人、复员军人、因公牺牲军人遗属、病故军人遗属承租廉租住房、购买经济适用住房的，享受优先、优惠照顾。现役军人、残疾军人、伤残警察凭有效证件优先购票乘坐境内运行的火车、轮船、长途公共汽车以及民航班机，残疾军人、伤残警察享受减收正常票价50%的优待。现役军人凭有效证件乘坐市内公共交通工具享受优待，残疾军人、伤残警察凭有关证件可免费乘坐。

（五）优待金

义务兵服现役期间，其家庭由当地政府发给优待金或者给予其他优待，优待标准不低于当地平均生活水平。复员军人生活困难的，按照规定的条件，由当地人民政府民政部门给予定期定量补助，逐步改善其生活条件。

三、社会抚恤

根据《烈士褒扬条例》《军人抚恤优待条例》《人民警察抚恤优待办法》等法律规范的规定，社会抚恤主要包括2类。

（一）死亡抚恤

1. 死亡抚恤的对象

公民牺牲后被评定为烈士，现役军人、警察死亡被批准为烈士、被确认为因公牺牲或者病故的，其遗属有权享受抚恤。享受抚恤的第一顺序遗属是烈士、因公牺牲军人（警察）、病故军人（警察）的父母、配偶、子女；没有第一顺序遗属的，由第二顺序遗属享受；未满18周岁的兄弟姐妹和已满18周岁但无生活费来源且由该烈士或军人（警察）生前供养的兄弟姐妹。

2. 死亡抚恤待遇

（1）烈士褒扬金

其标准为烈士牺牲时上一年度全国城镇居民收入人均可支配收入的30倍。此外，属于《军人抚恤优待条例》以及相关规定适用范围的，还享受因公牺牲一次性抚恤金；属于《工伤保险条例》及相关规定适用范围的，还享受一次性工亡补助金及相当于烈士本人40个月工资的烈士遗属特别补助金。

（2）一次性抚恤金

其标准为：烈士和因公牺牲的，为上一年度全国城镇居民人均可支配收入的20倍加本人40个月的工资；病故的，为上一年度全国城镇居民人均可支配收入的2倍加本人40个月的工资。

（3）定期抚恤金

符合规定条件的抚恤对象，可享受定期抚恤金。

3. 死亡抚恤的终止

现役军人或警察失踪，经法定程序宣告死亡的，在其被批准为烈士、确认为因公牺牲或者病故后，又经法定程序撤销对其死亡宣告的，由原批准或确认机关取消其烈士、因公牺牲或病故军人（警察）资格，并由发证机关收回有关证件，终止其家属原享受的抚恤待遇。

（二）残疾抚恤

根据《人民警察抚恤优待办法》第31条的规定，伤残人民警察按照伤残等级享受伤残抚恤金，其标准按《军人抚恤优待条例》规定执行。

1. 残疾抚恤的对象

现役军人或警察残疾被认定为因战、因公致残，且残疾等级被评定为1~10级的；或者现役军人被认定为因病致残的，且残疾等级被评定为1~6级的，有权享受残疾抚恤。

2. 残疾抚恤待遇

残疾军人按照残疾等级发给残疾抚恤金，并解决需要配制假肢、代步三轮车等辅助器械。

3. 遗属抚恤待遇

退出现役的因战、因公致残的残疾军人因旧伤复发的，按照因公牺牲军人抚恤金标准发给其遗属一次性抚恤金，其遗属享受因公牺牲军人遗属抚恤待遇。

四、安置保障

根据《兵役法》《退役士兵安置条例》《军人抚恤优待条例》等法律的规定，安置保障主要有4种。

（一）自主就业

义务兵和服现役不满12年的士官退出现役的，由政府扶持自主就业。为保障其基本生活水平和适应新的职业角色，国家和社会主要提供以下安置保障措施；一次性退役金、就业服务和培训、创业就业扶助、继续完成学业。如退役士兵退役1年内参加职业教育和技能培训的，费用由县级以上政府承担。入伍前已经被普通高校录取并保留入学资格或正在普通高校就学的退役士兵，退出现役后2年内允许入学或复学。

（二）安排工作

对士官服役满12年的；服现役期间平时荣获二等功以上奖励或战时荣获三等功以上奖励的；因战致残被评定为5~8级残疾等级的；是烈士子女的，除自愿选择自主就业外，由政府安排工作。安置地一般为其入伍时的户口所在地，符合规定条件的也可以异地安置。国家机关、事业单位、国有及国有控股和国有资本占主导地位的企业招聘人员的，应在同等条件下优先招聘退役军人。安置地政府应在接收的6个月内，完成本年度安置任务。退役军人待安排工作期间，安置政府应按不低于当地最低生活水平的标准，按月发给生活补助费。

（三）离退休安置

中级以上士官符合以下条件之一的，作退休安置：年满55周岁的；服现役满30年的；因战、因公致残被评定为1~6级残疾等级的；经军队医院证明和军级以上单位卫生部门审核确认因病丧失工作能力的。退休按照退役军人的生活、住房、医疗等保障，按照国家有关规定执行。

（四）终身供养

被评定为1~4级残疾等级的义务兵和初级士官退出现役的，由国家供养终身。国家供养分为集中供养和分散供养，其中对需要常年医疗或者独身一人不便分散安置的，经批准可以集中供养，对分散安置的，发给护理费。

案例讨论

林某被撤销监护人资格案

福建省仙游县榜头镇梧店村村民林某（女）多次使用菜刀割伤年仅9岁的亲生儿子小龙（化名）的后背、双臂，用火钳鞭打小龙的双腿，并经常让小龙挨饿。自2013年8月开始，当地镇政府、村委会干部及派出所民警多次对林某进行批评教育，但林某拒不悔改。2014年1月，共青团莆田市委、市妇联等部门联合对林某进行劝解教育，林某书面保证不再殴打小龙，但其后林某依然我行我素。同年5月29日凌晨，林某再次用菜刀割伤小龙的后背、双臂。为此，仙游县公安局对林某处以行政拘留15日并处罚款人民币1000元。同年6月13日，申请人仙游县榜头镇梧店村民委员会以被申请人林某长期对小龙的虐待行为已严重影响小龙的身心健康为由，向法院请求依法撤销林某对小龙的监护人资格，指定梧店村民委员会作为小龙的监护人。在法院审理期间，法院征求小龙的意见，其表示不愿意随林某共同生活①。

①参见最高人民法院关于侵害未成年人权益被撤销监护人资格典型案例，黑龙江肇州县法院网，http：//dqzz.hljcourt.gov.cn/public/detail.php?id=1911，2016年6月22日，访问于2022年5月17日。

第十二章　社会保障争议处理

导入案例

案例1：邓某于2010年12月12日被诊断为职业病，随后深圳市人力资源和社会保障局认定其构成工伤。2013年2月7日，深圳市劳动能力鉴定委员会出具《劳动能力鉴定结论》，认定邓某受伤时间为2010年12月12日，受伤部位为全身多处，邓某构成五级伤残，医疗终结期为2012年12月12日。2016年2月4日，邓某白血病复发入院治疗，深圳市劳动能力鉴定委员会于2016年3月2日出具《工伤复发确认意见》，确认邓某属于工伤复发，医疗期为2016年2月4日至2016年8月4日，邓某于2016年4月13日去世。2016年5月9日，深圳社保局受理了邓某的父亲(以下简称邓父)作为家属向深圳社保局提出的工伤待遇申请，邓父要求深圳社保局支付医疗费、鉴定费、住院伙食费、丧葬补助金、供养亲属抚恤金和一次性工亡补助金。深圳社保局于2016年6月23日作出深工保决字〔2016〕第4445044号《深圳市工伤保险待遇决定书》，同意支付旧伤复发医疗费、鉴定费、住院伙食补贴共计8195.15元，不同意支付丧葬补助金、供养亲属抚恤金和一次性工亡补助金①。

思考题：邓父如果对深圳社保局的决定不服，可以通过何种途径进行救济？

案例2：葛某先后以A公司和B公司为被申请人和被告向劳动争议仲裁委员会、法院申请仲裁和提起诉讼。葛某主张：其于1979年12月入职A公司，1999年11月13日与用人单位解除劳动关系。葛某自行出资办理了从1995年5月起的养老保险参保，2010年12月办理了退休手续。但在葛某工作期间原工作单位A公司未按国家有关政策向社保公司给其办理和缴纳从1979年12月入职以来至1995年5月前期间的参保，导致葛某从1979年12月至1995年5月期间的工作年限不能视同缴费年限，造成葛某的退休金减少。A公司在2004年12月从国营企业改制为民营企业，并更名为B公司。现省、市相关行政管理部门明确答复，因A公司未按规定从1987年1月1日起为葛某等有关职工参保，无法将入职时起至各自办理养老手续期间的工作年限计算为视同缴费年限。因此请求A公司和B公司赔偿其相应的养老待遇损失，计算方法：根据女性职工50周岁退休及女性预期寿命为75岁之间的差额乘以2016年三明市全市退休人员月人均养老金为2362.20元来计算确定，即708 660元(2362.20元/月×12月×25年)。三明市劳动人事争议仲裁委员会于2019年4月24日作出《不予受理通知书》。2019年8月20日，葛某向法院提起诉讼②。

---

①邓某诉深圳市社会保险基金管理局工伤保险待遇决定案，(2016)粤03行终792号行政判决书，见最高人民法院公报，2019年第11期。

②详见福建省三明市三元区人民法院(2020)闽0403民初701号之一、福建省三明市中级人民法院(2020)闽04民终2016号民事裁定书。

思考题：劳动者与用人单位之间的养老保险待遇纠纷是否属于劳动争议，能否由劳动争议仲裁委员会和人民法院作为劳动争议案件进行裁决和审理？为什么？

第一节 社会保险给付行政与纠纷

一、社会保险给付行政的属性

给付行政的概念源自德国行政法理论。一般认为，给付行政又称服务行政、福利行政、积极行政或授益行政，是指提供给人民给付、服务或给予其他利益的行政作用。德国学者福斯多夫于1938年首次提出给付行政概念。在《作为给付主体的行政》一文中，福斯多夫提出国家职能不应局限于维持统治秩序，任何一个国家为了维持国家稳定，都必须照顾人民的生存，因此，生存照顾乃现代行政的主要任务。给付行政以生存照顾为核心，主张行政并非仅系国家实践法律与权力目的之手段，而应作为国家福利目的的工具，来满足社会的需求。在这个意义上，国家给付行政的实质是用公共行政的力量和方式为相对人提供生存照顾。

福斯多夫所提出的行给付行政具有3项基本属性：双方性，即国家与公民之间应就生存照顾形成对价关系，这与国家单方面实施的救济措施有所不同。服务性，即给付行政的目的在于保障公民的生存利益，并维持一定生活水准。积极性，即政府应当以积极作为的方式履行行政职能，其不作为或作为瑕疵会导致法律责任。

二、社会保险给付行政纠纷类型

给付行政涵盖现代社会人民生活的各个方面。社会保险是给付行政中最为重要的保障类型之一，构成了社会保障行政的主要内容。根据不同的标准，社会保险争议有不同的分类。

(一) 以争议所处领域及主体为标准划分

以此标准为划分标准，社会保险争议包括：

1. 建立社会保险关系争议

这是发生于被保险人、保险人、投保人三者之间的为建立社会保险关系而发生的争议①。《社会保险法》第五十八条第一款规定，用人单位应当自用工之日起三十日内为其职工向社会保险经办机构申请办理社会保险登记。未办理社会保险登记的，由社会保险经办机构核定其应当缴纳的社会保险费。

2. 社会保险征缴争议

这是发生于被保险人、投保人和征收人之间的，因社会保险费征缴而发生的争议。《社会保险法》第六十条规定，用人单位应当自行申报、按时足额缴纳社会保险费，非因不可抗力等法定事由不得缓缴、减免。职工应当缴纳的社会保险费由用人单位代扣代缴，用人单位应当按月将缴纳社会保险费的明细情况告知本人。该法第六十一条规定，社会保险

①郑尚元，扈春海，2018. 社会保险法总论，清华大学出版社.

费征收机构应当依法按时足额征收社会保险费，并将缴费情况定期告知用人单位和个人。

3. 社会保险待遇给付争议

这是当事人关于社会保险待遇给付的条件标准、方式、期限等方面的争议。《社会保险法》第八十三条第二款规定，用人单位或者个人对社会保险经办机构不依法办理社会保险登记、核定社会保险费、支付社会保险待遇、办理社会保险转移接续手续或者侵害其他社会保险权益的行为，可以依法申请行政复议或者提起行政诉讼。

4. 社会保险辅助关系争议

这是保险人与辅助人之间发生的因社会保险辅助协议的订立、履行、变更终止等事项发生的争议。《社会保险法》第二十九条规定，参保人员医疗费用中应当由基本医疗保险基金支付的部分，由社会保险经办机构与医疗机构、药品经营单位直接结算。

5. 社会保险管理与监督争议

这是社会保险的管理人、监督人与监督对象之间发生的争议。

6. 其他社会保险争议

即除上述争议之外的其他社会保险争议。

(二)以争议性质为标准划分

以此为划分标准，社会保险争议包括：

1. 社会保险争议

这是指在社会保险法律关系中，以行政权力的形式而发生的争议。此类争议应以行政争议处理程序处理。

2. 社会保险劳动争议

这是指与劳动关系有关的而发生于被保险人与投保人之间的社会保险争议。

3. 社会保险民事争议

这是发生于平等主体的社会保险主体之间的社会保险争议，如被保险人与医疗服务人之间因医疗服务质量发生的争议。

4. 社会保险特有争议

这是指不能划归于前述社会保险，行政争议、劳动争议、民事争议，而仅在社会保险中存在的社会保险争议，如保险人与被保险人之间的争议。其中社会保险行政争议与社会保险劳动争议是最主要的纠纷类型。

(三)以给付行政实施各环节可发生的不法或不当状态为标准

以此为划分标准，社会保险争议可以划分为以下几个类型：

1. 排除给付争议

排除给付争议是指依法有权参加社会保险，获得相应给付的公民，因未能建立社会保险关系，被排除在社会保险给付行政范围之外而引发的争议。其也被称为未建立社会保险关系的争议，是社会保险争议的基本类型。

2. 不当缴费争议

不当缴费争议是指社会保险关系存续期间，因社会保险费征收或缴纳的标准记录等事项，不符合法律规定而发生的争议。社会保险缴费是社会保险给付行政的对价，所以这类争议也可被称为不当对价争议。

3. 不当给付争议

不当给付争议的概念有狭义和广义之分，狭义的不当给付争议发生在保险人与被保险人之间，是指在社会保险事故发生后，作为保险人的社会保险经办机构向被保险人给付保险待遇过程中，针对给付条件、标准、方式、期限等发生的争议；广义的不当给付争议，除了上述狭义的不当给付争议之外，还包括保险人与保险辅助人、保险辅助人与被保险人之间发生的争议，是指保险人未依据法律规定或委托协议向保险辅助人给付相应待遇或费用，以及保险辅助人没有依据保险标准及程序向被保险人给付法定或约定保障事项或服务而产生的争议。

4. 损害赔偿争议

损害赔偿争议是指因社会保险排除给付、不当缴费、不当给付等造成被保险人、保险辅助人权益损害而发生的争议。就争议的性质而言，因社会保险排除给付、不当缴费、不当给付等发生的争议属于第一次权利救济，旨在修正社会保险义务主体的违法或不当行为，排除社会保险给付障碍；损害赔偿争议则属于第二次权利救济，其是因为被保险人在第一次权利救济过程中遭受到实质损害，就此主张损害赔偿而发生的争议。

三、社会保险给付行政纠纷的处理原则

(一)职权调查原则

职权调查原则也称职权调查主义、职权探知原则(主义)，是指处理社会保险给付争议的行政机关或法院应当依职权调查取证和认定事实，不完全受当事人主张的拘束。职权调查原则是与辩论原则(辩论主义)相对应的概念，两者的区别在于：

(1)在事实的认定方面

辩论原则要求裁判者认定的事实限于当事人主张的范围，不能将当事人没有主张的事实作为裁判的依据；而职权调查则并不受此限制。

(2)在当事人自认的拘束力方面

辩论原则要求裁判者将当事人自认的事实作为裁判的依据，而在实行职权调查原则时，裁判者则并不受当事人自认的约束。

(3)在调查取证方面

辩论原则要求裁判者只能根据当事人提交的证据进行审查和判断，进而作为认定事实的依据，不能主动的调查收集。而职权原则要求法院在必要时依职权调查收集证据，以进一步查清案件事实。

在社会保险给付行政纠纷中，职权调查原则贯穿于该纠纷救济程序的整个过程。在行政复议阶段，我国《行政复议法》第三条第一款第二项规定，行政复议机关负责法制工作的机构具体办理行政复议事项，履行向有关组织和人员调查取证、查阅文件和资料的职责。在行政诉讼过程中，法院审理该类案件时也应遵循职权调查原则，主动调查收集相应的证据，查清相应的案件事实。对此，我国《行政诉讼法》第四十条规定：“人民法院有权向有关行政机关以及其他组织、公民调取证据。但是，不得为证明行政行为的合法性调取被告作出行政行为时未收集的证据。”

（二）社会参与原则

社会参与原则是指在纠纷的解决过程中，将主要利益相关方和社会专业人员吸纳进来，以使争议处理意见更具专业性和公正性，进而获得社会各方对纠纷处理结果的认同。社会保险制度在实现对社会成员“生存照顾”的同时，也兼顾社会财富再分配的功能，这就决定了社会保险给付行政争议的处理机构设置更应当体现社会参与原则。具体而言，其表现在两个方面：一是社会保险的缴费主体是用人单位和劳动者，因此用人单位和劳动者的双方代表，应当是争议处理机构的主要参与者。二是对于工伤保险、医疗保险等类型的保险给付行政纠纷，这些纠纷的解决往往需要对医学等专业问题的判断，这就需要吸收医生、律师、学者等社会专业人员的参与。

（三）生存权保障优先原则

社会保险所应对的风险是老年、疾病、伤残、死亡、失业这些情形的发生，意味着保险事故的发生，被保险人原有收入中断，然而获取保险起付，以维持个人及家庭生活。生存保障优先原则在制度设计上体现为两个方面：

第一，在争议处理程序启动时，如果被保险人已处于无生活来源状态，应有权向社会保险经办机构申请特别给付，以维持在争议处理期间的基本生活开支。我国《社会保险法》第三十条第二款规定：“医疗费用依法应当由第三人负担，第三人不支付或者无法确定第三人的，由基本医疗保险基金先行支付。基本医疗保险基金先行支付后，有权向第三人追偿。”该规定实际上就在一定程度上体现了生存保障优先原则。

第二，由于在争议处理程序进行期间，被保险人的社会利益处于悬置状态，为保护被保险人的利益，应使争议处理程序更为便捷高效，力图在最短周期内完成权利救济。

第二节　社会保险争议处理制度

一、我国社会保险争议处理的现状

（一）社会保险争议处理的“二元化”

当前，我国社保争议处理程序法律制度存在民事和行政“二元化”（或称“双轨制”）的救济路径：

1. 作为劳动争议，通过和解、调解、劳动争议仲裁、劳动争议诉讼程序予以解决

对此，《劳动争议调解仲裁法》第二条第四项规定，用人单位和劳动者因工作时间、休息休假、社会保险、福利、培训以及劳动保护发生的争议，适用该法。而该法规定，劳动争议作为一类特殊的民事纠纷，要通过和解、调解、劳动争议仲裁和劳动争议诉讼程序解决。

2. 作为行政纠纷，采用劳动行政执法、行政复议和行政诉讼程序予以解决

对此，《社会保险法》第八十三条规定：“用人单位或者个人认为社会保险费征收机构的行为侵害自己合法权益的，可以依法申请行政复议或者提起行政诉讼。用人单位或者个人对社会保险经办机构不依法办理社会保险登记、核定社会保险费、支付社会保险待遇、办理社会保险转移接续手续或者侵害其他社会保险权益的行为，可以依法申请行政复议或者提起行政诉讼。个人与所在用人单位发生社会保险争议的，可以依法申请调解、仲裁，提起诉讼。用人单位侵害个人社会保险权益的，个人也可以要求社会保险行政部门或者社会保险费征收机构依法处理。”

1. 民事纠纷(劳动争议)解决方式

根据《社会保险法》及最高人民法院相关司法解释的规定，社会保险劳动争议是指劳动者与用人单位之间因用人单位未依法为劳动者参加社会保险、未(足额)缴纳社会保险费而导致劳动者受到损失，或用人单位未依法向劳动者支付应由其承担的相应待遇等而发生的劳动争议。根据《最高人民法院关于审理劳动争议案件适用法律问题的解释(一)》第一条的规定，社会保险劳动争议包括3种：①劳动者以用人单位未为其办理社会保险手续，且社会保险经办机构不能补办导致其无法享受社会保险待遇为由，要求用人单位赔偿损失发生的纠纷；②劳动者退休后，与尚未参加社会保险统筹的原用人单位因追索养老金、医疗费、工伤保险待遇和其他社会保险待遇而发生的纠纷；③劳动者因为工伤、职业病，请求用人单位依法给予工伤保险待遇发生的纠纷。

需要注意的是，从纠纷产生的原因和劳动者请求权基础的角度来看，上述3类纠纷实际上可归为两类：一是由于用人单位未依法为劳动者办理社会保险手续或未依法(足额)缴纳社保费用而导致劳动者无法依法享受相应的社会保险待遇，劳动者或者其近亲属认为用人单位的行为构成侵权，故请求用人单位承担侵权损害赔偿责任而引发的纠纷。例如，《社会保险法》第四十一条规定：“职工所在用人单位未依法缴纳工伤保险费，发生工伤事故的，由用人单位支付工伤保险待遇……”二是用人单位虽然为劳动者办理了社会保险手续，且依法足额缴纳了社保费用，但劳动者认为用人单位未依法向其给付相应的民事责任而引发的纠纷。例如，《社会保险法》第三十九条规定：“因工伤发生的下列费用，按照国家规定由用人单位支付：治疗工伤期间的工资福利；五级、六级伤残职工按月领取的伤残津贴；终止或者解除劳动合同时，应当享受的一次性伤残就业补助金。”

2. 行政纠纷解决方式

根据原劳动和社会保障部于2001年制定颁布的《社会保险行政争议处理办法》第二条的规定，所谓社会保险行政争议，是指经办机构在依照法律、法规及有关规定经办社会保险事务过程中，与公民、法人或者其他组织之间发生的争议。我国《社会保险法》第八十三条明确规定，用人单位或者个人认为社会保险费征收机构的行为侵害自己合法权益的，可以依法申请行政复议或者提起行政诉讼。用人单位或者个人对社会保险经办机构不依法办理社会保险登记、核定社会保险费、支付社会保险待遇、办理社会保险转移接续手续或者侵害其他社会保险权益的行为，可以依法申请行政复议或者提起行政诉讼。因此，用人单位、劳动者与社保机构发生争议时，可以依据《行政复议法》的相关规定申请复议，也可以根据《行政诉讼法》的相关规定提起行政诉讼。

(二)两种处理方式的区分

1. 纠纷的属性不同

在我国，劳动争议属于民事纠纷的范畴，劳动争议是劳动者和用人单位之间发生的民事争议，用人单位与劳动者之间虽然存在管理和被管理的关系，但这并不能改变两者为平等主体的本质。劳动者通过劳动争议仲裁和诉讼所要解决的是其与用人单位之间的民事纠纷。而社保行政争议产生于劳动者、用人单位和社会保险经办机构或社会保险费征收机构之间，而不论是用人单位还是劳动者，他们与社会保险经办机构或社会保险费征收机构之间均是管理和被管理的行政关系。劳动者、用人单位通过行政复议和行政诉讼所要解决的则是其与社保机构之间的行政纠纷。

2. 处理机制的性质不同

在我国，劳动争议作为一类特殊的民事纠纷，其纠纷解决机制与其他民事纠纷的纠纷解决机制不同。根据《劳动法》和《劳动争议调解仲裁法》的相关规定，劳动争议纠纷解决具有如下特点：

(1)实行劳动争议仲裁前置制度

根据《劳动争议调解仲裁法》第五条的规定，发生劳动争议，当事人不愿协商、协商不成或者达成和解协议后不履行的，可以向调解组织申请调解；不愿调解、调解不成或者达成调解协议后不履行的，可以向劳动争议仲裁委员会申请仲裁；对仲裁裁决不服的，除本法另有规定外，可以向人民法院提起诉讼。

(2)实行有限的一裁终局制度

根据《劳动争议调解仲裁法》第四十七条、四十八条和四十九条的规定，两类劳动争议实行有限的一裁终局：追索劳动报酬、工伤医疗费、经济补偿或者赔偿金，不超过当地月最低工资标准12个月金额的争议；因执行国家的劳动标准在工作时间、休息休假、社会保险等方面发生的争议。劳动者对上述劳动争议的仲裁裁决不服的，可以自收到仲裁裁决书之日起15日内向人民法院提起诉讼。用人单位不服上诉仲裁裁决的，不能向法院提起诉讼，而只能自收到仲裁裁决书之日起30日内向劳动争议仲裁委员会所在地的中级人民法院申请撤销裁决。

与劳动争议不同，劳动者、用人单位与社会保险经办机构或者社会保险费征收机构之间系基于行政行为而引发的纠纷，则需要通过行政复议和行政诉讼的方式解决。劳动者、用人单位对社会保险经办机构或者社会保险费征收机构作出的行政行为不服的，应当依据《行政复议法》和《行政诉讼法》的相关规定，向相应的行政机关申请行政复议，并可依法向法院提起行政诉讼。

二、对我国现行社会保险争议处理制度之评价

案例3：银川市社会保险事业管理中心与邵某行政给付纠纷①

白某系C公司员工，该公司未给白某缴纳社会保险。2016年3月18日，白某在上班途中因发生交通事故经抢救无效死亡。2017年12月22日，灵武市人力资源和社会保障局作出《工伤认定决定书》，认定白某受到的事故伤害为工伤。2018年11月29日，原告邵某(系白某之妻)向银川市金凤区劳动人事争议仲裁委员会申请仲裁。2019年1月27日，该委员会作出裁决：①被申请人C公司支付原告一次性工伤补助金623 900元；②被申请人C公司支付原告丧葬补助金28 410元；③被申请人C公司支付原告抚恤金45 003元，并于2019年1月开始按月支付供养亲属抚恤金，以上年度宁夏职工月平均工资的60%的40%为标准。裁决书生效后，C公司未依法履行给予义务。2019年5月31日，原告向银

①参见宁夏回族自治区银川市中级人民法院(2020)宁01行终486号行政判决书。

川市金凤区人民法院申请强制执行，因被执行人C公司无财产可供执行，该院于2019年9月5日裁定终结本次执行程序。2019年10月23日，原告向被告银川市社保中心申请先行支付工伤保险待遇，即其丈夫白某的工亡补助金623 900元、丧葬补助金28 410元、2016年4月至2018年12月供养亲属抚恤金45 003元，并于2019年1月开始按月支付供养亲属抚恤金，以上年度宁夏职工月平均工资的60%的40%为标准。被告口头向原告答复称白某没有任何保险，且已超过法定退休年龄而拒绝支付。

思考题：1. 我国现行的劳动争议救济模式对劳动者的劳动保障救济是否充分，应当如何完善我国的社会保障救济制度？

2. 本案中，原告的主张是否有法律依据，其诉讼请求是否得到支持？

(一)我国现行社会保险争议“二元化”处理模式产生原因及制度基础

我国理论界对于现行二元化的社会保险争议处理制度多有批评，认为应当统一采取行政处理制度。应当说，这种观点有充分的理论基础，非常值得肯定。但我们同时也认为，我国现行的社会保险争议处理制度有其现实的制度基础，不能一概否认。

1. 制度前提：空窗期的存在

如果一个国家或地区的社会保险法以社会保险行政登记的时间作为社会保险关系生效的时点，劳动关系形成之日与社会保险关系产生之日并不一致，劳动关系形成的时间与社会保险关系产生的时间之间存在时间差，此时间差内社会保险关系没有形成和生效，可称为空窗期。空窗期内，劳动者与社会保险机构之间尚未形成社会保险关系，一旦此时发生社会保险事故，劳动者将无法向社会保险机构主张社会保险给付，其合法权益受到影响。空窗期是否存在，与所在国家和地区采纳的社会保险关系理论密切相关。

(1)行政契约说

该说主张社会保险关系是劳动者与社会保险机构之间的一种对价关系，属于一种行政契约关系。根据行政契约说，当用人单位怠于履行或不完全履行法定的参保缴费义务时，此时社会保险关系并无发生，从而形成空窗期。

(2)公法之债说

公法之债说认为，社会保险关系是一种强制保险关系，是在强制的基础上通过法律来确定当事人的权利义务，是一种“公法之债”。该说认为，社会保险法律关系的内容皆基于法律规定而形成，社会保险关系的发生与终止无需双方当事人的合意，甚至当事人是否知悉此保险关系的存在也非所问，只单纯地取决于法定事实的存在与否，使投保单位或加保义务人本人怠于申报，也不影响被保险人身份及其保险权利的取得。投保单位或加保义务人怠于履行这种公法上的协助义务的法律后果仅是补缴保费并被处罚，社会保险关系发生的时点及被保险人所应得的社会保险给付不受影响。简言之，按照公法之债的理论观点与制度实践，空窗期并不存在。

(3)行政处分说

因被保险人有投保义务，保险内容等完全取决于法律之规定，被保险人所为之申请或同意仅具有次要意义，因此与契约本质上必须双方协商意思表示一致之意义有所不同，保险关系的法律性质更接近于行政处分。根据该说，当用人单位怠于履行或不完全履行法定的参保缴费义务时，此时社会保险关系并无发生，从而形成空窗期。

在空窗期内，劳动者因用人单位的懈怠行为导致无法与社保机构建立社保关系，进而无法从社保机构获得相应的社保待遇，这显然对劳动者有失公平，而且可能破坏社会保险的强制性本质，进而发生逆向选择的问题。对被保险人而言，唯有“零空窗期”，才能使其获得全面保障，切实维护其合法权益。从我国现行立法和司法实践来看，劳动者与用人单位建立劳动关系之后，用人单位在依法为其进行社保登记和缴纳社保费用之前，无法自社保机构享受社保待遇。可见，空窗期在我国现阶段是存在的。在空窗期内，劳动者既然无法基于保险给付而享受社保待遇，则只能请求用人单位承担相应的民事责任。而这就产生了社会保险争议解决的“二元化”现象①。

2. 实体法基础：侵权损害赔偿责任法理

从侵权责任的角度来说，用人单位未依法为劳动者办理社保手续、缴纳社保费用，导致劳动者无法享有或者完全享受相应的社保待遇的，用人单位的行为属于侵权行为，劳动者作为受害人可以依法要求其承担侵权损害赔偿责任。《社会保险法》第四十一条规定：“职工所在用人单位未依法缴纳工伤保险费，发生工伤事故的，由用人单位支付工伤保险待遇”。该规定的法理基础实际上就是用人单位依法对工伤职工承担的侵权损害赔偿责任。

3. 程序法基础：诉讼要件法理

如前所述，从我国现行法律规定看，社会保险争议属于劳动争议范畴，《劳动争议调解仲裁法》第二条对此做出了明确的规定。但是，原《最高人民法院关于审理劳动争议案件适用法律若干问题的解释(三)》第一条及现《最高人民法院关于审理劳动争议案件适用法律问题的解释(一)》第一条第五项却对这里的社会保险争议做了限缩性解释，将其限定为社会保险待遇损害赔偿争议，对于劳动者要求用人单位建立社会保险关系和缴纳社保费用等则不纳入劳动争议处理程序的范畴。司法解释之所以如此规定，归纳起来主要有以下几个方面的考虑②：首先，《社会保险费征缴暂行条例》赋予了社会保险经办机构办理缴费登记、催促缴费等职责，同时还赋予其对违法行为检查、督促整改、处罚等职能。也就是说，对于日常出现的大多数因未缴、欠缴、漏缴社会保险费以及因缴费年限、缴费基数引发的纠纷，可以通过社会保险经办机构予以解决。司法具有谦抑性，在行政职责已然确定的情况下，司法并无介入的必要。其次，社会保险纠纷的政策性、专业性较强，而且政策调整的频率较高，人民法院准确把握的难度较大。最后，还应考虑生效判决的执行问题，如果因判决内容在社保实务中缺乏可行性，社保经办机构无法执行，显然将影响司法权威。

因此，根据最高人民法院的上述司法解释的规定，劳动者对用人单位提起诉讼，请求用人单位依法为其办理社保登记和缴纳社保费用的，法院应当不予受理。但值得研究的是，上述规定在民事诉讼法上是否有充分的法理依据？作者认为，该规定的程序法理应为诉的利益理论。所谓诉的利益是指当事人通过诉讼解决民事纠纷的可能性和实效性。如前所述，社保登记和社保费用的缴纳等均属于社保机构的职责，其可以通过行使行政权力予以解决，而且由社保机构处理该类问题更为专业和高效，则当事人自然也就没有就此提起诉讼的必要性。简言之，劳动者就该类纠纷提起民事诉讼缺乏诉的利益。

①有关空窗期的有关论述请参见王显勇，2019. 一个伪命题：作为劳动争议的社会保险争议，法学(11).

②最高人民法院民事审判第一庭，2010. 最高人民法院劳动争议司法解释(三)的理解与适用，人民法院出版社.

(二)“二元化”争议处理模式的理论缺陷和现实困境

目前，我国社会保险权利救济模式，主要是根据争议主体的不同，分别适用行政争议程序和劳动争议程序，这种二元化的争议处理模式虽然有其实体制度和法理基础，但我们必须承认，这种分散式的权利救济模式存在明显的缺陷，会直接影响社会保险权利救济的实效。

1. 理论上的缺陷

一般认为，“二元化”的争议处理模式存在诸多理论上的缺陷①：一是混淆了公民的社会保险权与劳动权。社会保险权是作为宪法权利之一的社会保障权的重要组成部分，是公民的基本权利，是重要的生存权。生存权是要求国家为国民积极干预和保护的权利。我国《社会保险法》也明确规定了国家责任，即国家要建立社会保险制度，维持社会保险制度的运行，提供社会保险运行必要的财政支持，以实现公民的社会保险权。劳动权也是公民的一项基本权利，要实现公民的劳动权，除了建立必要的法律保障机制，国家更多的是一种促进的义务。二是淡化了社会保险的强制性。社会保险的特征之一是具有强制性，社会保险关系的主要内容是社会给付，社会给付包括物质给付、金钱给付和各种服务，其中物质给付、金钱给付具有财产性。社会保险受益人获得的社会给付是依据法律的明确规定而非当事人的约定。虽然劳动关系中劳动报酬权也是一种有财产性质的权利，主要是由劳动者与用人单位之间建立劳动关系、劳动者基于劳动的事实而取得，但劳动报酬的多少主要取决于当事人之间劳动合同的约定。因而，社会保险权与劳动报酬权是两种不同性质的权利。如果将社会保险争议纳入劳动争议范围，容易将具有财产性质的社会保险待遇与劳动报酬权等同，从而弱化了社会保险的强制性和法定性。三是现行模式不利于劳动者社会保险权的实现。

劳动争议虽然在一定程度上救济了劳动者的私权，但实践中用人单位未给劳动者缴纳社会保险或不支付社会保险待遇主要的过错在用人单位，是用人单位的违法行为所致。但同时，社会保险法具有很强的公法性，社会保险费的缴纳是用人单位的法定义务，政府社会保险费征收机构也负有追缴社会保险费的法定义务，政府社会保险行政管理机构是追缴社会保险费的责任主体。如果用人单位不缴纳社会保险费，政府社会保险行政管理机构怠于监管，那意味着政府社会保险行政管理机构不作为，要承担相应的法律责任。

2. 实践中的困境

从实际运行情况来看，“二元化”纠纷处理模式也存在诸多不足之处：

(1)民事纠纷(劳动争议)救济模式对劳动者的救济并不周延

要求劳动者以劳动争议的方式请求用人单位承担社会保险待遇损害赔偿责任，并不能对劳动者的权益提供充分的保障：一旦劳动者的相应请求超过时效，或者用人单位没有相应的支付能力等，劳动者的社会保险权利就难以通过法律途径得到救济(参见案例3)。同时，这也使得社会保险行政机构免除了其应承担的行政职责，最终的结果是由劳动者来承担单位的违法行为和行政机关行政不作为的责任。

---

①林嘉，2012. 社会保险的权利救济，社会科学战线(7).

(2)民事纠纷(劳动争议)救济模式难以妥善处理相应的社会保险争议

在劳动者请求用人单位赔偿社会保险待遇损失的案件中，劳动者的损失数额的确定无疑是当事人争议的焦点和劳动争议仲裁委员会和法院审理的重点。从司法实践来看，对于工伤保险待遇和生育保险待遇等的损失较为容易确定，但对于养老保险待遇和医疗保险待遇的损失如何计算，则并没有一个具体的标准(参见案例 4)。这也从另一个层面表明，让劳动者通过劳动争议途径来维护相应社会保险权利，实际上并非科学、妥当的方案。

案例 4：艾某与 D 厂劳动争议

艾某(一审原告、二审上诉人)曾在 D 厂(一审被告、二审被上诉人)从事安全保卫工作，D 厂未给艾某缴纳任何社会保险。艾某就赔偿退休金损失等问题与 D 厂产生纠纷，向劳动争议仲裁委申请仲裁，劳动争议仲裁委不予受理仲裁申请。艾某遂诉至法院，请求法院判令被告向原告赔偿退休金损失 450 242 元。一审法院认为：综合考虑原告在被告处工作的年限及被告过错程度等因素，酌定自被告依法应当为原告办理社会保险之日起，被告按照每满一年发给相当于一个月当地上一年度职工月平均工资标准一次性支付原告养老保险待遇赔偿较为适宜。遂判决：被告 D 厂自本判决发生法律效力之日起 10 日内给付原告艾某养老保险待遇损失 28 440 元。艾某不服一审判决提起上诉。

二审法院认为：本案焦点问题主要就是对上诉人养老保险待遇损失金额的认定。根据侵权责任法，全部赔偿是侵权损害赔偿的基本原则，即侵权行为加害人承担赔偿责任的大小应以行为所造成的实际损失为依据予以全部赔偿。但鉴于社会保险待遇核算的复杂性以及损失的不确定性，对此类纠纷虽纳入人民法院审理范畴，但我国现行法律和司法解释均未规定具体的计算方法及标准，全国地方各级人民法院的司法实践也不相同，一般采用一次性赔偿或每月赔偿两种做法。有的地方法院认为应当以上年度统筹区域社会平均养老金为标准，按照劳动者在用人单位的工作年限与以统筹区域人口平均预期寿命计算的享受养老保险待遇年限的比例进行计算。但限于存在诸多不确定因素而难以准确计算。有的认为，自用人单位依法应当为劳动者办理社会保险之日起，如果劳动者在用人单位连续工作未满 15 年的，用人单位应按照每满一年发给相当于一个月当地上一年度职工月平均工资标准，一次性支付劳动者养老保险待遇赔偿等。因为养老保险待遇损失涉及法律性、政策性、地区性以及劳动者个人占比等诸多因素，时过境迁不但当事人本人难以准确计算，专门社会养老保险机构可能也难以准确计算。一审法院综合考虑上诉人在被上诉人处工作的年限、被上诉人过错程度以及 2011 年 7 月 1 日起施行的《中华人民共和国社会保险法》第九十五条规定，酌定自被上诉人依法应当为上诉人办理养老保险之日即 2011 年 7 月 1 日起至 2016 年 8 月 20 日止，被上诉人按照每满一年发给相当于一个月当地上一年度职工月平均工资标准一次性支付上诉人养老保险待遇赔偿较为适宜，一审判决按此标准确定上诉人的养老保险待遇损失金额，并无明显不妥①。

思考题：1. 养老保险待遇损失金额的认定标准有哪些？你认为哪种标准更为合理？

2. 导致养老保险待遇损失金额难以确定的原因何在？如何在制度上化解这一难题？

①参见辽宁省大连市中级人民法院(2020)辽 02 民终 6646 号民事判决书。

三、现行二元结构争议处理制度的改革方向

(一)构建统一的社会保险争议处理机制

如前所述，我国现行“二元化”的纠纷解决机制，是与我国社会保险制度相配套的，因此，欲改革社会保险争议解决模式，就必须改革我国的社会保险制度，强化国家的社会保险给付义务。

《社会保险法》第八十四条规定：“用人单位不办理社会保险登记的，由社会保险行政部门责令限期改正；逾期不改正的，对用人单位处应缴社会保险费数额一倍以上三倍以下的罚款，对其直接负责的主管人员和其他直接责任人员处五百元以上三千元以下的罚款。”该法第八十六条规定：“用人单位未按时足额缴纳社会保险费的，由社会保险费征收机构责令限期缴纳或者补足，并自欠缴之日起，按日加收0.05%的滞纳金；逾期仍不缴纳的，由有关行政部门处以欠缴数额一倍以上三倍以下的罚款。”根据上述规定，在用人单位未依法办理社会保险登记和缴纳社会保险费用的情况下，社会保险行政部门有权依法责令办理、追缴和处罚。但是，在用人单位依法补办登记和补缴社保费用之前，劳动者发生保险事故的，并不能因用人单位的补正行为而获得从社保机构领取社保待遇的权利。以工伤保险为例，国务院《工伤保险条例》第六十二条第三款规定：“用人单位参加工伤保险并补缴应当缴纳的工伤保险费、滞纳金后，由工伤保险基金和用人单位依照本条例的规定支付新发生的费用。”据此，对于工伤职工在用人单位补缴费用之前已经发生的费用和享有的待遇，工伤职工无法从社保机构处获得，而只能要求用人单位赔付。可见，我国的社会保险给付是存在所谓的“空窗期”的。

由于“空窗期”的存在，为维护劳动者的合法权益，在其无法从社保机构获得保险待遇给付的情况下，必然就要允许其向用人单位主张侵权赔偿责任，这就导致了社会保险争议处理的“二元化”。因此，要想实现社会保险争议处理机制的统一，就必须消除“空窗期”。

(二)将行政处理和行政复议程序作为诉讼的必经程序

《社会保险法》属于社会法范畴，但与《劳动法》相比其更偏向于公法，具有很强的公法性。由于社会保险制度的运行和监管都是由社会保险行政机构来承担的，督促用人单位进行社保登记和缴费也是行政机构的职能。因此，社会保险行政机关在社会保险运行中应发挥重要作用。相应的，在社会保险纠纷解决方面，社会保险行政机关也应当发挥重要积极作用。因此，应将行政处理和行政复议程序作为行政诉讼的前置程序，以提高社会保险纠纷解决的效率。

(三)实现审判机构的专门化和审判人员的专业化

目前，我国社会保险争议的司法解决分属于民事法庭和行政法庭，运用的是传统意义上的私法权利和公法权利的救济模式，忽视了《社会保险法》作为社会法的本质和特点，不符合社会保险权利救济的内在规律，也不利于对社会保险权利的有效救济。鉴于社会保险法具有社会法的属性，有其独特的法律原则，同时专业性、技术性和政策性很强，可考虑借鉴域外经验，建立和健全审判机构、审判程序，实现社会保险争议处理的专业化。首先，可以考虑建立专门的社会法院或社会法庭，独立审理社会保险争议案件；其次，建立处理社会保险争议的专门程序规制，以利于公民社会保险权的实现；最后，建立一支专业

的处理社会保险争议的队伍，以便准确、迅速地处理相关争议案件。

第三节　其他社会给付行政之纠纷与权利救济

一、其他社会给付行政纠纷与社会保险争议的主要区别

社会救助、社会补偿和社会福利等其他社会给付行政与社会保险给付行政虽然均属于给付行政的范畴，但其制度意义和制度内容存在一定的差异，使得这两类纠纷有所差异：

（一）制度构造和运行机理不同

其他社会给付行政均是国家直接向相对人给付利益，这种给付行政是法律所规定的国家在特定情况下负有的义务，这种起诉行政的作出以特定法律事件为原因，具有单方性，不要求相对人履行义务或者特定行为。社会保险制度依据保险原理运作，国家并不直接授予利益和提供帮助。

基于两者的上述差异，虽然全部社会保险给付行政争议均须审查具体行政行为的合法性和合理性，但具体的审查重点并不相同。其他社会给付行政纠纷审查的重点在于是否存在给付救助、补偿、福利待遇的法定事件等，而社会保险争议审查的重点则为有无进行社会保险登记、有无依法缴纳社会保险费用、保险事故是否发生等。

（二）所涉及的法律关系不同

其他社会给付行政关系是两面关系，即负有给付义务的行政机构和相对人之间的法律关系，这种法律关系较为单一和明确，内容为给付特定利益，包括社会救助、补偿和福利给付。这类纠纷的当事人明确，通常并没有第三人参加纠纷的解决程序，当事人争议的标的主要为金钱的给付或者服务、实物的给付。

而社会保险涉及保险人、被保险人、保险辅助人三方相互之间的法律关系，这种法律关系更为复杂。在这类纠纷中，通常有第三人参加纠纷的解决程序，当事人争议的标的通常仅为金钱的给付。

二、其他社会给付行政纠纷的权利救济机制

其他社会给付行政纠纷，虽然与社会保险争议存在一定的差异，但它们和社会保险争议一样，均属于给付行政的范畴。因此，当事人之间就其他社会给付行政发生争议时，应当采取行政争议处理机制，即申请行政复议和提起行政诉讼。

需要说明的是，根据《行政复议法》第十六条的规定，一般行政争议处理程序中，如果将行政复议作为提起行政诉讼的前置程序，必须由法律、法规作出明确规定。而国务院《社会救助暂行办法》(2019 修订)第六十五条规定：“申请或者已获得社会救助的家庭或者人员，对社会救助管理部门作出的具体行政行为不服的，可以依法申请行政复议或者提起行政诉讼。”据此，对于社会救助给付行政纠纷，并不实行行政复议前置制度。但从理论上来说，基于其他社会给付行政具有专业性和复杂性的特点，并且具有更紧迫的“生存照顾”内涵，因此，处理此类纠纷更应发挥行政复议的内部纠错优势，对该类纠纷实行行政复议前置，当发生其他社会给付行政纠纷时，当事人首先应当向相应的行政机关申请行政复

议，不服行政复议决定的，还可以向法院提起行政诉讼。

案例讨论

李某与白山市浑江区民政局医疗救助行政管理纠纷①

李某系白山市浑江区东兴街道低保户，其因病于2014年、2015年多次在多个医院进行治疗，其中2014年支付医药费14 909.4元，2015年支付医药费29 068.28元。李某向白山市浑江区民政局(以下简称浑江区民政局)申请核销大病救助费用。浑江区民政局先后给付李某医疗救助金和临时救助金若干。李某要求浑江区民政局按照2014年文件、2015年文件的规定，支付2014年和2015年医疗费全额的10%、15%给予李某大病救助。浑江区民政局于2018年5月29日作出《关于东兴街道低保户李某医疗救助和临时救助信访事项的答复意见》，认为浑江区民政局救助只有医疗救助和临时救助，其已经依法履行了相关职责，进行了救助，无法对同一事由重复救助。李某不服，以浑江区民政局为被告提起行政诉讼。一审法院认为，浑江区民政局已按相关规定给李某核销医疗救助费及临时救助费，李某认为浑江区民政局还应给予大病救助款无政策依据，故判决驳回李某诉讼请求。李某不服提起上诉。

二审法院认为，根据《社会救助暂行办法》的相关规定，浑江区民政局负有对本行政区域内的城乡低保对象的医疗救助申请进行审批并予以救助的法定职责。《白山市城乡困难群体重特大疾病医疗救助方案(试行)》中，重特大疾病认定标准为重特大疾病根据个人年度内累计负担的政策范围内医疗费用认定。个人负担的政策范围内医疗费用指医保(农合)目录内费用扣除医保(农合)报销额后剩余的医疗费用。重特大疾病的确定标准为个人年度内累计负担的政策范围内医疗费用超过5000元。救助对象为城乡低保对象是重特大疾病救助对象。救助办法为重特大疾病医疗救助在医保(农合)、大病保险报销后进行，不符合医保(农合)、大病保险报销政策规定的，不给予重特大疾病医疗救助。根据上述规定，参加城镇居民基本医疗保险的，个人年度内累计负担的政策范围内医疗费用超过5000元和城镇低保户，是重特大疾病的救助对象。本案中，李某系浑江区东兴街道低保对象。2015年度，李某参加了城镇居民基本医疗保险，且其个人累计负担的政策范围内的医疗费用已超过5000元，应属重特大疾病救助对象。《白山市城乡困难群体重特大疾病医疗救助方案(试行)》规定，个人负担的政策范围内医疗费用指医保(农合)目录内费用扣除医保(农合)报销额后剩余的医疗费用。符合重特大疾病医疗救助条件的，城乡低保对象个人负担的政策范围内医疗费用5000元以上部分，扣除大病保险报销额后剩余部分救助比例为60%。2015年度，李某住院治疗支付医疗费用共计29 068.28元，扣除基本医疗基金支付金额10 767.7元、大额医疗支付金额1339.79元，乙类自付部分及丙类全自费部分，李某个人负担的政策范围内医疗费用应为14 128.44元。浑江区民政局认定李某个人负担政策范围内医疗费用为10 939.79元，系认定事实错误。浑江区民政局于2018年5月29日作出的

①参见吉林省白山市中级人民法院(2018)吉06行终38号行政判决书。

《关于东兴街道低保户李某医疗救助和临时救助信访事项的答复意见》认定事实错误，应予撤销。故判决撤销一审判决，撤销浑江区民政局于2018年5月29日作出的《关于东兴街道低保户李某医疗救助和临时救助信访事项的答复意见》，限浑江区民政局于本判决生效之日起30日内对李某重特大疾病医疗救助金额重新予以核算。

思考题：1. 被救助人对社会救助的给付标准发生争议时，可以采取何种程序进行救济？

2. 法院在审理该类案件时，审理的重点是什么？

参考文献

〔比〕丹尼·皮特尔斯，2014. 社会保障基本原理[M]. 蒋月，译，北京：商务印书馆.

〔德〕汉斯·察赫，2014. 福利社会的欧洲设计——察赫社会法文集[M]. 刘冬梅，杨一帆，译，北京：北京大学出版社.

〔德〕克劳斯·奥菲，2006. 福利国家的矛盾[M]. 郭忠华，译，长春：吉林人民出版社.

〔日〕佐藤进，河野正辉，1999. 介护保险法[M]. 东京：法律文化社.

〔印度〕阿马蒂亚·森，2004. 贫困与饥荒[M]. 王宇，王文玉，译，北京：商务印书馆.

劳动与社会保障法学编写组，2018. 劳动与社会保障法学[M]. 2 版. 北京：高等教育出版社.

陈天红，2019. 基金管理视角下失业保险制度优化设计研究[M]. 北京：人民出版社.

陈燕祯，2018. 老人福利服务 理论与实务[M]. 广州：华东理工大学出版社.

程滔，2011. 刑事被害人的权利及其救济[M]. 北京：中国法制出版社.

董保华，2001. 社会法原论[M]. 北京：中国政法大学出版社.

董保华，2015. "社会法"与"法社会"[M]. 上海：上海人民出版社.

工伤保险条例起草人，2011. 工伤保险条例解读[M]. 北京：法律出版社.

关怀，林嘉，等，2016. 劳动与社会保障法学[M]. 北京：法律出版社.

郭明政，1997. 社会安全制度与社会法[M]. 台北：翰芦图书出版公司.

国家应对人口老龄化战略研究长期照料服务制度研究课题组，2014. 长期照料服务制度研究[M]. 北京：华龄出版社.

侯文若，孔泾源，2002. 社会保险[M]. 北京：中国人民大学出版社.

柯木兴，2002. 社会保险[M]. 台北：三民书局.

黎建飞，等，2019. 社会保障法[M]. 6 版. 北京：中国人民大学出版社.

李满奎，2015. 工伤保险法律制度的强制性及其实施路径[M]. 北京：法律出版社.

林谷燕，邵惠玲，孙迺翊，2019. 德国社会法[M]. 台北：新学林出版公司.

林嘉，2011. 社会保险法教程[M]. 北京：法律出版社.

林嘉，2012. 社会保障法学[M]. 北京：北京大学出版社.

林嘉，2016. 劳动法和社会保障法[M]. 4 版. 北京：中国人民大学出版社.

林嘉，2020. 劳动和社会保障法论丛[M]. 北京：首都经济贸易大学出版社.

林莉红，孔繁华，2008. 社会救助法研究[M]. 北京：法律出版社.

聂爱霞，2014. 中国失业保险制度与再就业问题研究[M]. 北京：中国社会科学出版社.

乔庆梅，2010. 中国职业风险与工伤保障——演变与转型[M]. 北京：商务印书馆.

沈水根，2015. 中国城镇职工失业保险问题研究[M]. 北京：中国书籍出版社.

台湾社会法与社会政策学会，2020. 社会法[M]. 台北：元照出版有限公司.

田大洲，2018. 中国积极的失业保险政策[M]. 北京：社会科学文献出版社.

童星，2007. 社会转型与社会保障[M]. 北京：中国劳动社会保障出版社.

王显勇，杨军，李海明，2014. 社会保障法[M]. 北京：北京大学出版社.

谢荣堂，2008. 社会法治国基础问题与权利救济[M]. 台北：元照出版有限公司.

徐智华，2012. 劳动法和社会保障法[M]. 北京：北京大学出版社.

杨复卫，2018. 社会保险争议处理机制研究[M]. 上海：上海人民出版社.

杨正喜，吕惠琴，2010. 当代劳动法理论与实务[M]. 广州：华南理工大学出版社.

于艳芳，李林，铃青莲，2020. 欧洲失业保险制度及其启示研究[M]. 北京：中国财政经济出版社.

余少祥，2008. 弱者的权利——社会弱势群体保护的法律研究[M]. 北京：社会科学文献出版社.
俞可平，2015. 社群主义[M]. 北京：东方出版社.
岳宗福，秦敏，2019. 劳动与社会保障法：规范与应用[M]. 西安：西安交通大学出版社.
张荣芳，2012. 社会保险法学[M]. 武汉：武汉大学出版社.
张妤婕，2018. 医疗救助法律制度研究[M]. 北京：法律出版社.
郑功成，2000. 社会保障学理念、制度、实践和思辨[M]. 北京：商务印书馆.
郑功成，2020. 社会保险法及实践研究[M]. 北京：人民出版社.
郑尚元，2004. 工伤保险法律制度研究[M]. 北京：北京大学出版社.
郑尚元，2015. 劳动法和社会法专论[M]. 北京：法律出版社.
郑尚元，2019. 社会保障法[M]. 北京：高等教育出版社.
郑尚元，扈春海，2018. 社会保险法总论[M]. 北京：清华大学出版社.
郑晓珊，2015. 工伤保险法律体系[M]. 北京：清华大学出版社.
钟秉正，2010. 社会法与基本权保障[M]. 台北：元照出版有限公司.
钟秉正，2012. 社会保险法论[M]. 台北：三民书局.
钟秉正，2018. 社会法之理论与应用[M]. 台北：元照出版有限公司.
周弘，2006. 福利国家向何处去[M]. 北京：社会科学文献出版社.
最高人民法院民事审判第一庭，2021. 最高人民法院新劳动争议司法解释(一)理解与适用[M]. 北京：人民法院出版社.